Lexikon Eventmanagement

Oliver Henschel

Lexikon Eventmanagement
Strategie, Kreativität, Logistik, Verwaltung

2., überarbeitete Auflage 2010

Herausgeber:
DIN Deutsches Institut für Normung e.V.

Beuth Verlag GmbH · Berlin · Wien · Zürich

Herausgeber: DIN Deutsches Institut für Normung e. V.

© 2010 Beuth Verlag GmbH
Berlin · Wien · Zürich
Burggrafenstraße 6
10787 Berlin

Telefon: +49 30 2601-0
Telefax: +49 30 2601-1260
Internet: www.beuth.de
E-Mail: info@beuth.de

Das Werk einschließlich aller seiner Teile ist urheberrechtlich geschützt. Jede Verwertung außerhalb der Grenzen des Urheberrechts ist ohne schriftliche Zustimmung des Verlages unzulässig und strafbar. Das gilt insbesondere für Vervielfältigungen, Übersetzungen, Mikroverfilmungen und die Einspeicherung in elektronischen Systemen.

Die im Werk enthaltenen Inhalte wurden vom Verfasser und Verlag sorgfältig erarbeitet und geprüft. Eine Gewährleistung für die Richtigkeit des Inhalts wird gleichwohl nicht übernommen. Der Verlag haftet nur für Schäden, die auf Vorsatz oder grobe Fahrlässigkeit seitens des Verlages zurückzuführen sind. Im Übrigen ist die Haftung ausgeschlossen.

Satz: B & B Fachübersetzergesellschaft mbH, Berlin
Druck: Mercedes-Druck GmbH, Berlin
Gedruckt auf säurefreiem, alterungsbeständigem Papier nach DIN EN ISO 9706

ISBN 978-3-410-16718-1

Zum Autor

Oliver Henschel ist Beratender Betriebswirt. Er war über zehn Jahre Projektverantwortlicher für Unternehmens- und Medienevents. Heute ist er Dozent und Lehrbeauftragter für die Themen Eventmarketing und Veranstaltungswirtschaft bundesweit an verschiedenen Akademien. Daneben geht er weiter seiner beratenden Tätigkeit nach.

Vorwort zur 2. Auflage

Sechs Jahre liegt es zurück, dass wir das „Lexikon Eventmanagement" in der ersten Auflage veröffentlichten. Seitdem ist in der Eventbranche einiges passiert, gehört sie doch zu den jungen, schnelllebigen Branchen. Mit dem/der Veranstaltungsfachwirt/-in ist ein neuer anerkannter Berufsabschluss entstanden, es gibt zahlreiche neue Bachelor- und Master-Studiengänge und der Beruf „Veranstaltungskauffrau/-kaufmann" gehört bei den jungen Leuten zu den beliebtesten Ausbildungsberufen der heutigen Zeit. Auch die Konzeption und Organisation neuer Veranstaltungsformate hat sich in den letzten sechs Jahren weiterentwickelt. Kommunikative Zielsetzungen und die Vernetzung der Medien stehen heute mehr denn je im Vordergrund der Eventrealisierung – die Begriffe „Live-Kommunikation" und „integrierte Kommunikation" haben sich in der Wirtschaft durchgesetzt.

In Zeiten der Finanz- und Wirtschaftskrisen ist eine weitere Tendenz zu beobachten: Events sollen immer mehr erreichen, mit immer niedrigeren Budgets. Das bedeutet für uns Eventmanager: Noch kreativere Einfälle und noch detailliertere Organisation werden heute erwartet.

In dieser Auflage haben wir neue Begriffe aufgenommen, überholte Begriffe weggelassen und Fehler der ersten Auflage verbessert. An dieser Stelle möchte ich mich bei meinen Lektoren vom Beuth Verlag, Frau Wilma Marx und Herrn Thilo Hasse, bedanken, die mir mit guten Ideen und viel Geduld zur Seite standen. Ebenfalls möchte ich dem Mediendesigner André Müller für die Optimierung der Grafiken danken sowie den Teilnehmerinnen und Teilnehmern meiner Seminare für den einen oder anderen Hinweis zur Verbesserung des Lexikons Eventmanagement.

Berlin, im August 2010   Oliver Henschel

Vorwort zur 1. Auflage

Die Eventbranche lebt – mehr denn je. Aus einem Tätigkeitsfeld, das von Querseinsteigern und Organisationstalenten geprägt wurde, wird heute eine Spezialisten-Branche. Eventmarketing wird heute gezielt als Kommunikationsinstrument für eine effektive Zielgruppenansprache, nicht nur in Konzernen, sondern auch in kleinen und mittleren Unternehmen (KMU) angewendet. Der Eventmanager muss das Know-how aus verschiedenen Tätigkeitsfeldern wie Strategie, Kreativität, Logistik und Verwaltung bündeln, um Events zu schaffen, die klare strategische Ziele verfolgen.

Mit der Entwicklung der Branche, steigt auch der Bedarf an qualifiziertem Personal, Fortbildungsmöglichkeiten und praxisorientierter Literatur. Begriffe der Eventpraxis müssen definiert und vermittelt werden. Das ist notwendig, um die Qualität der Eventmarketing-Maßnahmen auf lange Sicht zu gewährleisten.

Dieses Buch soll ein Anfang sein. Es dient zum Nachschlagen einzelner Begriffe und als Übersicht komplexer Sachverhalte. Mit Checklisten, Muster-Verträgen, Normen-Listen und einem Musterkonzept soll es für die tägliche Arbeit einen Mehrwert bringen.

Events sind nur so gut, wie das Teamwork hinter den Kulissen. Ähnlich ist es bei der Gestaltung eines Buches. Bei der Realisierung dieses Buches waren viele Persönlichkeiten mit ihrem Engagement, ihren Anregungen und ihrer Kritik beteiligt. Ein besonderer Dank gilt dem Beuth Verlag, insbesondere Frau Wilma Christiane Marx. Durch ihr persönliches Engagement, ihre Geduld und ihr Koordinationsgeschick ist dieses Buch Realität geworden.

Weiteren Dank schulde ich den vielen fleißigen Helfern, die mit ihren Talenten und Erfahrungen das Lexikon Eventmanagement unterstützt haben, insbesondere der Kommunikationsökonomin Melanie Malong, der Diplom-Betriebswirtin Anke Pigors, den Branchenprofis Thomas Pampuch, Andreas Jahn und Marcel Ketterer sowie der Fotografin Ulrike König. Für die Förderung, die Geduld und das Vertrauen bedanke ich mich bei meinen Eltern Heidemarie und Carlos Henschel.

Eventmanager müssen sich ständig neuen Herausforderungen stellen. Damit Events der Zukunft noch effektiver werden, bedarf es nicht nur kreativer Ideen, sondern auch Kenntnis der Branche. In diesem Sinne wünsche ich Ihnen viel Vergnügen beim Lesen und Nutzen dieses Buches und möchte mit meinem Leitspruch abschließen, der für mich einen Eventmanager charakterisiert:

„Die Hummel hat 0,7 cm^2 Flügelfläche bei 1,2 Gramm Gewicht.
Nach Gesetzen der Aerodynamik kann sie nicht fliegen.

Sie denkt nicht daran ... und fliegt."

**Konzentriere dich nicht auf deine Grenzen,
sondern auf die Möglichkeiten.**

Berlin, im Juli 2004   Oliver Henschel

Inhalt

Seite

Einleitung 1
Events sind nichts Neues 1
Der Unterschied zwischen Event und Event 1
Eventmarketing als Kommunikationsinstrument 3
Zielgruppen im Eventmarketing 5
Eventmarketing in der Praxis 6
Aufgabengebiete des Eventmanagements 7
Nachbearbeitung als Instrument des Qualitätsmanagements 13
Eventmarketing in der Zukunft 13

Lexikon 17

Stichwortverzeichnis 199

Verzeichnis relevanter Normen und Norm-Entwürfe 217
Verzeichnis relevanter Normen und Norm-Entwürfe (Auswahl) 219

Anhang 239
Musterverordnung über den Bau und Betrieb von Versammlungsstätten
(Muster-Versammlungsstättenverordnung – MVStättV) 241
Checkliste zur Organisation von Veranstaltungen 281
Beratungsvertrag (Muster) 290
Gastspielvertrag (Muster) 294
Sponsoringvertrag (Muster) 299

Inserentenverzeichnis 303

BÜHNENTECHNISCHE RUNDSCHAU

Zeitschrift für
Veranstaltungstechnik
Ausstattung
Management
www.btr-friedrich.de

Die **Bühnentechnische Rundschau** ist die Zeitschrift für Veranstaltungstechnik, Ausstattung, Architektur und Management und wird in mehr als 30 Ländern gelesen.

Die **Bühnentechnische Rundschau** erscheint sechs Mal jährlich mit einem Sonderheft sowie dem Produktführer TECHNIK ON STAGE im Dezember.

KOMPETENT INFORMIERT!

Nähere Informationen: Verlagsvertretung Monika Kusche, Im Lingesfeld 42, 47877 Willich, Telefon: 021 54/42 90 51, E-Mail: verlag.kusche@t-online.de oder im Internet: www.btr-friedrich.de

Einleitung

Events sind nichts Neues

Events sind nichts Neues. Sie werden seit Menschengedenken veranstaltet. Schon die ersten Olympischen Spiele 760 Jahre v. Chr. waren ein so genanntes Groß-Event. Es wurden schon immer Ereignisse realisiert, um möglichst viele Menschen zusammenzubringen und Botschaften zu verbreiten.

Wurden jedoch früher Veranstaltungen fast ausschließlich zum Zwecke von sportlichen Wettkämpfen, kulturellen Darbietungen oder politischer Propaganda organisiert, hat in der heutigen Zeit die Wirtschaft den Nutzen und Wert professioneller Veranstaltungen erkannt. Innerhalb einer integrierten Marketingstrategie können Events mit ihrer emotionalen Wirkung neue Käuferschichten gewinnen, bestehende Kundenbeziehungen pflegen und interne Kommunikationswege vereinfachen.

Seit den Sechzigerjahren nutzen Konzerne die tief greifenden gesellschaftlichen Modernisierungsprozesse zu einer Erlebnisorientierung, um ihre Markenwelten im Unterbewusstsein ihrer Zielgruppe zu festigen. Ob perfekt inszenierte Produktpräsentation, aufwändige Roadshow oder erlebnisorientiertes Mitarbeiter-Incentive – der direkte Kontakt und Einfluss auf den einzelnen Teilnehmer macht ein Event zu einem einzigartigen Kommunikationsinstrument.

Nachdem die Konzerne ihre ersten Erfahrungen mit diesem „professionellen" Instrument gemacht hatten, setzten seit den Achtzigerjahren auch immer mehr Mittelständler diese Art von direkter Kommunikation zur Erreichung ihrer Unternehmensziele ein. Somit wurde der Weg von einer Nischenbranche der „Eventmacher" hin zu einer volumenstarken Branche der „Eventmanager" geebnet.

Der Unterschied zwischen Event und Event

Übersetzt bedeutet der Begriff „Event" = „Ereignis". Sämtliche Veranstaltungen, ob privater, kultureller oder kommerzieller Natur, können als Ereignis bezeichnet werden. In der wirtschaftlichen Praxis wird zwischen den Veranstaltungsformaten jedoch unterschieden. Es gibt Marketing-Events, kulturelle Veranstaltungen und private Festlichkeiten. Die Unterscheidungen liegen in der Zielsetzung und strategischen Ausrichtung.

Bei privaten Feierlichkeiten steht die gemeinsame Unterhaltung im Vordergrund. Sie haben meist keine strategischen Ziele und verfolgen keine kommerziellen Zielsetzungen.

Kulturelle Veranstaltungen zielen auf die „Unterhaltung der Teilnehmer" ab. Sie können zwar von kommerzieller Natur sein, durch Eintrittsgelder und Verkauf von Merchandising, Gastronomie-Produkten oder Kunstobjekten, verfolgen jedoch keine langfristigen strategischen Ziele.

Bei Marketing-Events werden betriebswirtschaftliche, strategische Ergebnisse angestrebt. Die Faktoren „Unterhaltung" und „Spaß" dienen hierbei lediglich als Werkzeug.

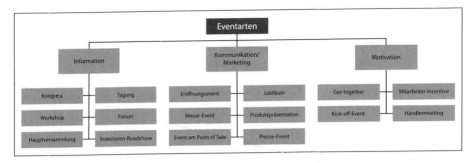

Die Fachliteratur befasst sich mit dem Thema „Event-Marketing" seit Anfang der Neunzigerjahre des letzten Jahrhunderts und sucht nach allgemeingültigen Definitionen. Exemplarisch sind die beiden folgenden Definitionen zu sehen:

Definition 1:
„Überall da, wo durch ein Unternehmen oder eine Institution zum Zwecke der Werbung, Verkaufsförderung, Public Relations oder der internen Kommunikation eine Botschaft in Form eines direkt erlebbaren Ereignisses vermittelt wird, findet ein Marketing-Event statt."

Thomas Inden, Alles Event?!, Verlag moderne Industrie, 1993

Definition 2:
„Eventmarketing (auch Event-Marketing, Live-Kommunikation, Live-Marketing) bezeichnet die zielgerichtete und systematische Planung von Veranstaltungen (Messen, Außendienstkonferenzen, Verkaufspräsentationen, Sport- und Kulturveranstaltungen) als absatzpolitisches Instrument oder image- und meinungsbildungsfördernde Maßnahmen zur Durchsetzung der Unternehmensziele im Rahmen der Marketing-Kommunikation. Es kommen ‚Marketing-Events' zum Gebrauch und es ist eine Form des Marketings."

Auszug aus Wikipedia, 2010

Marketing-Events sollen folgende Ziele erreichen:
- Umsatzsteigerung
- Erhöhung des Bekanntheitsgrades
- Kundenbindung
- Kundenakquise
- Mitarbeitermotivation
- Mitarbeiterqualifizierung

Alle Zielsetzungen haben somit betriebswirtschaftliche Konsequenzen.

Um diese betriebswirtschaftlichen Faktoren zu erreichen, werden folgende kommunikativen Ziele im Eventmanagement angestrebt:
- Vermittlung von Schlüsselinformationen
- emotionales Erleben von Unternehmen/Produkten/Marken

- Integration der Marke und ihrer Inhalte in die Erlebniswelt des Rezipienten
- Aufbau, Pflege und Veränderung von Unternehmens-/Markenimages
- Erreichen von Glaubwürdigkeit via Dialog
- Befriedigung des Kommunikationsbedürfnisses bei Zielgruppen
- Aufbau und Pflege der Kundenbindung durch kollektives Erleben.

Die Realisierung von Marketing-Events gilt als Hauptaufgabenfeld für Eventmanager, Agenturen und Veranstaltungskaufleute. Alle Studiengänge, Aus- und Weiterbildungen sind auf diese Art von Veranstaltungsorganisation ausgerichtet.

Eventmarketing als Kommunikationsinstrument

Unternehmen stehen heute vor gravierenden Problemen in der Kommunikation mit ihren Kunden. Die inflationäre Entwicklung der Werbung hat in den letzten Jahrzehnten zu einer Antihaltung gegenüber Werbebotschaften beim Konsumenten geführt. Untersuchungen haben ergeben, dass der moderne westeuropäische Konsument ca. 3000 Werbebotschaften jeden Tag empfängt. Dieses führt zu einer Reizüberflutung und einer gewissen Immunität gegenüber der Botschaft. Gleichzeitig steht der klassischen Werbung ein stark verändertes Verbraucherverhalten gegenüber. Mit der Revolution des Internets als Shoppingkanal ist der Konsument informierter und preisbewusster als in der Vergangenheit. Zusätzlich wird in einigen Branchen die klassische Werbung durch erhebliche Werberestriktion in TV- und Print-Medien gehindert. Ein Lösungsansatz für diese Kommunikationsprobleme der Unternehmen mit ihren Konsumenten ist die erlebnisorientierte Kommunikation. Erlebnismarketing, zu dem unter anderem Eventmarketing gezählt wird, spricht den Konsumenten in seinem Unterbewusstsein an. Nicht das Produkt bzw. die Dienstleistung des Unternehmens steht hier im Vordergrund, sondern die Marke in Verbindung mit einem emotionalen Erlebnis. Gerade in einem Wirtschaftszeitalter, in dem Produkte und Dienstleistungen als Austauschbar gelten, ist das emotionale Alleinstellungsmerkmal für das Marketing eines Unternehmens von enormer Wichtigkeit.

Mit der Professionalisierung des Eventmanagements entwickelte sich der Bereich Eventmarketing zu einem neuen, eigenständigen Instrument innerhalb des Kommunikationsmix von Werbung, Verkaufsförderung, persönlichem Verkauf und Öffentlichkeitsarbeit.

Während die Etats in der klassischen Werbung (Print, TV, Radio, Plakat) rationalisiert werden, erhält das Instrument Eventmarketing regen Zuspruch in den Kommunikationsabteilungen der Unternehmen. Der Grund für diese Etatverschiebung liegt in den Charaktereigenschaften des Eventmarketings.

Lexikon Eventmanagement

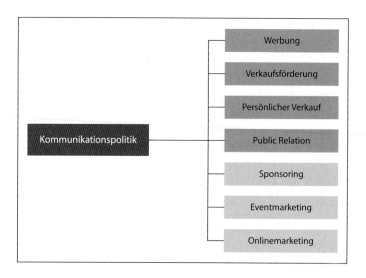

Charaktereigenschaft: Persönliche Ansprache

Während bei der klassischen Werbung (wie z. B. Fernsehwerbung) ein Massenmarkt angesprochen wird, wird bei Eventmaßnahmen der Teilnehmer individuell angesprochen. Die Wünsche, Vorstellungen und Werte des Teilnehmers werden innerhalb des Eventkonzeptes berücksichtigt.

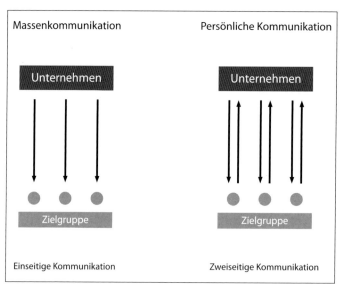

Charaktereigenschaft: Dialogorientierung

Marketing-Events charakterisieren sich durch eine zweiseitige Kommunikation. Die Zielgruppe erhält nicht nur Botschaften, sondern kann direkt antworten und mitreden. Events leben von einem Dialog, der beide Seiten, Unternehmen und Teilnehmer, inspiriert und involviert. Der heute mündige Konsument erwartet, dass seine Stimme von dem Unternehmen erhört und für wichtig befunden wird.

Charaktereigenschaft: Interaktivität

Innerhalb der Marketing-Events werden die Teilnehmer aktiviert. Der Teilnehmer kann z. B. Produkte ausprobieren, sich sportlich oder geistig betätigen und ist somit ein Teil des gesamten Events. Diese Charaktereigenschaft ist in Bezug auf die Schaffung eines Erlebnisses von Priorität. Wenn der Teilnehmer interaktiv in dem Event eingebunden wird, ist eine emotionale Verankerung leichter zu realisieren.

Charaktereigenschaft: Multisensualität

Events werden mit dem Wort „Erlebnis" übersetzt. Das liegt an der einzigartigen Kommunikationsform dieses Instruments. Events können alle Sinnesorgane eines Menschen ansprechen. Aus dem Zusammenspiel von Sehen, Hören, Sprechen, Schmecken, Fühlen, Bewegen und Riechen werden aus Veranstaltungen Ereignisse und Erlebnisse. Eine intensivere Ansprache bietet kein anderes Kommunikationsinstrument. Durch die Multisensualität wird ein konkurrenzloser Erinnerungswert geschaffen, der den Teilnehmer emotional an das Unternehmen bindet.

Zielgruppen im Eventmarketing

Während in früheren Zeiten die Kommunikation mit Kunden, Mitarbeitern und Anteilseignern im Vordergrund standen, ist heute eine weitreichende Kommunikation mit allen gesellschaftlichen Gruppen erforderlich, da das Image eines Unternehmens als Wettbewerbsfaktor von großem Wert ist.

Innerhalb dieses Stakeholder-Prinzips wird Eventmarketing als Kommunikationsinstrument angewendet.

Eventmarketing zielt auf die Herstellung und Pflege von Kontakten zwischen Zielgruppe und Veranstalter. Hierbei wird zwischen Primär- und Sekundär-Kontakten unterschieden.

Primär-Kontakte: Als Primärkontakte wird das Eventpublikum vor Ort bezeichnet. Sie erleben das Event direkt und unmittelbar.

Sekundär-Kontakte: Sekundär-Kontakte sind alle Personen die nicht direkt am Event teilgenommen haben, aber durch Medien oder Multiplikatoren von diesem vor oder nach dem Event erfahren haben.

Oftmals sind Sekundär-Kontakte weitaus wichtiger für ein Unternehmen. Deshalb sind eine konsequente Pressearbeit und eine gute Public-Relation-Strategie für Eventmanager wichtig.

Eventmarketing in der Praxis

Während in der Vergangenheit der Eventmarkt als typische Quereinsteiger-Branche bezeichnet wurde, entstanden in den letzten Jahren spezialisierte Unternehmen, Geschäftsbereiche und Berufsfelder. Diese Entwicklung wurde notwendig, da Eventmarketing ein fester Bestandteil des marktorientierten Handelns der Unternehmen geworden ist. Die Ansprüche an Eventorganisatoren sind heute weitaus komplexer als in der Vergangenheit. Neben der kreativen und logistischen Umsetzung von Veranstaltungen werden zunehmend strategische und betriebswirtschaftliche Kompetenzen von einem Eventmanager erwartet.

Eine Vielzahl von klassischen Werbe- und Marketingagenturen erweiterten Mitte der Neunzigerjahre ihr Aufgabenportfolio um den Bereich Eventmarketing. Sie nutzen ihr vorhandenes Know-how und ihre Infrastruktur, um ihren Kunden einen ganzheitlichen Service zu bieten.

Gleichzeitig entstanden neue Agenturen, die sich konsequent auf Eventmarketing spezialisierten. Diese treten heute entweder als Fullservice-Agentur auf oder decken einzelne Teilbereiche wie Kreativität, Strategie, Logistik oder Verwaltung ab. Eine weit verbreitete Organisationsform ist die Netzwerkstrategie. Das bedeutet, dass verschiedene Agenturen, Dienstleister und Berater für einzelne Projekte zusammenarbeiten, um die Stärken aller Netzwerkpartner zu bündeln.

Großunternehmen richten Abteilungen oder Stabstellen ein, die sich mit der Organisation aller internen und externen Eventmaßnahmen befassen. Die wenigsten Eventabteilungen realisieren ihre Events jedoch in Eigenregie. Sie kooperieren projektweise mit Agenturen und Dienstleistungsunternehmen, um optimale Kommunikationsergebnisse zu erzielen. Die Eventabteilungen sind in den meisten Fällen dem Unternehmensbereich Marketing zugeordnet. Diese Einordnung erlaubt dem Unternehmen eine ganzheitliche Marketingstrategie.

Durch diese Veränderungen im Eventmarkt ist auch der Bedarf an praxisorientierter Personalaus- und -fortbildung gestiegen. Einen klassischen, anerkannten Ausbildungsweg zum Eventmanager gibt es nicht. Einige private Bildungsinstitute bieten jedoch unter dieser Bezeichnung Lehrgänge und Seminare an.

Anerkannte Abschlüsse können in folgenden Aus- bzw. Weiterbildungen erlangt werden:

- Veranstaltungsfachwirt/-in (IHK)
- Fachangestellte/-er für Medien- und Informationsdienste (IHK)
- Fachfrau/-mann für Veranstaltungsmanagement (IHK)
- Fachkraft für Veranstaltungstechnik (IHK)
- Kauffrau/-mann für audiovisuelle Medien (IHK)
- Medienfachwirt/-in (IHK)
- Mediengestalter/-in Bild und Ton (IHK)
- Meister/-in für Veranstaltungstechnik (IHK)

Universitäten und Hochschulen bieten verschiedene Studiengänge wie Medien- und Kommunikationswirtschaft, Medieninformatik, Medientechnik, Messe- und Kongressmanagement,

Theater- und Veranstaltungstechnik, Ton- und Bildtechnik sowie den Studiengang Veranstaltungsmanagement an.

Seit 2001 gibt es den Ausbildungsberuf „Veranstaltungskauffrau/-mann". Diese Ausbildung vermittelt sowohl kaufmännische Inhalte als auch praktische Kenntnisse in der Planung, Organisation und Durchführung von Veranstaltungen. Die Ausbildung erfolgt im dualen System zwischen Ausbildungsbetrieb und Berufsschule.

Ausbildungsbetriebe können hierbei alle Unternehmen und Institutionen sein, die regelmäßig mit Veranstaltungsorganisationen betraut sind.

Aufgabengebiete des Eventmanagements

Die Aufgaben des Eventmanagements sind von vielfältiger Natur. Die Tätigkeiten setzen sich aus vier Bereichen zusammen: Strategie, Kreativität, Logistik und Verwaltung.

Das optimale Zusammenspiel dieser vier Aufgabengebiete erlaubt die erfolgreiche Durchführung einer Eventmarketing-Maßnahme.

In der Struktur von Eventagenturen und Eventabteilungen werden die einzelnen Aufgabenfelder durch gesonderte Teams und Mitarbeiter abgedeckt. Freiberufliche Eventmanager arbeiten mit Kooperationspartnern wie Rechtsanwälten, Kreativbüros, Marketing-Unternehmensberatern, Steuerberatern, Buchhaltungsbüros, technischen Dienstleistern, Projektentwicklern, Eventarchitekten und Personaldienstleistern zusammen, um die optimale Durchführung der Aufgaben zu gewährleisten.

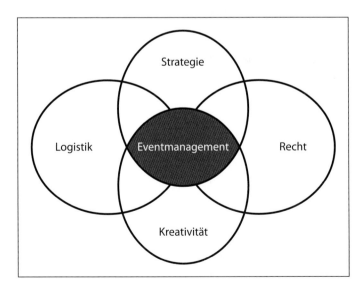

Der Eventmanagement-Ablauf in zehn Phasen

Je nach Eventcharakter kann sich der Veranstaltungsablauf verändern. Eine beispielhafte Gliederung der Aufgaben bietet dieses 10-Phasen-Modell:

Phase 1	Festlegung der Eventziele und der Zielgruppe
Phase 2	Analyse und Festlegung des strategischen Ansatzes
Phase 3	Ideeentwicklung und kreative Inszenierung
Phase 4	Planung und Organisation der Veranstaltung
Phase 5	Durchführung aller Pre-Event-Maßnahmen (Einladungen, Werbung ...)
Phase 6	Koordinierung der Aufbau- und Vorbereitungslogistik
Phase 7	Durchführung des Main-Events
Phase 8	Durchführung des After-Events
Phase 9	Koordinierung der Abbau- und Nachlauflogistik
Phase 10	Finanzielle Abrechnung, Erfolgskontrolle und inhaltliche Nachbereitung mit allen Beteiligten

Aufgabenfeld: Strategie

Events dienen einem bestimmten Zweck. Die Eingrenzung der Zielsetzung, die Auswahl der passenden Methode und des strategischen Ansatzes sind Aufgaben der Event-Strategie.

Am Anfang jeder Eventmarketing-Maßnahme steht das Briefing. Innerhalb des Briefings werden dem Eventmanager vom Auftraggeber die Zielsetzungen und Aufgabenstellungen einer Maßnahme erläutert.

Folgende Eckpunkte skizzieren das Briefing:

- Aufgabenbeschreibung
- Anlass des Events
- Zielsetzung des Events
- Zielgruppendefinition
- Integration in die vorhandene Kommunikations-Strategie
- Termin des Events
- Dauer des Events
- Ort des Events
- Budgetfestlegung

Das Briefing ist der Startschuss für die Erarbeitung der Eventstrategie. Hierfür ist es notwendig, eine ausführliche Analyse vorzunehmen:

Die Strategie-Entscheidung richtet sich nach der Zielsetzung und Zielgruppe der Eventmaßnahme und berücksichtigt sowohl die Corporate Identity wie auch die Corporate Culture eines Unternehmens. Mithilfe von primärer und sekundärer Marktforschung erhält der Eventmanager die nötigen Daten für seine Überlegungen. Mithilfe dieser Daten entwickelt der Event-

Zielgruppe	Auftraggeber	Zielsetzung
– Geschlecht – Alter – Beruf – sozialer Status – Bildungsniveau – Herkunft – Interessen – Bedürfnisse	– interne Organisation und Struktur – Tätigkeitsfelder – Marketing- und Kommunikationsstrategie – historische Entwicklung – Bedürfnisse	– Informationstransfer – Bekanntheitsgrad erhöhen – Kundenbindung – Mitarbeiter motivieren – Kundenakquise – Bildung

manager die strategische Vorgehensweise bei den einzelnen Zielgruppen. In diesem Fall ist der Eventmanager ein so genannter Trendscout, der die gesellschaftlichen Veränderungsprozesse verfolgt und Modeerscheinungen der Zielgruppe wahrnimmt.

Der strategische Ansatz ist das Kernstück eines erfolgreichen Events. Die Fragestellung, die hinter dem strategischen Ansatz steckt, lautet:

Wie und durch welche Maßnahme kann ich bei einer bestimmten Zielgruppe eine vorher bestimmte Wirkung erzielen?

Nur wenn der Eventmanager die optimale Zielgruppenansprache trifft, können die kommunikationspolitischen Zielsetzungen des Unternehmens erreicht werden. Falsche Strategieentscheidungen, die im Vorfeld einer Veranstaltung getroffen werden, können nur sehr aufwändig in der späteren Planungsphase korrigiert werden.

Faktoren, die eine Eventstrategie beeinflussen, sind
- die Unternehmensphilosophie,
- die Unternehmensstrategie,
- die Marketingstrategie,
- die Kommunikationsstrategie,
- die Produkt- oder Markenpositionierung,
- das Image und der Bekanntheitsgrad sowie
- eventspezifische Aspekte (z. B. Anlässe, Themen).

Eine weitere Aufgabe der Eventstrategie ist es, die Eventmarketing-Maßnahme in die vorhandene Kommunikationsstrategie des Unternehmens einzubinden. Der Kommunikationsmix muss so abgestimmt sein, dass alle Kommunikationsinstrumente mit einem einheitlichen strategischen und gestalterischen Ansatz angewendet werden. Die Zielgruppe muss das Unternehmen bei jeder Kommunikationsmaßnahme wiedererkennen können und im optimalen Fall eine bleibende Botschaft mit diesem verbinden.

Dazu kann die Eventmarketing-Maßnahme beispielsweise mit folgenden Kommunikationsinstrumenten unterstützt werden:
- Direktmarketing (Mailings, Telefonaktionen)
- Onlinemarketing (Event-Homepage, Newsletter, Bannerwerbung)
- Public Relation (eventunterstützende Öffentlichkeitsarbeit)
- Werbung (Anzeigen, Werbespots in TV und Radio)
- Verkaufsförderung (Unterstützung der Eventmaßnahme durch Aktionen am POS)

Umgekehrt muss die Eventmarketing-Maßnahme auch den bestehenden Kommunikationsinstrumenten des Unternehmens angepasst werden und die strategischen und gestalterischen Vorgaben berücksichtigen.

Die strategischen Überlegungen und Entscheidungen fließen mit der kreativen Umsetzung in das Konzept ein. Das Eventkonzept ist die schriftliche Ausgangslage für die spätere Realisierung des Events. Es dient neben der Präsentation gegenüber dem Auftraggeber als Planungs-, Organisations- und Kontrollhilfe für den Eventmanager.

Aufgabenfeld: Kreativität
- Ideenfindung und -entwicklung
- Inszenierung und Dramaturgie
- Auswahl der Gewerke und Künstler
- gestalterische Umsetzung

Nachdem die Event-Strategie festgelegt wurde, beginnt der kreative Prozess. Der Eventmanager benötigt die passende Idee für die erfolgreiche Umsetzung der Strategie. Hierfür werden in der Praxis verschiedene Kreativitätstechniken angewendet, welche die Ideenfindung und -entwicklung unterstützen und beschleunigen.

Als bekannteste Formen der Kreativitätstechniken sind folgende zu benennen:
- Brainstorming
- Brainwriting
- 6-3-5-Methode
- Buzz-Session
- 6-Hut-Methode
- Metaplan-Technik
- Mind-Mapping
- Synektik
- Fragenkaskade

Eine Erfolg versprechende Idee muss bei der Zielgruppe eine nachhaltige emotionale Wirkung erzielen. Sie ist auf die Wünsche und Bedürfnisse der Zielgruppe ausgerichtet und berücksichtigt die strategischen Zielsetzungen des Veranstalters.

Auf der Basis der passenden Idee wird die Inszenierung der Veranstaltung entwickelt. Ähnlich wie bei einem Filmdrehbuch werden die einzelnen Phasen der Veranstaltung geplant. Diese Inszenierung erlaubt es, einen Spannungsbogen beim Teilnehmer aufzubauen, der eine emotionale Bindung beim Teilnehmer bewirkt. Die Inszenierung wird in drei Abschnitte eingeteilt: Pre-Event, Main-Event und After-Event.

Als „Pre-Event" wird der Zeitraum vor dem eigentlichen Event bezeichnet. Schon die Art, Form und Gestaltung der Einladung ist ein Teil der Eventinszenierung. Der Spannungsbogen wird in dieser Phase aufgebaut.

Das „Main-Event" ist die eigentliche Veranstaltung. Hier wird dem Teilnehmer die zu vermittelte Botschaft in Form eines Ereignisses emotional erlebbar gemacht.

Die Phase „After-Event" dient dazu, die Wirkung des Events aufrechtzuerhalten und zu vertiefen. Als „After-Event"-Maßnahmen gelten beispielsweise das Versenden von Mailings und Eventfotos, Teilnehmerbesuche durch Außendienstmitarbeiter und das Verteilen von Giveaways.

Bei einer Inszenierung ist meist nicht die Quantität der Highlights entscheidend, sondern das Erzielen von emotionalen und psychischen Reizen durch den passgenauen Einsatz von qualitativ hochwertigen Veranstaltungshöhepunkten. Das kreative Aufgabenfeld eines Eventmanagers ist durch die strategischen Vorgaben und Ziele geprägt. Alle Teile einer Inszenierung dienen dem unternehmerischen Zweck.

Für die Realisierung einer Inszenierung werden die passenden kreativen Partner vom Eventmanager ausgewählt. Hierzu zählen je nach Inszenierungsinhalt folgende Gewerke:

- Künstler: Für die Veranstaltungshöhepunkte, das Rahmenprogramm oder die kreative Untermalung werden Musiker aller Art, darstellende Künstler, Schauspieler, Comedians oder Aktionskünstler beauftragt.
- Speaker: Als Moderatoren, Redner oder Referenten für einzelne Themenblöcke werden professionelle und kompetente Speaker ausgewählt. Zur besonderen Wirkung und zur Erhöhung der Aufmerksamkeit werden oftmals auch prominente Speaker engagiert.
- Bühnenbau, Ton- und Lichttechnik: Zur visuellen und audiovisuellen Darstellung des Events werden die technischen Gewerke schon früh in die Planungsphase integriert.
- Catering: Die Auswahl der Speisen und Getränke sowie die Dekoration und das Auftreten des Servicepersonals sind oftmals Bestandteile der Inszenierung.
- Grafiker, Dekorationsspezialisten: Für die gestalterische Umsetzung von On- und Offlinemitteln, Bühnenbildern und dekorativen Accessoires werden Fachleute beauftragt.
- Besondere Highlights bzw. Effekte: Da Events einzigartig sein sollen, können für besondere Höhepunkte oder Effekte gesonderte Gewerke integriert werden (z. B. interaktive Aktionstools, Pyroeffekte usw.).

Die Dramaturgie bzw. Inszenierung des Events wird in einem „Drehbuch" festgehalten, das Bestandteil des Eventkonzeptes ist.

Aufgabenfeld: Logistik

Auf der Grundlage des strategischen und kreativen Konzepts gilt es, eine reibungslose Durchführung der Veranstaltung zu gewährleisten. Hier beginnt das logistische Aufgabenfeld des Eventmanagers.

Der Begriff Logistik ist eine Mischung aus dem griechischen Wortstamm „logos" (Verstand, Rechenkunst) und dem germanisch-französischen Wortstamm „loger" (versorgen, unterstützen). Die Eventlogistik beinhaltet die Planung, Realisierung und Steuerung aller Gewerke, Mitarbeiter, Equipment, Informationen und Transportmittel.

Das Ziel dabei ist,

- die richtige Menge,
- die richtigen Objekte (Gewerke, Personen, Equipment, Energie, Informationen),
- am richtigen Ort,
- zum richtigen Zeitpunkt,
- in der richtigen Qualität,
- zu den richtigen Kosten

bereitzustellen.

Einmalige Aufgaben müssen vorbereitet, geplant, abgeschätzt, organisiert und innerhalb des Teams zielgerichtet durchgeführt werden. Wichtig ist es, diese Aufgabenerfüllung zu überwachen und zu steuern, damit ein optimales Ergebnis gewährleistet werden kann.

Folgende Aufgaben übernimmt die Logistik bei Planung und Entwicklung der Veranstaltung:

- Erstellung von CAD-Zeichnungen, Raumplänen, Ausschreibungsunterlagen
- Erstellung von Leistungsverzeichnissen, Versorgungsplänen, Ablauf- und Zeitplänen
- Ausschreibung und Beauftragung der technischen und logistischen Gewerke
- Beantragung aller behördlichen Genehmigungen
- die technische Leitung während des Produktions- und Veranstaltungszeitraumes
- Koordinierung aller Gewerke auf Grundlage der Ausschreibungen und gesetzlicher Bestimmungen
- Abnahme der technischen Bauten in Zusammenarbeit mit allen relevanten Behörden
- Nachbereitung und Erfolgskontrolle

Die Eventlogistik wird von einem Projektmanager, einem Produktionsleiter, einem technischen Leiter und einem Eventlogistik-Dienstleister übernommen.

Aufgabenfeld: Verwaltung

Bei jedem Event sind eine Vielzahl von Personen, Unternehmen und Institutionen beteiligt als Gewerke, Lieferanten, Auftraggeber, Mitarbeiter, Teilnehmer oder behördliche Aufsichtspersonen. Es entstehen komplexe Vertragsbeziehungen, die erhebliche rechtliche Konsequenzen mit sich führen. Die Eventverwaltung übernimmt die gesamte kaufmännische und rechtliche Abwicklung einer Eventmaßnahme.

Insbesondere umfasst die Verwaltung folgende Eckpunkte:
- Vertragsgestaltung und -überwachung
- behördliche Genehmigungen
- Sicherstellung der Einhaltung von gesetzlichen Vorschriften
- Budgetverwaltung und -überwachung
- GEMA-Abrechnungen
- Versicherungsschutz
- Buchhaltung und steuerliche Vorbereitung
- Mitarbeiterabrechnung und Abführung aller Sozialversicherungsbeiträge

Die Verwaltungsaufgaben werden meist durch mehrere Mitarbeiter abgedeckt, da für die Aufgaben verschiedene Fachkompetenzen benötigt werden. Bei der kaufmännischen Abwicklung des Events muss auf gesetzliche, tarifliche und betriebswirtschaftliche Vorgaben geachtet werden. Die Verwaltung übernimmt auch die finanzielle Überwachung und Planung der Logistikaufgaben.

Nachbearbeitung als Instrument des Qualitätsmanagements

Nach dem Event ist eine Erfolgskontrolle und Nachbereitung mit allen Beteiligten unerlässlich. Die Teilnehmer-Resonanz, das Feedback aller beteiligten Gewerke und Mitarbeiter, das Meinungsbild der Öffentlichkeit sowie die Zahlen der Buchhaltung werden als Grundlage für die Erfolgskontrolle verwendet.

Die Nachbereitung erfolgt aufgrund verschiedener Aspekte:
1. Aus Sicht der Strategie: Wurden mit dem strategischen Ansatz die kommunikationspolitischen Zielsetzungen erreicht? Wurden die Erwartungen der Zielgruppe richtig eingeschätzt?
2. Aus Sicht der Kreativität: Wurden die strategischen Vorgaben innerhalb der kreativen Umsetzung erfüllt? Hat die kreative Umsetzung die Zielgruppe angesprochen?
3. Aus Sicht der Logistik: Verlief die Planung und Durchführung der Veranstaltung reibungslos? Sind alle Leistungen durch die Gewerke auf Grundlage der Ausschreibungen erbracht worden?
4. Aus Sicht der Verwaltung: Wurden die Budgets eingehalten? Wurden alle Vertragsbeziehungen beiderseitig erfüllt?

Die Erkenntnisse aus der Nachbereitung dienen als Ausgangspunkt für zukünftige Maßnahmen.

Eventmarketing in der Zukunft

Nach dem Eroberungszug des Eventmarketings in die Kommunikationsabteilungen und in den Kommunikationsmix der Unternehmen entwickelt sich die Eventbranche weiterhin zu einem Feld der Kommunikationsspezialisten. Während mittelständische Unternehmen in der Vergangenheit einzelne Events als Highlights eingesetzt haben, wird in Zukunft auch der Mittelstand Eventmarketing als gängiges Kommunikationsinstrument verwenden. Dadurch ändert sich nicht nur der Einsatz, sondern auch die Umsetzung von Eventmaßnahmen. Eventagenturen und Eventmanager werden als Kommunikationsspezialisten angesehen und benötigen weitreichendes marketingstrategisches Know-how. Auftraggeber achten verstärkt auf den Kosten-Nutzen-Vergleich, sodass eine qualifizierte Erfolgskontrolle in Zukunft eine immer größere Stellung einnimmt. Während heute noch 20 % der Eventagenturen keine Erfolgskontrolle nach Events durchführen, wird die Forderung der Unternehmen nach einer qualifizierten Erfolgskontrolle immer deutlicher. Hierfür werden in Zukunft neue Messwerkzeuge und Kennziffern benötigt.

Events werden von Unternehmen aller Größen nun häufiger veranstaltet, aber mit kleineren Budgets ausgestattet. Der Eventmanager muss die kommunikationspolitischen Ziele in höchster Qualität mit niedrigeren finanziellen Mitteln erreichen. Dieses bedarf einer konzentrierten strategischen Ausrichtung der Events. Es werden nicht mehr nur die großen und aufwändigen Spektakel im Vordergrund des Eventmanagements stehen, sondern Maßnahmen, welche auf die Kommunikationsziele des Unternehmens abgestimmt sind und durch eine perfekt inszenierte Dramaturgie ihre Wirkung erzielen.

Eine positive Entwicklung ist in der Qualifikation von Mitarbeitern im Eventbereich zu finden. Das veränderte Anforderungsprofil an Eventspezialisten spiegelt sich auch im Angebot von Fortbildungen und staatlich anerkannten Abschlüssen wider. Insbesondere die Integration des Faches Eventmarketing in wirtschaftswissenschaftliche Universitätsstudiengänge zeigt in eine zukunftsweisende Richtung.

Eventmarketing hat als Kommunikationsinstrument und als Branche eine positive Zukunft, wenn es strategisch und integrativ angewendet wird.

2., überarbeitete und aktualisierte Auflage
Sicherheit in der Veranstaltungstechnik
Checklisten, Rechtsgrundlagen, Gefährdungsanalyse

Das Fachbuch stellt Rechtsgrundlagen und Regelwerke zur „Sicherheit in der Veranstaltungstechnik" vor und erklärt diese für die praktische Arbeit.

Berücksichtigt werden u. a.:
// aktuelle Sicherheitsregeln,
// neue Verordnungen sowie
// aktualisierte Normen.

Es ist eine große Hilfe für Veranstaltungstechniker und für diejenigen, die die Sicherheit beurteilen müssen, wie Veranstalter, Betreiber von Versammlungsstätten und aufsichtsführende Behörden.

Beuth Praxis I Michael Ebner
Sicherheit in der Veranstaltungstechnik
Checklisten, Rechtsgrundlagen,
Gefährdungsanalyse
2., überarbeitete und aktualisierte Auflage 2010.
525 S. A5. Gebunden.
72,00 EUR I **ISBN 978-3-410-17870-5**

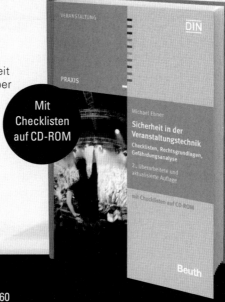

Bestellen Sie unter:

Telefon +49 30 2601-2260   Telefax +49 30 2601-1260

info@beuth.de   www.beuth.de

Genau. Richtig.

Bühnen- und Veranstaltungstechnik? Da können Sie sich sicher sein.

Von Aachen bis Cottbus, von Flensburg bis Garmisch: Wir kümmern uns um Ihre Bühnen- und Studiotechnik. Zuverlässig, flexibel und kundenfreundlich. Ein Ansprechpartner bietet Prüf- und Projektmanagement im Fullservice für Sie. Unsere Kompetenzfelder:

- Bühnen- und Studiotechnik
- Maschinentechnische Anlagen
- Fliegende Bauten

Unsere Sachverständigen sind nach BGV C1 ermächtigt für Vor-, Bau- und Abnahmeprüfungen von Studio- und Bühnentechnik und wir sind Prüfamt für Fliegende Bauten.

Wir führen für Sie unabhängig Abnahme- und wiederkehrende Prüfungen durch, z. B. nach BetrSichV, UVV oder Baurecht. Übergreifende Fragestellungen zur CE-Kennzeichnung, zu Steuerungen oder zu statischen Aufgabestellungen beantworten wir gerne. Genau richtig für Ihren Bedarf.

TÜV Rheinland
Industrie Service GmbH
51101 Köln

Tel. 01803 252535 6464*
Fax 01803 252535 6499*

*9ct/min aus dem Festnetz, Mobilfunk max 42ct/Min.

is-koeln@de.tuv.com

www.tuv.com

Lexikon

0-9

6-3-5-Methode	Kreativität	001

Die 6-3-5-Methode ist eine Kreativitätstechnik [⇒ 420] zum schriftlichen Sammeln von Ideen [⇒ 369] zur Problemlösung. Sie wurde 1968 von Prof. Bernd Rohrbach entwickelt. Das Konzept hinter der 6-3-5-Methode ist simpel:

- 6 Personen
- 3 Lösungsvorschläge
- 5-mal Weiterreichen

Jeder Teilnehmer erhält ein gleich großes Blatt, welches mit 3 Spalten und 6 Reihen in 18 Kästchen aufgeteilt wird. Nach der Aufgabendefinition produziert jeder der sechs Teilnehmer drei Lösungsvorschläge innerhalb weniger Minuten und schreibt diese jeweils untereinander in ein Kästchen. Diese drei Vorschläge werden an den Nachbarn weitergegeben, der anhand der vorhandenen Vorschläge drei weitere Ideen entwickelt. Der Vorgang wird fünf Mal wiederholt. Während der Schreibphase wird nicht diskutiert oder kritisiert, sondern konzentriert selbstständig gearbeitet. Ein Vorteil der Methode liegt darin, dass man die Lösungsvorschläge der Teilnehmer aufgreifen und sich von den Ideen anregen lassen kann. Im Anschluss wird in der Gruppe über die Erfolg versprechenden Lösungsvorschläge diskutiert.

Die 6-3-5-Methode gilt als verwandte Kreativitätstechnik [⇒ 420] zum Brainstorming [⇒ 132] und wird als Brainwriting-Technik bezeichnet. Sie kann je nach Anzahl der Teilnehmer beliebig abgewandelt werden (5-3-4- oder 7-3-6-Methode).

6-Hut-Methode	Kreativität	002

Die 6-Hut-Methode (auch als Denkhüte-Methode bezeichnet) ist eine Kreativitätstechnik [⇒ 420], die von Edward de Bono entwickelt wurde. Die Methode basiert auf der Annahme, dass Probleme und Aufgaben aus verschiedenen Blickwinkeln analysiert und gelöst werden können. Sie kann von einer Einzelperson und innerhalb einer Gruppe angewendet werden. Es stehen sechs symbolische Hüte zur Verfügung, die jeweils eine bestimmte Denkrichtung oder einen Charakter darstellen. Die Teilnehmer können wahlweise einen Hut aufsetzen und beliebig oft wechseln, um sich die Denkrichtung anzueignen und sie auszudrücken. In der jeweiligen (Hut-)Rolle erläutert der Teilnehmer das Problem. Alle Meinungen werden von einem Protokollführer mitgeschrieben, um am Ende alle möglichen Sichtweisen in der Gruppe zu analysieren.

Die einzelnen Hüte stehen für:

Weißer Hut: Objektivität und Neutralität

Der weiße Hut sammelt Informationen und enthält sich jeder Wertung. Es zählen nur Fakten und Zahlen, keine Emotionen.

Roter Hut: Subjektive Meinung und persönliches Empfinden

Der rote Hut steht für Emotionen und lässt alle positiven und negativen Gefühle zu.

Schwarzer Hut: Objektiv negative Aspekte
Der schwarze Hut steht für Bedenken, Zweifel und Risiken, jedoch keine negativen Emotionen.

Gelber Hut: Objektiv positive Aspekte
Der gelbe Hut steht für Chancen und Vorteile, Hoffnungen und erstrebenswerte Ziele.

Grüner Hut: Hin zu neuen Ideen
Der grüne Hut ist das Sinnbild für die Denkrichtung des Visionärs. Er lässt Kreativität und neue Ideen zu und denkt über das Bisherige hinaus.

Blauer Hut: Kontrolle und Organisation
Der blaue Hut hält den gesamten Prozess zusammen. Er fasst die Ergebnisse zusammen und moderiert die Diskussion. Der blaue Hut ist der Dirigent innerhalb des Denkprozesses.

A

| Abbrennplatz | Logistik | 003 |

Als Abbrennplatz wird der Sicherheitsbereich bezeichnet, in dem pyrotechnisches Material [⇒ 573] aufgestellt und zu einem Feuerwerk abgebrannt werden darf. Der Abbrennplatz ist durch weiträumige Absperrungen gegen unbefugtes Betreten zu sichern. Die Sicherheitsabstände zum Publikum und zu brandgefährdeten Gebäuden/Anlagen sind in der 1. Anlage der Allgemeinen Verwaltungsvorschrift zum Sprengstoffgesetz geregelt.

| ABC-Analyse | Logistik | 004 |

Die ABC-Analyse ist eine Methode, um sich bei beschränkter Arbeitszeit auf die wesentlichen Aufgaben zu konzentrieren. Ursprünglich kommt sie aus dem Produktionsbereich, wo sie der Optimierung der Lagerhaltungskosten dient.

Beim Projektmanagement [⇒ 561] werden in der ABC-Analyse Aufgaben, Probleme und Geschäftsbeziehungen in drei Stufen eingeteilt:

A = sehr wichtig
B = wichtig
C = weniger wichtig

	A	B	C
Aufgabe 1	x		
Aufgabe 2		x	
Aufgabe 3		x	
Aufgabe 4			x
Aufgabe 5	x		
Aufgabe 6	x		x
Aufgabe 7		x	
Aufgabe 8			x
Aufgabe 9		x	
Aufgabe 10	x		

Damit nicht alle Aufgaben in nur eine Stufe einsortiert werden, wird im Vorfeld die prozentuale Aufteilung festgelegt. Je Stufe darf es somit nur eine begrenzte Aufgabenliste geben.

Die ABC-Analyse unterstützt den Eventmanager bei einer reibungslosen und strukturierten Erledigung seiner Organisationsaufgaben.

LEXIKON EVENTMANAGEMENT

Aberration	Logistik	005

Als Aberration werden Abweichungen von der idealen Abbildung bezeichnet, die aufgrund von Abbildungsfehlern in optischen Systemen entstehen.

Abfallentsorgung	Logistik	006

Jede Veranstaltung [⇒ 676] hinterlässt eine große Menge von Abfall aller Art. Die Verwertung oder Beseitigung des Abfalls muss vom Eventmanager im Vorfeld der Veranstaltung geplant werden. Hierfür müssen genügend Abfallcontainer oder -tonnen von einem Abfallentsorger beschafft werden.

Folgende Abfallarten müssen in der Planung berücksichtigt werden:
- Papier, Pappe, Kartonagen
- Glas
- Leichtverpackungen
- Speisereste
- organische Abfälle (Biogut)
- Restmüll

Nach Möglichkeit ist eine Trennung des Abfalls zu koordinieren. Nach der Veranstaltung muss die Endreinigung der Location [⇒ 457] (bei Open-Air-Veranstaltungen [⇒ 515] die Straßenreinigung) koordiniert werden.

Ablaufplan	Logistik	007

Die Dokumentation der logischen und zeitlichen Planung und Durchführung einer Veranstaltung [⇒ 676] wird Ablaufplan genannt. Ein Ablaufplan kann als Checkliste [⇒ 165] oder auch als Balkendiagramm [⇒ 086] geführt werden. Bei der Veranstaltungsplanung wird im Ablaufplan festgelegt, welcher Arbeitsschritt von welchem Beteiligten zu einem festgelegten Zeitpunkt erfolgen muss. Während der Veranstaltung wird im Ablaufplan die Chronologie des Veranstaltungsprogramms verfolgt.

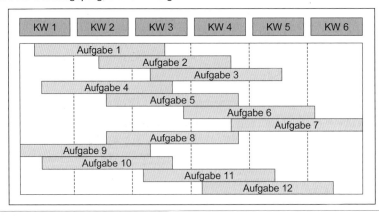

22

| Ablaufstruktur | Logistik | 008 |

Die Ablaufstruktur ist ein Begriff aus dem Projektmanagement [⇒ 561] und beschreibt den zeitlichen und logischen Ablauf von Vorgängen und Aktivitäten. Sie wird meist innerhalb einer Zeitachse grafisch dargestellt.

Die Ablaufstruktur ist für den Eventmanager eine Methode, um
- alle Organisationsaufgaben strukturiert zu erledigen bzw. zu kontrollieren,
- unterschiedliche Gewerke [⇒ 334] zu koordinieren,
- Produktions- und Veranstaltungsabläufe zu visualisieren,
- Ablaufpläne [⇒ 007] zu verfassen.

Oftmals werden die in der Ablaufstruktur visualisierten Aktivitäten mit Prioritätsstufen versehen, um das Projektmanagement differenzierter zu gestalten.

| Abmahnung | Verwaltung | 009 |

Die Abmahnung ist auf Basis des deutschen und europäischen Wettbewerbsrechts die Möglichkeit, einen Werbung Treibenden, dessen Werbung [⇒ 701] gegen die Vorschriften des Wettbewerbsrechts verstößt, gebührenpflichtig abzumahnen. Eine Abmahnung erfolgt als Aufforderung an den Werbung Treibenden, seine wettbewerbswidrigen Handlungen bis zu einer bestimmten Frist einzustellen und für eine eventuelle Wiederholung eine Vertragsstrafe zu entrichten. Die meisten Abmahnungen werden von Wettbewerbsvereinen ausgesprochen, deren Zweck die wettbewerbsrechtliche Überwachung ist. Den gesetzlichen Rahmen für eine Abmahnung regelt der Paragraf 13 des Gesetzes gegen den unlauteren Wettbewerb (UWG).

Wird die Abmahnung vom Wettbewerbsverletzer als berechtigt angesehen, muss er dem Abmahner eine Unterlassungserklärung abgeben und gleichzeitig für den Wiederholungsfall eine Vertragsstrafe versprechen. Seine Werbemaßnahmen müssen korrigiert bzw. unterlassen werden.

Sollte die Abmahnung vom Wettbewerbsverletzer als ungerechtfertigt angesehen werden, so muss er die Frist der Abmahnung vergehen lassen. Eine Nichtbeantwortung der Abmahnung gilt als Ablehnung. Der Abmahner kann in diesem Falle das gerichtliche Mahnverfahren einleiten.

Die Kosten für die Abmahnung hat der Wettbewerbsverletzer zu tragen.

| Above-the-Line | Strategie | 010 |

Above-the-Line-Kommunikation umschreibt den Einsatz klassischer Werbemittel [⇒ 699].

Dazu gehören Anzeigen in Zeitungen und Zeitschriften, Spots in TV, Hörfunk oder Kino und Außenwerbung mit Plakaten. Above-the-Line-Kommunikation wurde lange Zeit als hauptsächliche Werbung eingesetzt. Erst in den letzten Jahren verlagerte sich die Gewichtung des Werbeeinsatzes, aufgrund der vermehrten Reizüberflutung der Konsumenten, der Veränderung des Verbraucherverhaltens und der steigenden Mediakosten, hin zu Below-the-Line-Kommunikationsinstrumenten [⇒ 399].

Abrechnung	Verwaltung	011

Nach der Veranstaltung [⇒ 676] stellt der Eventmanager seine Leistungen dem Kunden in Rechnung [⇒ 580]. Hierbei müssen alle Einzelkosten [⇒ 245] belegbar sein. Belege können Lieferscheine [⇒ 448], Quittungen [⇒ 576] oder Rechnungen sein. Eine Abweichung des Rechnungsbetrages gegenüber dem verbindlichen Angebot muss mit dem Kunden vorab besprochen werden.

Etwaige Akontozahlungen [⇒ 036] müssen vom Rechnungsbetrag abgezogen werden. Die Rechnung muss die Steuernummer des Eventmanagers, Zahlungsziele [⇒ 707] und die gesetzliche Umsatzsteuer ausweisen.

Abstimmanlage	Logistik	012

Die Abstimmanlage wird zum Erfassen eines Meinungsbildes aller Teilnehmer einer Veranstaltung [⇒ 676] verwendet. Jeder Teilnehmer erhält ein Abstimmgerät, das meist aus einer Zehnertastatur und einer Korrekturtaste besteht. Es können Ja/Nein-Abstimmungen und komplexere Abfragen vorgenommen werden. Je nach Programmierung kann die Abstimmung anonym oder mit definierter Zuordnung erfolgen. Abstimmanlagen finden insbesondere in Parlamenten, Organisationen, Hauptversammlungen [⇒ 354], Tagungen [⇒ 648] und Fernsehsendungen ihre Verwendung.

Abstrahlverhalten	Logistik	013

Die Art und Weise, in welcher ein Lautsprecher [⇒ 435] Schallwellen räumlich verteilt, bezeichnet man als Abstrahlverhalten. Das Abstrahlverhalten ist von der zu übertragenden Frequenz abhängig. Dabei werden hohe Frequenzen stark gebündelt. Tiefe Frequenzen bilden sich dagegen fast kugelförmig aus. Das Abstrahlverhalten ist bei der Zusammenstellung einer PA-Anlage [⇒ 523] zu berücksichtigen.

Absturzsicherung	Logistik	014

Arbeitsplätze und Verkehrswege, die mehr als einen Meter über dem Boden liegen, müssen vor Absturzgefahr abgesichert sein. Hierzu sollten feste Einrichtungen wie ein dreiteiliger Seitenschutz, Absperrungen und Abdeckungen genutzt werden. Andernfalls müssen Fangnetze angebracht werden. Sollten kollektive Schutzmaßnahmen nicht realisierbar oder unzweckmäßig sein, müssen individuelle Schutzmaßnahmen zum Einsatz gebracht werden. Diese Persönlichen Schutzausrüstungen (PSA) gegen Absturz sind Auffangsysteme mit Auffanggurt und Falldämpfer.

An Arbeitsplätzen sowie Verkehrswegen auf Flächen mit weniger als 20° Neigung kann auf Seitenschutz an der Absturzkante verzichtet werden, wenn in mindestens 2,00 m Abstand von der Absturzkante eine feste Absperrung angebracht ist (z. B. Geländer, Ketten, Seile) und sich die Arbeitsplätze/Verkehrswege innerhalb des abgesperrten Bereiches befinden.

A cappella	Kreativität	015

Als a cappella werden musikalische Darbietungen bezeichnet, die nur aus Gesang ohne instrumentalische Verstärkung bestehen. Der Begriff stammt aus dem Lateinischen und bedeutet „im Kirchenstil".

Achromatische Farben	Logistik	016

Achromatische Farben haben keine Buntwerte. Das sind Schwarz, Grau und Weiß.

AC-Nielsen-Gebiete	Strategie	017

Zum Zweck der einheitlichen, geografisch sinnvoll untergliederten Marktforschung [⇒ 473] und Mediaplanung [⇒ 478] werden Staaten in verschiedene Zonen eingeteilt. Das Marktforschungsunternehmen AC Nielsen & Company hat ein weltweit anerkanntes Einteilungsraster für einzelne Gebiete entworfen. Bei der Gliederung werden vor allem demografische, soziale und strukturelle Bedingungen der Handelslandschaft berücksichtigt.

In Deutschland bestehen folgende Einteilungen:

Nielsen I: Hamburg, Bremen, Schleswig-Holstein, Niedersachsen
Nielsen II: Nordrhein-Westfalen
Nielsen IIIa: Hessen, Rheinland-Pfalz, Saar
Nielsen IIIb: Baden-Württemberg
Nielsen IV: Bayern
Nielsen V: Berlin
Nielsen VI: Mecklenburg-Vorpommern, Brandenburg, Sachsen-Anhalt

Activity Report	Strategie	018

Der Activity Report ist ein in der Public Relations [⇒ 570] verwendeter Tätigkeitsbericht von PR-Agenturen. Er beschreibt die Tätigkeiten und vorgenommenen Medienkontakte, die die PR-Agentur im Auftrag ihres Kunden erledigt hat.

Der Activity Report dient als Arbeitsnachweis, zur Erfolgskontrolle [⇒ 252] und zur Rechnungslegung [⇒ 580].

ADAM	Strategie	019

ADAM (Award der ausgezeichneten Messeauftritte) ist ein Branchenpreis, der seit 1997 jährlich vom FAMAB (Fachverband Konzeption und Dienstleistung Design Exhibition Event e. V.) [⇒ 265] für herausragende Messebeteiligungen [⇒ 486] vergeben wird. Als Beurteilungskriterien gelten Architektur und Design ebenso wie die erfolgreiche Kommunikation der Marketing- und Unternehmensziele durch den Messeauftritt. Zeitgleich zum ADAM wird der Branchenpreis EVA für herausragende Events [⇒ 676] ebenfalls vom FAMAB vergeben.

| Additive Farbmischung | Logistik | 020 |

Die additive Farbmischung basiert auf dem Zusammenfügen von unterschiedlich farbigem Licht aus mindestens zwei Lichtquellen. Die Grundfarben sind Rot, Grün und Blau (RGB).

| Adressverlag | Strategie | 021 |

Adressverlage sind selbstständige Handelsunternehmen, welche auf den Verkauf von Adressmaterial für Direktmarketing-Zwecke [⇒ 216] spezialisiert sind. Die Adressdaten stammen meist aus Kundenkarteien anderer Unternehmen, die vom Adressverlag weitervermittelt werden. Der Nutzer eines Adressverlages kann ganze Adressbestände nach fest definierten Gesichtspunkten erwerben. Die meisten Adressverlage bieten auch weiterführende Serviceleistungen an, beispielsweise die Konzeption und Gestaltung von Direktmarketing-Maßnahmen.

| Adressverwaltung | Logistik | 022 |

Die Adressverwaltung ist eine elementare Aufgabe innerhalb des Teilnehmerhandlings [⇒ 655] und der Öffentlichkeitsarbeit [⇒ 570]. Sie beschreibt eine logische, strukturierte und praktikable Archivierung von Adressbeständen und dient als Basis z. B. für Rundschreiben, Einladungen [⇒ 239] und Mailings [⇒ 460]. Für eine reibungslose Adressverwaltung werden moderne Software-Datenbanken angeboten, die die Pflege und Handhabung der Adressdatensätze erleichtern.

| Advertorial | Strategie | 023 |

Advertorials sind Zeitungsberichte, die der Public Relations [⇒ 570] eines Unternehmens dienen. Diese Berichte werden von PR- oder Werbeagenturen [⇒ 697] im Layout [⇒ 436] der jeweiligen Zeitung verfasst und gegen Bezahlung im redaktionellen Bereich der Zeitung platziert. Sinn der Advertorials ist es, den Lesern den Eindruck zu vermitteln, dass es sich bei dem Artikel um die Berichterstattung der Redaktion handelt.
Presserechtlich ist die Kennzeichnung von Werbung [⇒ 701] eigentlich vorgeschrieben. Doch nicht jedes Advertorial wird in den Publikationen als Anzeige gekennzeichnet.

| AE-Provision | Verwaltung | 024 |

Die AE-Provision (AE = Abkürzung für die früher vorhandene Annoncen-Expedition) ist eine Mittlerprovision, die von klassischen Medien an Werbeagenturen [⇒ 697] gezahlt wird. In der Regel beläuft sich die AE-Provision auf 15 % des Auftragsvolumens. Die Provisionen werden von den klassischen Medien in die Preislisten mit einberechnet und an die Agentur [⇒ 029] bei einer Vermittlung abgetreten.
In den letzten Jahren ist eine volle oder teilweise Rückvergütung von erhaltenen Provisionen der Werbeagentur an ihre Kunden üblich geworden (Kickbacks).

| Affiche | Strategie | 025 |

Affiche ist eine alte Bezeichnung für ein Großplakat in der Außenwerbung. Die Werbung [⇒ 701] auf dem Plakat ist knapp und einprägsam dargestellt. Das Affiche wird oft zur Ankündigung von Veranstaltungen [⇒ 676] wie Konzerten [⇒ 414], Ausstellungen oder Sport-Events [⇒ 629] verwendet.

| Affinität | Strategie | 026 |

Als Affinität wird das Maß für die Eignung eines Werbemittels [⇒ 699] (Magazin, Zeitung, TV-Sender, Radiostation, Internetangebot, Event) in einer bestimmten Zielgruppe [⇒ 708] bezeichnet. Eine hohe Affinität ist die Grundlage für eine hohe Werbemittelbeachtung.

| After-Sales-Marketing | Strategie | 027 |

After-Sales-Marketing bezeichnet die Gesamtheit aller Marketingaktivitäten [⇒ 469] eines Unternehmens, die erst nach dem Kauf eines Produktes beim Kunden eingesetzt werden. Ziel des After-Sales-Marketing ist es, den gewonnenen Kunden dauerhaft an das Unternehmen zu binden. Zum After-Sales-Marketing gehören z. B. Kundenveranstaltungen, Newsletter, Service-Umfragen, Erinnerung an Wartungen und Inspektionen und regelmäßige Kontaktaufnahmen per Telefon oder Post.

| Agenda Setting | Strategie | 028 |

Das Agenda Setting (bzw. Agendasetzung) ist eine Strategie der Public Relations [⇒ 570], um die Meinung und das Interesse einer bestimmten Zielgruppe [⇒ 708] zu beeinflussen. Hierfür werden die Medien zu einer kontinuierlichen Berichterstattung über ein bestimmtes Thema bewegt.

Das Agenda Setting wurde erstmals 1972 von den beiden amerikanischen Kommunikationsforschern Maxwell E. McCombs und Donald L. Shaw formuliert. Sie gingen davon aus, dass die Massenmedien [⇒ 475] die Themen vorgeben, über die ihre Konsumenten [⇒ 408] nachdenken (Thematisierungstheorie).

Mithilfe von aktiver PR-Arbeit versuchen Unternehmen und PR-Agenturen bestimmte Medien für ihr vorbestimmtes Thema zu gewinnen. Insbesondere setzen Aufklärungskampagnen auf das Agenda Setting als bevorzugte Medienstrategie.

| Agentur | Strategie | 029 |

Als Agenturen werden selbstständige Unternehmen bezeichnet, die Güter oder Leistungen im Namen und auf Rechnung [⇒ 580] einer anderen Firma anbieten. Agenturen produzieren keine Güter und handeln auch nicht mit Waren. Sie stellen lediglich ihr Know-how zur Verfügung und treten als Mittler auf.

Eventmanager treffen auf diverse Agenturarten:
- Werbeagentur [⇒ 697]
- Eventagentur [⇒ 256]
- Mediaagentur [⇒ 476]
- PR-Agentur [⇒ 570]
- Incentive-Agentur [⇒ 374]
- Kongressagentur [⇒ 405]
- Künstleragentur [⇒ 426]
- Nachrichtenagentur [⇒ 506]
- Promotionagentur [⇒ 564]
- Personalagentur [⇒ 528]

Agenturhonorar	Verwaltung	030

In der Eventbranche gibt es kein einheitliches Abrechnungssystem [⇒ 011] für Agenturleistungen. Das FME [⇒ 289] veröffentlicht regelmäßig Honorarempfehlungen mit dem Ziel, eine transparente und einheitliche Abrechnung von Agenturleistungen zu verwirklichen.

Es lassen sich grundsätzlich die folgenden Abrechnungsverfahren unterscheiden:

Tages- bzw. Stundenhonorare

Je nach Stellung und Position des Agenturmitarbeiters (z. B. Geschäftsführer, Projektleiter [⇒ 560], Assistent [⇒ 558]) werden mit dem Kunden bestimmte Honorarsätze vereinbart. Diese sind meist unabhängig vom finanziellen Umfang eines Events. Es wird nur der zeitliche Aufwand vergütet.

Pauschalpreis

Die Agentur [⇒ 029] vereinbart mit ihrem Kunden einen Pauschalpreis für die gesamte Abwicklung des Events. Oft sind im Pauschalpreis auch alle Fremdleistungen (z. B. Catering [⇒ 161], Veranstaltungstechnik usw.) inbegriffen. Diese Abrechnungsmethode birgt insbesondere für die Agentur finanzielle Risiken und ist für den Kunden nicht transparent.

Handling-Fee [⇒ 612]

Die Agentur schlägt auf alle von ihr gebuchten Fremdleistungen einen bestimmten Prozentsatz (meist zwischen 10 % und 15 %) für ihre Koordinierungsleistungen auf. Oft handelt es sich hierbei um verdeckte Aufschläge, die dem Kunden in der Abrechnung nicht ersichtlich werden.

Jahresbudget

Der Kunde stellt der Agentur ein Jahresbudget [⇒ 143] zur Verfügung, mit dem alle Eventmaßnahmen finanziert werden sollen. Die Agentur verwaltet das Budget und finanziert hierdurch alle anfallenden Kosten und Leistungsaufwendungen. Diese Form der Abrechnung ist in der Eventbranche noch nicht so häufig vertreten.

In der Praxis findet man meist eine Mischform aus verschiedenen Abrechnungsmethoden.

Agenturpräsentation	Strategie	031

Die Agenturpräsentation beschreibt eine kostenfreie Präsentation der Event- [⇒ 676], PR- oder Werbeagentur [⇒ 697] für einen Kunden. Sie beinhaltet eine Darstellung des Leistungsspektrums, des vorhandenen Branchen- oder Themen-Know-hows, der Referenzen und Fallbeispiele. Eine Agenturpräsentation kann sowohl in Papierform, als Onlinemedium oder in einem persönlichen Vorstellungstermin erfolgen.

Im Gegensatz zum Pitch [⇒ 531] umfasst die Agenturpräsentation keine konzeptionellen, ausgearbeiteten Ergebnisse für den Kunden.

AIDA-Formel	Strategie	032

Die AIDA-Formel bezeichnet den Aufbau einer Werbewirkung.

Die Phasen
Attention = Aufmerksamkeit gewinnen,
Interest = Interesse wecken,
Desire = Kaufwunsch auslösen,
Action = Kaufabschluss erzielen,
beschreiben die einzelnen Stufen, die der potenzielle Kunde durch die Botschaft des Werbenden durchläuft. Die AIDA-Formel (etwa um 1900 in Amerika entstanden) gilt in der heutigen Werbewirtschaft als nicht mehr praxisgerecht.

Aircraft landing Light	Logistik	033

Als Aircraft landing Light (ACL-Lampe) wird eine eng strahlende PAR-Lampe [⇒ 525] bezeichnet, die auch als Flugzeug-Landebeleuchtung verwendet wird. Sie erzeugt enge kräftige Lichtbeams.
Im Eventbereich werden ACL-Lampen u. a. als Audience Blinder [⇒ 122] eingesetzt.

Aktionsgeräte	Logistik	034

Aktionsgeräte sind Geräte, die im Rahmenprogramm von Events eingesetzt werden. Dazu zählen auch Interaktionsgeräte wie Bungee-Jumping, Bull-Riding, Hüpfburgen und andere. Aktionsgeräte werden oft auf Veranstaltungen [⇒ 676], die für Familien ausgelegt sind, zur Unterhaltung von Kindern eingesetzt.
Bei der Bereitstellung von Aktionsgeräten ist auf die Haftung [⇒ 348] zu achten. Außerdem müssen die Geräte vom TÜV abgenommen sein.

Aktionswerbung	Strategie	035

Die Aktionswerbung ist Werbung [⇒ 701] mit besonderen Aktionen, die oft anlässlich einer Veranstaltung [⇒ 676] wie z. B. Geschäftseröffnung oder -jubiläum, Neuprodukt-Vorstellung oder Tag der offenen Tür durchgeführt wird.

| Akontozahlung | Verwaltung | 036 |

Die Akontozahlung ist ein Bestandteil der Zahlungsmodalitäten [⇒ 707] und wird in der Eventpraxis oft genutzt. Für die Abwicklung eines Auftrages [⇒ 067] verlangt der Auftragnehmer eine oder mehrere Abschlagszahlungen vom Auftraggeber. Diese verwendet der Auftragnehmer für die Finanzierung [⇒ 277] seiner Fremdleistungen für das jeweilige Projekt.

Die üblichen Zahlungsrhythmen sind:

50 % der Gesamtsumme vor Auftragsbeginn/Restzahlung nach Auftragsbeendigung

oder

30 % der Gesamtsumme vor Auftragsbeginn/30 % bei Auftragsbeginn/Restzahlung nach Auftragsbeendigung.

Akontozahlungen sind ein wichtiges Instrument zur Liquiditätssicherung [⇒ 453]. Eventmanager müssen insbesondere bei den Verträgen, die sie mit Dienstleistern schließen, auf deren Zahlungsbedingungen achten, um von ihrem Auftraggeber Zahlungen rechtzeitig zu erhalten.

| À la carte | Logistik | 037 |

À la carte ist ein gastronomischer Fachausdruck und umschreibt die Möglichkeit, aus einer Anzahl von Speisen eine individuelle Auswahl treffen zu können. Diese Form der Bewirtung wird nur selten auf Veranstaltungen angeboten, da es für den Caterer [⇒ 161] einen hohen logistischen Aufwand und daher eine hohe finanzielle Belastung für den Veranstalter bedeutet.

Üblicherweise werden bei Mehrgang-Menüs [⇒ 483] dem Eventgast zwei bis drei Hauptgänge zur Auswahl angeboten.

| Alleinstellungsmerkmal | Strategie | 038 |

Das Alleinstellungsmerkmal beschreibt die Eigenschaft eines Unternehmens/eines Produkts, das es von allen anderen Unternehmen/Produkten in positiver Hinsicht unterscheidet. Das Alleinstellungsmerkmal ist somit zugleich der USP [⇒ 674].

| Allensbacher Werbeträger-Analyse | Strategie | 039 |

Die Allensbacher Markt- und Werbeträger-Analyse (AWA) ist eine jährliche Studie des Instituts für Demoskopie Allensbach und wird im Auftrag von rund 90 Verlagen und TV-Sendern durchgeführt. Sie untersucht Konsumgewohnheiten und Mediennutzung. Die Ergebnisse werden insbesondere zur Mediaplanung und Zielgruppenbestimmung von Media-[⇒ 476] und Werbeagenturen [⇒ 697] genutzt.

| Allgemeine Geschäftsbedingungen | Verwaltung | 040 |

Die allgemeinen Geschäftsbedingungen (AGBs) sind für eine Vielzahl von Verträgen [⇒ 690] vorformulierte Vertragsbedingungen, die eine Vertragspartei bei Abschluss eines Vertrages der anderen Partei stellt. Damit die AGBs nicht dazu führen, dass eine Vertragspartei unter Ausnutzung ihrer wirtschaftlichen Übermacht die Geschäftsbedingungen einseitig zu ihren Gunsten bestimmt, unterliegen AGBs dem Gesetz zur Regelung des Rechts der allgemeinen Geschäftsbedingungen. Die AGBs müssen jeder Partei vor dem Abschluss eines Rechtsgeschäftes ersichtlich bekannt werden.

Für Eventmaßnahmen ist die Aufstellung von AGBs relevant, um beispielsweise die Haftung des Veranstalters einzuschränken. Die allgemeinen Geschäftsbedingungen (oder Teilnahmebedingungen) müssen dem Teilnehmer vor Betreten der Veranstaltung [⇒ 676] bekannt gemacht werden. Zu empfehlen ist die Veröffentlichung der AGBs auf der Rückseite von Eintrittskarten [⇒ 243] und als Aushang am Einlass [⇒ 240].

| Ameise | Logistik | 041 |

Die Ameise ist ein kleiner Gabelstapler, der im Handbetrieb zu steuern ist. Der Gabelstapler wird zum Anheben und Transportieren von Lasten auf Paletten verwendet.

| Amphitheater | Logistik | 042 |

Das Amphitheater ist ein römischer, offener Großbau, bei dem eine elliptische Arena vollständig von stufenförmig ansteigenden Sitzreihen umschlossen wird.
Ursprünglich dienten Amphitheater Gladiatorenkämpfen.
Heute werden Amphitheater für Theateraufführungen und Events [⇒ 676] genutzt.

| Amplifier | Logistik | 043 |

Amplifier (Amp) ist die englische Bezeichnung für Verstärker. Der Amp verstärkt das Ausgangssignal einer Soundquelle auf die erforderliche Leistung, um die Lautsprecher [⇒ 435] anzusteuern. Es gibt viele Arten von Verstärkern, wie z. B. Leistungsverstärker, Mikrofonverstärker und Vorverstärker.

| Amuse-Gueule | Logistik | 044 |

Amuse-Gueule ist ein Begriff aus dem Catering [⇒ 161] und beschreibt Appetithäppchen, die vor Beginn eines Menüs [⇒ 483] gereicht werden.

Angebot	Verwaltung	045

Nachdem der Eventmanager seinen Kunden mit der Präsentation des Eventkonzeptes [⇒ 257] und dem dazugehörenden Kostenrahmen [⇒ 417] überzeugen konnte, wird er aufgefordert, ein verbindliches Angebot zu unterbreiten.

Das Angebot umfasst die Beschreibung der zu erbringenden Leistungen und die Detailkalkulation [⇒ 203] aller anfallenden Kosten. Die Leistungsbeschreibungen sollten in sinnvolle Blöcke gegliedert und mit Einzelpreisen versehen werden.

Mit der Abgabe eines verbindlichen Angebotes verpflichtet sich der Anbieter zur Durchführung der Veranstaltung [⇒ 676], sofern das Angebot vom Kunden angenommen wird. Falls das Angebot nicht verbindlich ist, muss der Anbieter das Angebot mit der Kennzeichnung „freibleibend" oder „unverbindlich" versehen.

Das Angebot beinhaltet außerdem Zahlungs- und Lieferbedingungen [⇒ 707] sowie die Geltungsdauer der Angebotsbindefrist.

ANSI	Logistik	046

ANSI ist die Abkürzung für das American National Standards Institute, das als Organisation der amerikanischen Industrie- und Wirtschaftsvereinigungen zur Entwicklung von Handels- und Kommunikationsstandards beiträgt. ANSI-Lumen wird bei der Angabe des Lichtstroms von Projektoren oder Beamern verwendet, um zu definieren, nach welcher Norm man sich beim Messen der sichtbaren Strahlung gerichtet hat.

Antipasti	Logistik	047

Das Wort Antipasti kommt aus dem Italienischen und bedeutet „vor der Speise". Bei Antipasti handelt es sich um raffiniert angemachte, kalte oder warme Vorspeisen aus der mediterranen Küche.

Antwortcoupon	Strategie	048

Ein Antwortcoupon ist Teil einer Anzeige/eines Flyers [⇒ 288] o. Ä., den der Leser ausfüllen, ausschneiden und an das werbende Unternehmen schicken kann, um weitere Informationen oder ein Produkt anzufordern.

Aperitif	Logistik	049

Ein Aperitif (lat. „aperire" = „öffnen") ist ein appetitanregendes, trockenes und meist alkoholisches Getränk, das den Gästen vor dem Essen (Buffet [⇒ 149] oder Mehrgangmenü [⇒ 483]) angeboten wird. Zum Aperitif wird meist auch ein Amuse-Gueule [⇒ 044] gereicht.

Als Aperitif eignen sich insbesondere Sekt, Champagner, Prosecco, Sherry und Vermouth. Ein Trend im Catering [⇒ 161] sind Cocktails, die speziell für ein Event kreiert werden.

Arbeitsgalerie	Logistik	050

Die Arbeitsgalerie ist ein seitlich des Bühnenraumes angeordneter lang gestreckter schmaler Arbeitsboden, der an einer Seitenwand befestigt oder frei abgehängt sein kann. Je nach der Höhenlage zur Hauptbühne [⇒ 144] wird zwischen erster, zweiter, dritter usw. Arbeitsgalerie unterschieden. Die untere Arbeitsgalerie ist hierbei immer die erste Galerie. Die Arbeitsgalerien dienen der Aufnahme von beleuchtungs-, ton-, bild- und/oder anderen bühnentechnischen Einrichtungen.

Arbeitslicht	Logistik	051

Arbeitslicht ist der umgangssprachliche Begriff für die notwendige Beleuchtung auf der Bühne [⇒ 144], während technische Arbeiten verrichtet werden. Das Arbeitslicht ist unabhängig von der Bühnenbeleuchtungsanlage.

Arbeitsschutz	Verwaltung	052

Das Arbeitsschutzgesetz (1996) verpflichtet Arbeitgeber, Gesundheitsgefährdungen in ihrem Betrieb zu beurteilen, Schutzvorkehrungen zu treffen und die Beschäftigten über alle Gefahren und Maßnahmen zu informieren. Sie müssen für eine innerbetriebliche Arbeitsschutzorganisation sorgen. Das Gesetz ist für alle Beschäftigungsbereiche in gewerblicher Wirtschaft, öffentlichem Dienst, Landwirtschaft und für freie Berufe gültig.

Arbeitsvertrag	Verwaltung	053

Durch den oft sehr großen Arbeitsumfang von Eventmaßnahmen werden eine Vielzahl von Mitarbeitern beschäftigt. Hier ist es zu empfehlen, ordnungsgemäße Arbeitsverträge abzuschließen, auch um eventuell spätere Rechtsstreitigkeiten zu verhindern.

Der Arbeitsvertrag ist eine schriftliche Dokumentation des Arbeitsverhältnisses und der Arbeitsbedingungen. Darin werden folgende Aspekte geregelt:
- Beginn des Arbeitsverhältnisses
- Tätigkeitsbeschreibung
- Arbeitsort, Arbeitsdauer, Arbeitszeit
- Vergütung
- Urlaubs- und Kündigungsregelung
- eventuell Vereinbarung einer Probearbeitszeit

Auch bei so genannten Aushilfsjobs [⇒ 069] sind Arbeitsverträge von Bedeutung.

| Arbeitszeitgesetz | Verwaltung | 054 |

Das deutsche Arbeitszeitgesetz setzt Rahmenbedingungen für die Arbeitszeiten der Arbeitnehmer in Deutschland. Es ist für Arbeitgeber und Arbeitnehmer verbindlich.

Zweck des Gesetzes ist es, die Sicherheit und den Gesundheitsschutz der Arbeitnehmer bei der Arbeitszeitgestaltung zu gewährleisten und die Rahmenbedingungen für flexible Arbeitszeiten zu verbessern. Weiterhin soll es den Sonntag und die staatlich anerkannten Feiertage als Tage der Arbeitsruhe und der seelischen Erhebung der Arbeitnehmer schützen.

Grundsätzlich darf die werktägliche Arbeitszeit der Arbeitnehmer von acht Stunden nicht überschritten werden. Sie kann vorübergehend auf bis zu zehn Stunden verlängert werden, wenn innerhalb von sechs Kalendermonaten oder innerhalb von 24 Wochen im Durchschnitt acht Stunden werktäglich nicht überschritten werden.

Grundsätzlich dürfen Arbeitnehmer an Sonn- und Feiertagen nicht beschäftigt werden. Ausnahmen werden bei lebenswichtigen Arbeiten (für Rettungsassistenten, Rettungssanitäter, Ärzte, Krankenschwestern, Mitarbeiter der Feuerwehr) oder bei dringenden oder sonstigen Arbeiten, die zwingend nicht auf Werktage verschoben werden können, gemacht. In diesem Zusammenhang sind abweichende Regelungen durch Tarifvertrag, Betriebsvereinbarung oder mit Genehmigung der Aufsichtsbehörde möglich.

Veranstalter sollten darauf achten, dass vor Arbeiten an Sonn- und Feiertagen rechtzeitig eine Sondergenehmigung beantragt wird.

| Arcstage | Logistik | 055 |

Die Arcstage ist eine Rundbogenbühne. Durch die halbrunde Dachform wird eine gute Akustik (natürlicher Klang) und die Reflektion des Sounds zurück zum Künstler realisiert (gegenseitig hören). Sie wird deshalb bevorzugt für klassische Konzerte [⇒ 414] eingesetzt.

| Art-Buying | Strategie | 056 |

Art-Buying ist die Abteilung einer Werbe- oder Eventagentur [⇒ 256], welche externe Mitarbeiter und Lieferanten wie Künstler [⇒ 425], Fotografen [⇒ 294], Dekorateure [⇒ 196] oder Designer für bestimmte Aufgaben aussucht und mit der Beschaffung von Requisiten [⇒ 584] betraut ist.

| Art-Direktor | Strategie | 057 |

Ein Art-Direktor ist der oberste Grafiker in einer Werbeagentur [⇒ 697]. Er ist Teamleiter und Entscheider bei allen gestalterischen Arbeiten. Er ist meist direkt der Geschäftsleitung unterstellt.

ASCII-Lichtstimmung	Logistik	058

ASCII ist ein standardisiertes Datenformat zum Austausch von gespeicherten Lichtstimmungen zwischen Lichtstellpulten unterschiedlicher Hersteller. Dabei werden Lichtstimmungen als ASCII-Textdateien gespeichert und in ein fremdes System eingelesen.

Attention Value	Strategie	059

Der Attention Value ist in der Werbung [⇒ 701] ein Ausdruck für den Aufmerksamkeitswert eines Werbemittels [⇒ 699].

Audiodesigner	Kreativität	060

Audiodesigner/-innen arbeiten in der Musik- und Werbebranche und im Bereich Neue Medien [⇒ 511], z. B. in Tonstudios, bei Musikverlagen und in Werbe- [⇒ 697] und Internetagenturen. Sie komponieren beispielsweise Jingles [⇒ 385] oder kreieren Musikuntermalungen für Events [⇒ 676] und Songs.

Wege in diese Tätigkeit führen über das Studium an einer Musikhochschule, die Ausbildung zum/zur Tonmeister/-in [⇒ 660] und Praktika in Tonstudios und in der Werbebranche.

Audioübertragung	Logistik	061

Bei der Übertragung von Audiosignalen wird zwischen zwei Übertragungsprinzipien unterschieden: asymmetrisch und symmetrisch.

Bei der asymmetrischen Übertragung wird das Audiosignal über ein Leitungskabel geführt und der Schirm als Bezugspotenzial genutzt. Dieses Prinzip ist anfällig für Störsignale und Einstreuungen.

Die symmetrische Übertragung erfolgt über zwei Leitungskabel, die von einem Masseschirm umgeben sind. Einstreuungen wirken gleichmäßig auf beide Leitungskabel, allerdings wird das Signal in einem Kabel phasenverdreht (180 Grad) geführt. Wenn die beiden Signalleitungen auf einen Übertrager oder Differenzverstärker gelegt werden, heben sich die Einstreuungen gegenseitig auf.

Aufbauhelfer	Logistik	062

Auf- und Abbauhelfer werden in der Praxis auch Hands oder Stagehands genannt. Sie unterstützen die Techniker beim Auf- und Abbau des gesamten Equipments. Meist werden Hands über Personalverleih-Firmen [⇒ 528] gebucht.

Aufhelllicht	Logistik	063

Aufhelllicht ist ein weiches Licht, welches unauffällig eine Lichtgestaltung aufhellt, ohne den Gesamteindruck zu verändern. Es wird auch als Dekorations- oder Personenaufhelllicht [⇒ 198] bezeichnet.

Auflagenhöhe	Strategie	064

Die Auflagenhöhe (Auflage) gibt die Anzahl der gedruckten Exemplare einer Publikation an. Sie spiegelt aber nicht die tatsächliche Reichweite bzw. die gelesenen Exemplare wider, da ein Druckexemplar auch von mehr als einer Person gelesen werden kann.

Die Auflagenhöhe ist ein entscheidendes Auswahlkriterium bei der Mediaplanung [⇒ 478] und der PR-Arbeit [⇒ 570].

Aufnahmeleiter	Logistik	065

Der Aufnahmeleiter hat eine Führungsposition bei Film- und Fernsehproduktionen.

Er sorgt für die Einhaltung des Produktionsablaufplanes und für den reibungslosen und termingerechten Arbeitsablauf an den Proben- und Aufnahmetagen oder bei Live-Sendungen.

Aufprojektion	Logistik	066

Die Aufprojektion beschreibt den Vorgang, bei dem ein Dia [⇒ 205], Film oder Gobo [⇒ 341] durch einen Projektor von vorne auf eine Projektionsfläche projiziert wird.

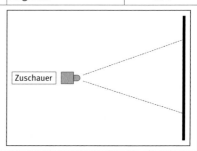

Auftrag	Verwaltung	067

Bei einem Auftrag verpflichtet sich der Auftragnehmer durch die Annahme des Auftrages vom Auftraggeber dazu, ein Geschäft zu besorgen bzw. eine Leistung zu erbringen. Aufträge sind verbindliche Vertragsbeziehungen [⇒ 690].

Bei der Vergabe von Aufträgen muss der Eventmanager darauf achten, dass er die Leistung wirklich in Anspruch nehmen möchte. Wird der Auftrag vom Eventmanager wieder zurückgezogen, kommen meist Stornokosten auf ihn zu.

Aufträge sollten immer schriftlich vergeben werden. Bei der späteren Abrechnung [⇒ 011] oder bei eventuellen Rechtsstreitigkeiten können die Schriftstücke als Beleg verwendet werden.

Aufzeichnung	Logistik	068

Als Aufzeichnung wird eine Fernsehproduktion, die nicht live übertragen wird, bezeichnet. Dabei wird das Bild- und Tonmaterial auf Magnetband, Film oder digitalen Aufzeichnungsmedien gespeichert. Bei einer Aufzeichnung können Fehler nachträglich korrigiert werden. Eine Aufzeichnung unter Live-Bedingungen wird oft nur zeitlich versetzt ausgestrahlt.

Aushilfen	Verwaltung	069

Aufgrund der sehr unterschiedlichen Strukturen und Anforderungen von Eventmaßnahmen sind Eventmanager darauf angewiesen, kurzfristig ihre Personalkapazitäten anzupassen. Insbesondere bei Hostessen [⇒ 364], Servicekräften [⇒ 613] und Security [⇒ 609] ist es wichtig, eine kurzfristige Beschäftigung von Personalkräften zu realisieren. Deshalb wird in der Praxis mit so genannten Aushilfen gearbeitet.

Es gibt folgende Möglichkeiten, Mitarbeiter kurzfristig zu beschäftigen:

1. Kurzfristige Beschäftigung
Eine kurzfristige Beschäftigung liegt vor, wenn sie im Laufe eines Kalenderjahres auf maximal zwei Monate oder 50 Arbeitstage begrenzt ist. Die zeitliche Begrenzung muss entweder aus der Eigenart der Beschäftigung heraus resultieren oder vertraglich im Voraus geregelt sein (z. B. durch einen auf längstens ein Jahr befristeten Arbeitsvertrag [⇒ 053]). Kurzfristige Beschäftigungen sind versicherungsfrei. Im Gegensatz zu den geringfügig entlohnten Beschäftigungen, sind auch vom Arbeitgeber keine Pauschalbeträge zur Sozialversicherung abzuführen.

2. Mini-Job (400-Euro-Job)
Unter „400-Euro-Jobs" versteht man „geringfügig entlohnte Beschäftigungen".
Für sie besteht Versicherungsfreiheit für den Arbeitnehmer in der Sozialversicherung.
Eine geringfügig entlohnte Beschäftigung liegt vor, wenn die Geringfügigkeitsgrenze von 400 Euro im Monat regelmäßig nicht überschritten wird. Eine geringfügig entlohnte Beschäftigung liegt auch dann vor, wenn es sich hierbei um die erste Nebentätigkeit handelt. Arbeitgeber führen für eine geringfügig entlohnte Beschäftigung Pauschalbeträge zur Krankenversicherung, Rentenversicherung und Steuer ab.

Unabhängig von der Beschäftigungsart ist der Abschluss eines Arbeitsvertrages zu empfehlen, um eventuell späteren Rechtsstreitigkeiten vorzubeugen.

Ausländersteuer	Verwaltung	070

Die Ausländersteuer ist eine Steuererhebung in Deutschland und Österreich, um Künstler und Sportler im Auftrittsland Steuern zahlen zu lassen, statt wie üblich am Wohnort. Bei der so genannten Ausländersteuer handelt es sich um eine besondere Form der Einkommenssteuer, welche im § 50a Abs. 4 EStG definiert ist.

Ausschnittdienst	Strategie	071

Ausschnittdienste beobachten im Auftrag ihrer Kunden alle öffentlich zugänglichen Printmedien nach vorher festgelegten Suchkriterien und fertigen Pressespiegel an. Sie unterstützen damit ihre Kunden bei der Kontrolle und Überprüfung von Maßnahmen der Public Relations [⇒ 570] (z. B. Presseversand). Der Pressespiegel enthält Kennzeichnungen über die Fundstellen und Auflagenhöhen.

Ausschnittdienste werden von Unternehmen, Werbeagenturen [⇒ 697], PR-Agenturen und Eventveranstaltern beauftragt, um die Medienresonanz ihrer Maßnahmen zu kontrollieren.

Ausschreibung	Logistik	072

Mit der Ausschreibung fordert ein Auftraggeber bei mehreren potenziellen Auftragnehmern ein Angebot an. Die Ausschreibung besteht aus einer detaillierten Bedarfsbeschreibung und einer Angebotsfrist. Die Bedarfsbeschreibung wird des Öfteren über ein Lastenheft/ Leistungsverzeichnis definiert.

Das Lastenheft enthält z. B. folgende Punkte:
- Spezifikation des zu erstellenden Produkts/der Dienstleistung
- Anforderungen an das Produkt für seine spätere Verwendung
- Rahmenbedingungen für die Leistungserbringung (z. B. Normen, Richtlinien)
- vertragliche Konditionen (z. B. Erbringen von Teilleistungen und Gewährleistungsanforderungen)
- Anforderungen an den Auftragnehmer (z. B. Zertifizierungen)
- Anforderungen an das Projektmanagement [⇒ 561] des Auftragnehmers (z. B. Dokumentation und Controlling)

Eine Ausschreibung kann öffentlich oder für einen beschränkten Personenkreis erfolgen.

Außenbereich	Logistik	073

Der Außenbereich befindet sich außerhalb des Aktions-, Zuschauer- und Versorgungsbereichs [⇒ 689]. Er ist als öffentliche Straße, Parkplatz [⇒ 524] und Durchgang für die Zuschauer vorgesehen.

Außenübertragung	Logistik	074

Die Übertragung von einem Ereignis außerhalb des Studios mittels mobiler Übertragungseinrichtungen wird Außenübertragung genannt.

Ausstattungen	Logistik	075

Ausstattungen sind Bestandteile von Bühnen- oder Szenenbildern [⇒ 145]. Hierzu gehören Wand-, Fußboden- und Deckenelemente, Bildwände, Treppen und sonstige Bühnenbildteile.

Avalkredit	Verwaltung	076

Bei der Einräumung eines Avalkredits, auch Bürgschaftskredit genannt, fließt kein Geld. Mit dem Avalkredit bürgt eine Bank einem Dritten gegenüber dafür, dass ihr Kunde seine Verbindlichkeiten bezahlen oder seine Leistungen erbringen wird. Die Provision für einen Avalkredit ist vergleichsweise gering.

Eine große Rolle spielen Avale bei großen Eventproduktionen, wenn Zulieferer ihrem Auftraggeber Bankgarantien für erhaltene Anzahlungen [⇒ 036] oder für die einwandfreie Durchführung des Auftrages [⇒ 067] stellen müssen.

Ein echte Verbindlichkeit für die Bank entsteht nur, wenn der Lieferant seinen Verpflichtungen nicht nachkommt.

B

| Baby Spot | Logistik | 077 |

Der Begriff Baby Spot wird für kleine Scheinwerfer [⇒ 605] verwendet.

| Backdrop | Logistik | 078 |

Als Backdrops werden Transparente/Banner bezeichnet, die im hinteren Bereich der Bühne [⇒ 144] aufgehängt werden. Auf dem Backdrop kann ein Logo [⇒ 458] bzw. ein Schriftzug dargestellt sind.

| Backline | Logistik | 079 |

Als Backline werden alle Instrumente, wie Gitarren, Bass, Keyboards, Schlagzeug sowie Verstärker, Mikrofone [⇒ 491] und das gesamte Zubehör der Musiker bezeichnet. Die Backline umfasst jegliches Musikerzubehör bis hin zur Stagebox [⇒ 631].

| Backoffice | Logistik | 080 |

Als Backoffice wird das Personal und die Infrastruktur bezeichnet, welches die Abwicklung aller internen Geschäftsprozesse übernimmt. Das Backoffice wird im Veranstaltungsbereich auch als Projektbüro oder Projektsekretariat bezeichnet.

| Backstage | Logistik | 081 |

Mit dem Begriff Backstage ist der Bereich hinter der Bühne [⇒ 144] gemeint. Dies ist ein spezieller, abgesperrter Bereich, in dem das Equipment zwischengelagert wird. Außerdem befinden sich dort die Künstlergarderoben [⇒ 316], Crew-Aufenthaltsräume, Produktionsbüros und VIP-Lounges [⇒ 692].

Aus Sicherheitsgründen ist der Zutritt nur für berechtigte Personen mit Produktionspass [⇒ 186] erlaubt.

| Backup | Logistik | 082 |

Um auf Störungen bei einer Lichtstellanlage [⇒ 447] eingerichtet zu sein, wird zur Sicherheit ein zweites Gerät oder eine Software bereitgehalten. Das zweite Gerät kann bei eintretenden Problemen die Funktionen übernehmen, bzw. die Software zum Backup kann eingelesen werden.

Badge	Strategie	083

Badge (engl. Bezeichnung für bildartiges Abzeichen) ist ein Button oder Sticker, der an der Kleidung getragen wird. Als Motive werden Werbebilder und Logos [⇒ 458] verwendet. Badges dienen unter anderem der Zugangskontrolle [⇒ 711] und als Give-away [⇒ 338].

Bain-Marie	Logistik	084

Um fertige Speisen warm zu halten, werden Bain-Maries benutzt. In der Bain-Marie wird ein Wasserbad erwärmt, das die Gerichte (in Edelstahl-Einsätzen) warm hält, ohne dass sie anbrennen, kochen oder gerinnen. Das Wasserbad wird meist elektrisch erhitzt. Es gibt diverse Größen von Bain-Maries, die je nach Veranstaltungsgröße verwendet werden. Auf Buffets werden meist Chafing-Dishes [⇒ 162] verwendet.

Balanced Scorecard	Strategie	085

Balanced Scorecard ist ein häufig verwendetes Unternehmenssteuerungs- und -führungskonzept. Die Philosophie des Balanced Scorecard besteht darin, für unternehmensstrategische Kernaussagen in Form einer Vision oder eines Unternehmensleitbildes [⇒ 442] konkrete Prioritäten und Gewichtungen zu setzen. Daran werden auch Etats [⇒ 253] ausgerichtet.

Balkendiagramm	Logistik	086

Das Balkendiagramm gehört neben dem Netzplan [⇒ 510] und dem Projektstrukturplan [⇒ 563] zu den meistverwendeten Grafiken im Projektmanagement [⇒ 561]. Abläufe, Aufgaben und Vorgänge werden visualisiert. Unter einer Zeitlinie als horizontale Balken gezeichnet und durch Beziehungen verknüpft gibt das Balkendiagramm somit den zeitlichen Ablauf von Vorgängen wieder.

Computersoftware, die auf Projektmanagement spezialisiert ist, verwendet meist das Balkendiagramm. Im Gegensatz zur Netzplandarstellung ist das Balkendiagramm nicht nach DIN [⇒ 213] genormt.

Ballonlicht	Logistik	087

Als Ballonlicht werden Kunst- und Tageslichtquellen, die in einem Ballon eingebaut sind, bezeichnet. Die Ballonhüllen sind mit Helium gefüllt und können über einer Fläche mit einer Seilabspannung positioniert werden. Der Ballon strahlt nach allen Seiten Licht oder wird mit einem Reflektor versehen. Die Ballonhülle kann beschriftet und farbig gestaltet sein, oder auch von innen heraus als Projektionsfläche dienen.

Bandenwerbung	Strategie	088

Als Bandenwerbung wird die Außenwerbung mit Plakaten, Tafeln und Bannern auf Sportplätzen und Rennbahnen bezeichnet. Bandenwerbung ist für Unternehmen aufgrund der Zuschauerzahlen, Verweildauer der Zuschauer und der eventuellen TV-Übertragung interessant.
Drehbanden wechseln in bestimmten zeitlichen Abständen die Werbebotschaft. Es ist möglich, dass sich mehrere Werbetreibende eine Bande teilen. Laut Untersuchungen ist die Werbewirksamkeit von wechselnden Werbebotschaften bei den Zuschauern höher zu bewerten. Bandenwerbung wird in erster Linie zur langfristigen Erhöhung des Bekanntheitsgrades eines Unternehmens oder eines Produktes genutzt.

Bankett	Strategie	089

Unter Bankett versteht man ein Festessen im feierlichen Rahmen. Das Catering [⇒ 161] sieht bei Bankettveranstaltungen häufig einen Sektempfang [⇒ 249] sowie ein Mehrgangmenü [⇒ 483] vor. Bankettveranstaltungen haben meist ein Rahmenprogramm.

Barter/Bartering	Verwaltung	090

Das so genannte Bartering ist ein Gegengeschäft, welches oft im Filmrechte- und Produktionshandel praktiziert wird. Oftmals wird das Recht zur TV-Ausstrahlung einer Veranstaltung [⇒ 676] gegen eine dem Wert entsprechende Werbezeit getauscht.

Baubesprechung	Logistik	091

Bei der Baubesprechung wird im Eventbereich anhand von Plänen und Modellen die Herstellung, Kalkulation und Zeitdisposition der Dekoration [⇒ 197] besprochen.

Baurecht	Verwaltung	092

Je nach Art und Umfang einer Veranstaltung [⇒ 676] muss der Eventmanager prüfen, ob baurechtliche Genehmigungen nach der Bauordnung des jeweiligen Bundeslandes eingeholt werden müssen. Beachtet werden sollte, dass ausnahmslos jedes Bauwerk dem öffentlichen Baurecht unterliegt, unabhängig von der Größe. Voraussetzung dafür sind Nachweise, z. B. für Bühnenbauten durch die „Ausführungsgenehmigung für Fliegende Bauten" [⇒ 282] (setzt ein Prüfbuch voraus), mindestens jedoch durch einen Standsicherheitsnachweis [⇒ 632].
Ist eine Location bereits als Versammlungsstätte zugelassen, muss geprüft werden, ob die geplante Nutzung auch der zugelassenen Nutzung entspricht, Die baurechtliche Überprüfung ist insbesondere durchzuführen, wenn die Location vorher für eine andere Nutzung bestimmt war (z. B. Fabrikhallen, Hangars). Dies ergibt sich ebenfalls aus den Bauordnungen der Länder. Genehmigungen erteilen die zuständigen Ordnungsämter.
Beim Bau und Betrieb von Versammlungsstätten ist die länderspezifische Versammlungsstättenverordnung zu beachten.

Bauzeitenplan	Logistik	093

Der Bauzeitenplan ist die (meist grafische) Darstellung des zeitlichen Bauablaufs und der Abfolge der verschiedenen für ein Bauvorhaben (z. B. Bühnenbau) notwendigen unterschiedlichen Gewerke [⇒ 334]. Während der Bauphase ist durch einen Bauzeitenplan jederzeit ein Soll-Ist-Vergleich für alle Beteiligten vorhanden.

Beamer	Logistik	094

Ein Beamer (engl. für Strahler) ist ein spezieller Projektor, der an den Monitorausgang des PCs oder Videoquellen (z. B. Videorecorder, DVD-Player) angeschlossen wird und die Bildschirmoberfläche auf eine Wand bzw. Projektionsleinwand projiziert.

Der Beamer wird u. a. bei folgenden Präsentationen eingesetzt:
- Visualisierung von beliebigen Sachverhalten für ein größeres Publikum (z. B. auf Kongressen [⇒ 404])
- Präsentation von Softwareprodukten vor einer größeren Anzahl von Interessenten (z. B. auf einer Messe [⇒ 486])
- als Unterrichtshilfsmittel auf Seminaren [⇒ 611]

Der Beamer wird im Präsentationsmix zwischen Tafel, Overhead-Projektor [⇒ 520] und schriftlichen Unterlagen eingesetzt.

Begleitschutz	Logistik	095

Bekannte Personen, insbesondere Politiker und Top-Stars, benötigen besonderen Schutz vor Attentaten und Übergriffen. Deshalb haben diese Personen meist persönliche Personenschützer (Bodyguards).

Bei Veranstaltungen, an denen Personen dieses Kreises teilnehmen, müssen im Vorfeld Absprachen mit den zuständigen Personenschützern getroffen werden. Wichtig ist hierbei, dass die Kompetenzen der Sicherheitskräfte [⇒ 609] genau festgelegt werden.

Behördliche Genehmigungen	Verwaltung	096

Neben den organisatorischen Aufgaben muss der Eventmanager im Vorfeld der Veranstaltung alle rechtlichen Voraussetzungen prüfen und erfüllen. Hierzu gehören eine Vielzahl von Rechtsvorschriften, die je nach Bundesland variieren können.

Folgende veranstaltungsrelevante Rechtsvorschriften und -genehmigungen sind zu prüfen:
- Versammlungsrecht [⇒ 686]
- Versammlungsstättenverordnung [⇒ 687]
- Gewerbeordnung [⇒ 333]
- Baurecht [⇒ 092]
- Brandschutz [⇒ 135]
- Sondernutzungsgenehmigungen [⇒ 620]

- Straßenverkehrsrecht [⇒ 637]
- Landesimmissionsschutzgesetz [⇒ 431]
- Bundesseuchengesetz [⇒ 331]
- Arbeitszeitgesetz [⇒ 054]
- Sperrstunde [⇒ 623]
- Feiertagsregelungen [⇒ 621]

Des Weiteren sind vor einer Veranstaltung alle Haftungsbelange des Veranstalters [⇒ 348] zu prüfen und gegebenenfalls abzusichern (Versicherungen [⇒ 688]).

Bekanntheitsgrad	Strategie	097

Der Bekanntheitsgrad misst sich am Anteil von Personen einer Zielgruppe [⇒ 708], die eine Marke [⇒ 468], ein Unternehmen, eine Werbebotschaft oder ein Produkt kennen. Die Ermittlung des Bekanntheitsgrades erfolgt über die Befragung von Personen. Hierbei wird unter aktivem und passivem Bekanntheitsgrad unterschieden.

Der aktive Bekanntheitsgrad wird mit Befragungen ohne Hilfestellungen ermittelt. Das heißt, der Befragte kann den Namen und den Inhalt des Objekts ohne Erinnerungsunterstützung nennen.

Bei der Abfrage des passiven Bekanntheitsgrades erhält der Befragte Hilfsmittel in Form von Abbildungen des Objekts und soll Angaben über die Wiedererkennung machen.

Die Ermittlung des Bekanntheitsgrades ist für die Werbeplanung und -kontrolle [⇒ 478] sowie für die Marketingstrategie von enormer Wichtigkeit.

Belegexemplar	Strategie	098

Nach der Be- bzw. Verarbeitung von Pressemitteilungen durch Journalisten bitten Pressestellen und PR-Agenturen um die Zusendung eines Belegexemplars des jeweiligen Artikels.

Beleuchter	Logistik	099

Der Beleuchter ist innerhalb eines Teams für den lichttechnischen Ablauf bei Veranstaltungen, Filmproduktionen usw. zuständig. Für diesen Beruf gibt es keine klassische Ausbildung. Beleuchter haben oftmals einen Elektroberuf erlernt und sich häufig zum Beleuchtungsmeister bzw. Meister für Veranstaltungstechnik mit der Fachrichtung Beleuchtung qualifiziert.

Beleuchtungsbrücke	Logistik	100

Die Beleuchtungsbrücke ist ein ortsfestes oder bewegliches Tragwerk zur Befestigung und Betätigung von beleuchtungstechnischen Einrichtungen.

Beleuchtungsmeister	Logistik	101

Die Führungskraft innerhalb einer Beleuchtungsabteilung oder eines Beleuchterteams ist der Beleuchtungsmeister. Er berät fach- und sicherheitstechnisch und führt nach VStättVO [⇒ 687] die Aufsicht bei Proben und Aufführungen. Der Beleuchtungsmeister muss einen staatlichen Befähigungsnachweis vorlegen.

Beleuchtungsplan	Logistik	102

Der Beleuchtungsplan wird mit Beleuchtungsschablonen nach DIN 15560-6 [⇒ 213] gezeichnet oder mit Computerprogrammen [⇒ 156] erstellt und regelt die Anordnung der Scheinwerfer [⇒ 605] für eine Produktion bzw. Veranstaltung.

Beleuchtungsposition	Logistik	103

Mit Beleuchtungsposition ist die Montagestelle eines Scheinwerfers [⇒ 605] gemeint.

Beleuchtungsprobe	Logistik	104

Bei der Beleuchtungsprobe wird die konzipierte Lichtgestaltung auf die Bühnendekoration [⇒ 197] und das Regiekonzept abgestimmt. Sie erfolgt relativ kurz vor der Veranstaltung [⇒ 676], wenn alle Bühnenkomponenten vorhanden sind.

Beleuchtungsstärke	Logistik	105

Die Beleuchtungsstärke gibt an, wie stark eine Fläche unter Berücksichtigung des Einfallswinkels beleuchtet wird. Maßeinheit: Lux (lx), Kurzzeichen: E.

Beleuchtungsturm	Logistik	106

Der Beleuchtungsturm ist eine meist auf mehreren Ebenen übereinander begehbare Konstruktion zur Befestigung und Betätigung von beleuchtungstechnischen Einrichtungen.

Beleuchtungszug	Logistik	107

Beleuchtungszug ist ein Begriff aus der Theatertechnik. Dabei handelt es sich um einen Zug [⇒ 710] mit dauerhafter elektrischer Installation und häufig auch fest installierten Scheinwerfern [⇒ 605].

Below-the-Line	Strategie	108

Below-the-Line-Kommunikation ist der Sammelbegriff für alle Werbeaktivitäten, die nicht in den klassischen Medien (TV, Radio, Kino, Zeitungen, Zeitschriften, Plakate) betrieben werden. Hierzu zählen insbesondere die Direktwerbung [⇒ 216], die Verkaufsförderung [⇒ 683], die Onlinewerbung [⇒ 511], die Öffentlichkeitsarbeit [⇒ 570], das Sponsoring [⇒ 626], der persönliche Verkauf und das Eventmarketing [⇒ 258]. Mit Below-the-Line-Kommunikation wird versucht, mittels unkonventioneller Kommunikationswege und -maßnahmen, die Zielgruppen direkt und persönlich in einem nicht-kommerziellen Umfeld anzusprechen. Darum wird Below-the-Line-Kommunikation meist vom Konsumenten nicht direkt als Werbemaßnahme wahrgenommen.

Das Gegenstück zur Below-the-Line- ist die Above-the-Line-Kommunikation [⇒ 010].

Benefit	Strategie	109

In der Fachsprache wird der Nutzen eines Produktes für den Kunden/Verbraucher als Benefit bezeichnet.

Beschallung	Logistik	110

Mit Beschallung ist die elektroakustische Verstärkung von Darbietungen gemeint. Hierfür zeichnet die Beschallungstechnik [⇒ 111] verantwortlich, die mithilfe von Beschallungsanlagen das akustische Geschehen verständlich, gleichmäßig und in angemessener Lautstärke für das Publikum darstellt.

Beschallungstechnik	Logistik	111

Als Beschallungstechnik wird die Gesamtheit aller Geräte zur Beschallung einer Veranstaltung bezeichnet. Hierbei werden die akustische Beschaffenheit der Location [⇒ 457] und der Einsatzbedarf (z. B. Live-Musik und/oder Redner) berücksichtigt und eine darauf abgestimmte Beschallungsanlage [⇒ 523] bereitgestellt.

Die Beschallungstechnik umfasst die Bereiche:

Input: Mikrofone [⇒ 491], Instrumente und weitere Audioquelle
Verarbeitung: Mischpult [⇒ 493] und Effektgeräte [⇒ 235]
Output: Lautsprecher [⇒ 435], Aufnahmegeräte, Dolmetscheranlagen [⇒ 222]

Bespannung	Logistik	112

Als Bespannung werden Metallrahmen mit Gewebematerial in unterschiedlichen Dichten bezeichnet. Sie dienen zur Lichtreflexion oder zur Lichtabsorption. Gängige Rahmengrößen sind 2 m × 2 m, 4 m × 4 m und 6 m × 6 m.

Bestuhlungsarten	Logistik	113

Je nach Veranstaltungsart, -ziel und -räumlichkeit ist es die Aufgabe des Eventmanagers, die passende Bestuhlungsart auszuwählen. Die Bestuhlung ist für eine Veranstaltung ein wesentlicher Erfolgsfaktor. Sie beeinflusst die Kommunikation zwischen den Akteuren, die Konzentrationsfähigkeit der Teilnehmer und die Positionierung der Referenten, Darsteller und des Präsentationsobjektes.

In der Praxis unterscheiden wir zwischen drei Bestuhlungsarten, die je nach Anforderung beliebig variiert werden können:

Reihenbestuhlung
Bei der Reihenbestuhlung handelt es sich um die ideale Bestuhlungsart für Großveranstaltungen, Vorträge und Theaterveranstaltungen. Die Reihenbestuhlung sieht keine Tische vor und ist daher für Seminare [⇒ 611] und Konferenzen nicht geeignet.

Parlamentsbestuhlung
Die Parlamentsbestuhlung wird für Seminare, Vorlesungen und Konferenzen [⇒ 402] genutzt. Als Erweiterungsform steht die zweireihige Parlamentsbestuhlung zur Verfügung, die auch die Kommunikation zwischen den Teilnehmern gewährleistet und sich für Festveranstaltungen eignet.

Bankettbestuhlung
Die Bankettbestuhlung ist bei Galas und Festveranstaltungen anzutreffen. Diese Bestuhlungsart ermöglicht eine Kommunikation zwischen den Teilnehmern und ist ideal für das Servieren von Speisen und Getränken.

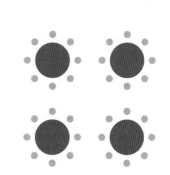

Bei der Auswahl der Bestuhlung ist die Versammlungsstättenverordnung [⇒ 687] zu beachten, die Regelungen für die Sicherheit in einer Veranstaltungslocation vorsieht.
Die wichtigsten Regelungen bei der Bestuhlung betreffen:
- die Anzahl der Sitzplätze allgemein
- die Breite der Sitzplätze

- die Durchgangsbreiten
- die unverrückbare Befestigung der Sitzplätze bei einer Reihenbestuhlung
- die Zahl der Sitzplätze in einer Reihe
- die Anordnung der Sitzplatzblöcke
- den Abstand der Bestuhlung zum nächsten Fluchtweg

Eventmanager erstellen für die Planung der Veranstaltung einen Bestuhlungsplan (evtl. mit einem CAD-Programm [⇒ 156]). So können sie auf dem Papier die verschiedenen Bestuhlungsarten in der jeweiligen Räumlichkeit austesten.

Betriebsbesichtigung	Strategie	114

Die Betriebsbesichtigung gilt als Sonderveranstaltung für Pressevertreter. Sie wird von Unternehmen durchgeführt, um Journalisten zu einem aktuellen Bericht über das eigene Unternehmen zu bewegen. Eine Betriebsbesichtigung bietet dem Unternehmen die Möglichkeit der Selbstdarstellung und der Anbahnung und Pflege von Pressekontakten. Ein passender Anlass für eine Betriebsbesichtigung kann ein „Tag der offenen Tür" oder die Einweihung neuer Betriebsteile sein.

Betriebsspannung	Logistik	115

Betriebsspannung wird die jeweilige Spannung genannt, mit der eine Lichtquelle betrieben wird.

BGV C1	Verwaltung	116

Die BGV C1 ist die Unfallverhütungsvorschrift für die Tätigkeit in Veranstaltungs- und Produktionsstätten für szenische Darstellung der Berufsgenossenschaft Handel und Warendistribution. Geregelt sind in der BGV C1 sowohl die notwendigen Rahmen für den Bau und die Ausrüstung von entsprechenden Einrichtungen als auch die Anforderungen an einen sicheren Betrieb.

Billboard	Strategie	117

Billboards sind großflächige Plakatwände, die an hoch frequentierten Straßen aufgestellt werden.

Biplan	Logistik	118

Biplan beschreibt eine besondere Wendelanordnung in einer Lichtwurflampe. Die Wendeln sind seitlich leicht versetzt in zwei Ebenen hintereinander an den Wendelhaltern befestigt. Dadurch wird eine größere Leuchtdichte erreicht. Diese Lichtwurflampen sind gegen Erschütterung empfindlicher als monoplane Lichtwurflampen.

Black-out	Logistik	119
Als Black-out wird eine Lichtstimmung bezeichnet, die absolut und unmittelbar verdunkelt. Da die Irisblende bei Profilscheinwerfern [⇒ 555] oft nicht vollständig schließt, wird die Restverdunkelung mit einer Metallkelle erreicht, die sich vor den Irismittelpunkt schiebt. Diese mechanische Restverdunkelung wird als Black-out-Verschluss bezeichnet.		

Black-Wrap	Logistik	120
Black-Wrap ist die Bezeichnung für eine schwarze Aluminiumfolie, die meist zum Abdecken von Nebenlicht (Streulicht) verwendet wird.		

Blendenschieber	Logistik	121
Blendenschieber sind Metallschieber bei Profilscheinwerfern [⇒ 555], mit denen der Lichtstrahl horizontal und vertikal beschnitten werden kann.		

Blinder (Audience Blinder)	Logistik	122
Bei Blindern handelt es sich um besonders helle Lampen, die bei Konzerten [⇒ 414] und in Diskotheken eingesetzt werden. Sie haben den Zweck, das Publikum zu blenden. Es werden immer mehrere Lampen zusammengeschaltet. Im Eventbereich werden hierfür auch Aircraft Landing Lights [⇒ 033] eingesetzt		

Blondi	Logistik	123
Blondi ist eine offene, runde, fokussierbare Reflektorleuchte mit 2000 Watt.		

Blue-Screen	Logistik	124
Blue-Screen ist ein Trickmischverfahren zur elektronischen Hintergrundgestaltung bei Film- und Fernsehproduktionen. Als Stanzhintergrund wird eine Leinwand in einer gesättigten Farbe verwendet. Die Stanzfarbe muss bei Gegenständen und Personen im Vordergrund vermieden werden. Durch dieses Blue-Screen-System können die Hintergrundeinblendungen durch ein anderes Bild ersetzt und elektronisch gesteuert werden. Dieses Verfahren wird im TV-Bereich auch Chromakeying genannt.		

Bodenstativ	Logistik	125
Als Bodenstativ wird ein kleines, leichtes Stativ mit 16- oder 28-mm-Buchse zum Aufstellen von Scheinwerfern [⇒ 605] bezeichnet.		

Body Copy	Strategie	126

Die Hauptaussage einer Print-Werbemaßnahme wird als Body Copy bezeichnet. Sie befindet sich im Fließtext, also in den längeren, zusammenhängenden Textpassagen einer Print-Werbemaßnahme.

Boilerplate	Stratege	127

Als Boilerplate wird die Kennzeichnung am Ende einer Pressemitteilung [⇒ 546] bezeichnet, die Informationen über den Absender gibt. Sie enthält ein Kurzprofil des Unternehmens mit den prägnantesten Kennzahlen. Sie dient dem Journalisten als Hintergrundinformation.

Booking	Verwaltung	128

Booking ist im Eventbereich der Fachbegriff für das Buchen von Künstlern [⇒ 425] und Darstellern. Das Booking umfasst die Anfrage eines Künstlers, die Vertragsgestaltung [⇒ 690] sowie die Koordination der Anreise/Übernachtung und des Auftrittes.

Es gibt spezialisierte Künstleragenturen [⇒ 426], die den Einkauf von künstlerischen Leistungen für Veranstaltungen übernehmen. Sie finanzieren ihre Leistungen durch ein so genanntes Handling-Fee [⇒ 612].

Booking-Agenturen arbeiten exklusiv für einzelne Künstler, die alle Veranstaltungsanfragen über eine Agentur koordinieren lassen.

Booklet	Strategie	129

Booklets sind Broschüren ohne gesonderten Einband zur Präsentation von Angeboten [⇒ 045], Produkten oder Dienstleistungen in anspruchsvollerer Form.

Booster	Logistik	130

Der Booster dient als Signalverstärker, z. B. für DMX-512-Leitungen [⇒ 219].

Bottom-Line	Strategie	131

Bottom-Line ist ein Fachausdruck aus der Werbewirtschaft und hat zwei verschiedene Bedeutungen: 1. die letzte Zeile einer Werbung [⇒ 701] oder 2. die Grundaussage eines Werbespots.

Brainstorming	Kreativität	132

Beim Brainstorming werden über einen begrenzten Zeitraum in einer Gruppe Ideen und Schlagworte zu einem klar definierten Problem in die Runde geworfen. Im Anschluss werden die von einem Gruppenmitglied mitgeschriebenen Schlagworte und Ideen strukturiert und besprochen.

Beim Brainstorming sind folgende Regeln zu beachten:
1. Es sollen möglichst viele Ideen in kurzer Zeit produziert werden. Die Quantität steht hierbei vor der Qualität.
2. Die Ideen und Schlagworte anderer Teilnehmer sollen aufgegriffen und weiterentwickelt werden.
3. Es dürfen keine Kritiken und Wertungen der Schlagworte innerhalb der Brainstorming-Phase erfolgen.
4. Die Gruppenmitglieder sollen ihrer Phantasie freien Lauf lassen.
5. Erst im Anschlussgespräch sind Kommentare zu den Ideen und Schlagworten zugelassen.

Brainstorming ist die bekannteste Kreativitätstechnik [⇒ 420] (Assoziationstechnik) zur Ideenfindung [⇒ 369]. Sie wurde in den späten 30er-Jahren von Alex Osborne entwickelt. Analog zum Brainstorming steht die schriftliche Form der Ideenfindung, das so genannte Brainwriting. Auch die Metaplan-Technik [⇒ 489] wird als Brainwriting bezeichnet.

Branding	Strategie	133

Brand kommt aus der englischen Sprache und bedeutet Marke [⇒ 468]. Unter dem Begriff Branding versteht man die Schaffung einer Marke, eines Markennamens und die deutliche Hervorhebung des Markenzeichens in der Unternehmenskommunikation. Die Entwicklung und Gestaltung der Marke erhält in der heutigen Kommunikation [⇒ 397] eine besondere Beachtung, da die Funktionen und Eigenschaften von Produkten zwischen den Mitbewerbern immer ähnlicher werden.

Als Abgrenzungsmerkmal gegenüber des Marktes gelten Image und Vertrauen als wichtiger Kaufentscheidungsfaktor, daher wird ein optimales Branding als Wettbewerbsvorteil gewertet.

Brand Loyality	Strategie	134

Brand Loyality ist ein Fachausdruck der Werbewirtschaft für die Markentreue der Konsumenten [⇒ 408].

Brandschutz	Verwaltung/Logistik	135

Brandschutz ist der Überbegriff für alle Maßnahmen, die im Vorfeld und während einer Veranstaltung [⇒ 676] die Entstehung und Ausbreitung von Bränden verhindern bzw. einschränken sollen.

Zum Brandschutz gehören
- bauliche Maßnahmen,
- Beschränkungen im Umgang mit Brandquellen,
- Beschränkungen im Umgang mit brennbaren Materialien,
- Aufenthaltsbeschränkungen für Personen,
- Unterweisungen und Schulungen für Brandfälle.

Die baulichen Maßnahmen zum Brandschutz sind sehr vielfältig und erstrecken sich von den verwendeten Baustoffen und Bauteilen über die Fluchtwegeplanung [⇒ 284] hin zu Löschanlagen.
Folgende Aspekte müssen vor allem berücksichtigt werden:
- Feuerwiderstand der Bauteile
- Brandverhalten von Baustoffen
- Aufteilung der Gebäude durch Brandwände und -schutztüren
- Fluchtwegplanung [⇒ 284]
- Notbeleuchtung
- Feuerwehranfahrtszonen [⇒ 274] und Löschwassereinspeisung

Break-even-Point	Verwaltung	136

Die Break-even-Analyse ist eine betriebswirtschaftliche Berechnung zur Ermittlung der Gewinnschwelle. Der Break-even-Point (Gewinnschwelle) ist der Punkt, an dem die gesamten Kosten und die Erlöse eines Unternehmens sich die Waage halten. Auf Basis der Break-even-Analyse wird berechnet, bei welcher Absatzmenge bzw. welchem Erlös ein Gewinn erzielt wird. Dabei kann der gesamte Produktlebenszyklus [⇒ 552] von der Produktentwicklung, über den Markteintritt bis hin zum Marktaustritt berücksichtigt werden. Das heißt: Alle Preis- und Marktveränderungen können in der Berechnung simuliert werden.
Beim Veranstaltungs-Break-even wird die Anzahl der Zuschauer ermittelt, die benötigt wird, um die Veranstaltung kostendeckend durchzuführen.

Brenner	Logistik	137

Der Brenner bezeichnet ein Leuchtmittel, bei dem die Lichterzeugung über eine Funkenstrecke hergestellt wird (Bogenentladung).
Auch Halogenlampen werden häufig als Brenner bezeichnet.

Brennpunkt	Logistik	138

Der Brennpunkt beschreibt den Punkt auf der optischen Achse, in dem sich parallel zur optischen Achse einfallende Strahlen nach der Brechung bzw. Reflexion schneiden.

Brennstellung	Logistik	139

Lichtwurflampen mit einem Filament oder einem Lichtbogen, welche auf eine optische Achse ausgerichtet sind, haben eine Vorgabe über einen horizontalen und vertikalen Neigungswinkeleinsatz. Dieser Neigungswinkeleinsatz wird Brennstellung genannt. Die jeweilige Brennstellung ist den Angaben der Lampenhersteller zu entnehmen.

Brennweite	Logistik	140

Die Brennweite beschreibt den Abstand von einem brechenden oder reflektierenden Medium zum Brennpunkt.

Brennweitenveränderung	Logistik	141

Ein Profilscheinwerfer [⇒ 555] ist mit einem Objektiv ausgerüstet, welches einen der Anordnung der Linsen entsprechenden Öffnungswinkel hat (lange oder kurze Brennweite). Durch Austausch des Objektivs (Tubus) kann der Öffnungswinkel verändert werden. Bequemer und vielseitiger ist eine optische Anordnung mit Zoomcharakter. Mit einer Zoomoptik (Zoomobjektiv) können in einem vorgegebenen Bereich stufenlos unterschiedliche Brennweiten eingestellt werden.

Briefing	Strategie	142

Als Briefing wird eine kurze Aufgabenbeschreibung des Auftraggebers bezeichnet. Das Briefing beinhaltet alle für den Eventmanager notwendigen Informationen wie Aufgabenbeschreibung, Fakten und Zieldefinition zur Erstellung eines Eventkonzeptes [⇒ 257].

Folgende Eckdaten sollte ein Briefing enthalten:
- Zielgruppe [⇒ 708]
- Anlass
- Ort der Veranstaltung
- Zeitpunkt
- Dauer der Veranstaltung
- Budgethöhe [⇒ 143]
- Leistungsanforderungen an den Eventmanager
- Veranstaltungsziele
- Marketing- und Kommunikationsstrategie des Unternehmens

Nach einem erfolgten Briefing erstellt der Eventmanager ein so genanntes Rebriefing. Das Rebriefing ist die schriftliche Planungsgrundlage. Mit dem Rebriefing werden Unklarheiten und Details der Aufgabenbeschreibung mit dem Auftraggeber abgestimmt.

Budget	Verwaltung	143

Ein Budget (auch als Etat [⇒ 253] bezeichnet) ist ein in wertmäßigen Größen (Geldbeträgen) formulierter Plan aller Einnahmen und Ausgaben, die innerhalb einer Abteilung bzw. eines Ressorts geplant sind, bzw. die Mittel, die einer Entscheidungseinheit für einen bestimmten Zeitraum zugeordnet sind oder zur Verfügung stehen.

Das Budget eines Events wird in der Regel beim Briefing [⇒ 142] dem Eventmanager bekannt gegeben. Mit diesem Budget muss er haushalten und alle Kosten bestreiten. Eine Budgetüberschreitung muss in der Planung schon erkannt werden, damit sie mit dem Auftraggeber abgestimmt werden kann.

| Bühne | Logistik | 144 |

Bei Bühnenkonstruktionen wird zwischen Indoor-Bühnen und Outdoor-Bühnen unterschieden.

Die Indoor-Bühne benötigt kein Dach. Sie wird als Festinstallation oder je nach Zweck aus mehreren Bühnenpodesten zusammengebaut. Bühnenpodeste sind Aluminiumrahmen mit Schichtholzfüllung und Beinen (variable oder feste Beine).

Bei Outdoor-Bühnen ist eine Dachkonstruktion aufgrund der Witterungsverhältnisse empfehlenswert. Oft verwendete Outdoor-Bühnen sind die Hubdachbühne [⇒ 367], die Arcstage [⇒ 055] und der Bühnentrailer [⇒ 663].

Für spezielle Präsentationsvorhaben werden oft Drehbühnen [⇒ 224] und Hubbühnen [⇒ 366] eingesetzt.

Bei der Bühnenkonzeption sind grundsätzlich folgende Fragen zu beantworten:
- Was wird auf der Bühne präsentiert?
- Wie hoch muss die Bühne sein (zuschauerabhängig)?
- Wie ist der Untergrund der Bühne beschaffen?
- Welche Fläche muss die Bühne haben?

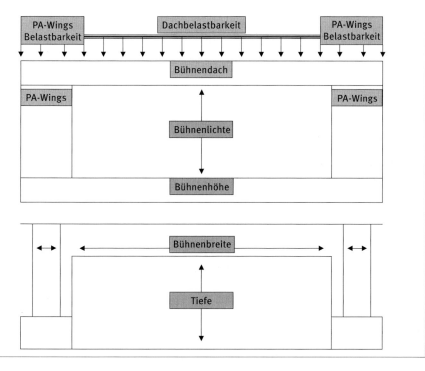

Bühnenbildner	Logistik	145

Der Bühnenbildner zeichnet sich für den Entwurf von Dekoration [⇒ 197] und Requisiten [⇒ 584] bei Theaterproduktionen verantwortlich. Er trifft, in Absprache mit der Regie, die künstlerischen Entscheidungen. Die Entwürfe werden dann nach seinen Vorgaben von der Ausstattung umgesetzt. Zu den Aufgaben des Bühnenbildners gehört auch die Budgetüberwachung der Dekorationskosten.

In Film- und Fernsehproduktionen wird der Bühnenbildner Szenenbildner genannt.

Bühnenmaler/-in	Logistik	146

Im neuen Ausbildungsberuf Bühnenmaler/-in und Bühnenplastiker/-in wird seit 01.02.2000 ausgebildet.

Bühnenmaler/-innen und Bühnenplastiker/-innen sind für die malerische bzw. plastische Gestaltung vor allem von Bühnenbildern, Kulissen und Hintergrundbildern zuständig. Die Ausbildung sieht eine Spezialisierung in die Richtungen Malerei oder Plastik vor und dauert drei Jahre.

Bühnenmaler/-in und Bühnenplastiker/-in arbeiten hauptsächlich im künstlerischen Bereich an Theatern, Musical- oder Opernbühnen, für Film-, Fernseh- und Showproduktionen sowie für Werbeproduktionen und verschiedene Veranstaltungsagenturen, die z. B. Messen [⇒ 486] oder Ausstellungen ausrichten.

Zu den Tätigkeiten des/der Bühnenmalers/-in und des/der Bühnenplastikers/-in gehören insbesondere:
- das Mischen von Farben in Abhängigkeit von der Bühnenbeleuchtung
- das Anfertigen von Kopien und Imitaten, z. B. bekannter Kunstwerke
- die Gestaltung von Architekturillusionen sowie Materialimitationen
- das Anfertigen von Schablonen, u. a. für den Siebdruck
- die Gestaltung von plastischen Gestaltungselementen unter Berücksichtigung von Kontrasten, Proportionen, Raumaufteilungen, Licht- und Schattenwirkungen
- die Vervielfältigung von plastischen Elementen
- das Imitieren von bekannten Bauten

Bühnenmeister	Logistik	147

Der Bühnenmeister ist eine Spezialisierungsrichtung des Meisters für Veranstaltungstechnik [⇒ 681]. Er sorgt für die technische Abwicklung der Vorstellungen/Proben und die dabei erforderlichen Auf-, Um- und Abbauten.

| BüTec-Bühne | Logistik | 148 |

Die BüTec-Bühne wird aus mehreren Einzelelementen/Modulen (Bühnenpodeste) zusammengesetzt und gewährt durch eine feste Verschraubung eine ausreichende Stabilität. Das Standard-Podest hat ein Maß von 2 m × 1 m und kann mit verschiedenen Fußgrößen auf unterschiedliche Höhen gesetzt werden. Durch diese Flexibilität wird sie sehr häufig eingesetzt.

| Buffet | Logistik | 149 |

Das Buffet ist die häufigste Form der Verpflegung von Eventgästen. Auf dem Buffet werden dem Gast diverse kalte und warme Speisen angeboten. Die Gäste können sich sowohl selbst bedienen oder durch Buffetpersonal bedient werden. Insbesondere bei warmen Speisen werden die Teller meist von Köchen am Buffet angerichtet. Die warmen Gerichte werden in Chafing-Dishes [⇒ 162] oder Bain-Maries [⇒ 084] warm gehalten.

Bei der Ausrichtung der Buffet-Tische ist auf die Gegebenheiten der Location [⇒ 457] zu achten. Insbesondere sind die Wege zum Buffet zu planen. Schnell können sich Menschenschlangen bilden, die den Eventablauf stören und auch sicherheitstechnisch ein Risiko darstellen. Buffetflächen sollten so gestellt werden, dass mehrere Zu- und Abgänge möglich sind. Auf Arbeitszonen für Köche und Buffetkräfte ist unbedingt zu achten.

| Bumerangeffekt | Strategie | 150 |

Der Bumerangeffekt bezeichnet insbesondere bei beeinflussender bzw. auf Beeinflussung zielender Kommunikation die gegenteilige Wirkung einer Maßnahme. Die Zielgruppe [⇒ 708] reagiert entgegen der angestrebten Wirkung. Der Bumerangeffekt tritt oftmals ein, wenn die Erwartungen, Werte und Bedürfnisse der Zielgruppe falsch eingeschätzt werden, die Kommunikationsmaßnahme nicht zu dem beworbenen Objekt (Produkt, Unternehmen, Marke) passt oder die Kommunikation [⇒ 397] zu einseitig ist.

| Businesstheater | Strategie | 151 |

Das Businesstheater ist eine besondere Form der Inszenierung. Businesstheater wird meist in der Personal- und Organisationsentwicklung eingesetzt und fördert durch die spielerische Darstellung Veränderungsprozesse. Beim Businesstheater werden z. B. Mitarbeitern Probleme ihres Unternehmens durch Theaterstücke mit professionellen Darstellern verdeutlicht. Oft werden auch die Mitarbeiter aktiv und spielen in diesem Theaterstück mit. Diese Inszenierungsform ist eine beliebte Methode, um in Workshops [⇒ 706] einen Dialog mit den Teilnehmern aufzubauen.

Business-to-Business	Strategie	152
B-to-B oder auch B2B ist die Abkürzung für Business-to-Business und beschreibt die geschäftlichen Aktivitäten und Beziehungen von Unternehmen zu Unternehmen. B-to-B-Marketingaktionen sind nicht für den Endverbraucher bestimmt.		

Business-to-Consumer (B-to-C)	Strategie	153
B-to-C oder auch B2C steht für Business-to-Consumer und bezeichnet die geschäftlichen Aktivitäten und Beziehungen von Unternehmen zu Endverbrauchern. Das Gegenstück dazu ist B-to-B oder Business-to-Business [⇒ 152].		

Buyout	Verwaltung	154
Buyout bezeichnet den Betrag, den ein Darsteller für die Rechte an der TV-Ausstrahlung des/der mit ihm produzierten Fernsehspots/-produktion erhält. Es gilt für einen bestimmten Zeitraum, meist ein Jahr ab der ersten Ausstrahlung, und ein bestimmtes Territorium.		

Buzz-Session (Diskussion 66)	Kreativität	155
Buzz-Session, auch Diskussion 66 genannt, ist eine Erweiterung des klassischen Brainstormings [⇒ 132] und wird bei größeren Teilnehmerkreisen angewandt. Der Teilnehmerkreis wird in mehrere kleinere Arbeitsgruppen mit je 6 Personen eingeteilt. Jede Arbeitsgruppe bestimmt einen Sprecher und einen Protokollführer. Innerhalb der Gruppen wird ein sechsminütiges Brainstorming durchgeführt, dessen Ergebnisse im Anschluss vom Gruppensprecher dem gesamten Teilnehmerkreis präsentiert werden. Alle Ergebnisse der einzelnen Arbeitsgruppen werden dann vom gesamten Teilnehmerkreis diskutiert und weiterentwickelt.		

C

| CAD | Logistik | 156 |

CAD (Abkürzung für Computer Aided Design) ist ein Programm, mit dem rechnergestützt Konstruktionszeichnungen erstellt werden können. Der Einsatz von CAD-Programmen ist im Eventbereich mittlerweile weit verbreitet und erleichtert die tägliche Arbeit bei der Planung des Veranstaltungsaufbaus erheblich.

| Canapé | Logistik | 157 |

Ein Canapé ist ein mundgerecht zugeschnittenes und belegtes Stück Brot, das z. B. bei Stehempfängen [⇒ 249] den Gästen auf Tabletts gereicht wird. Das Canapé gehört zur Gattung Fingerfood.

| Candela | Logistik | 158 |

In Candela gibt man die Lichtstärke an, mit der eine Lichtquelle in eine bestimmte Richtung strahlt, im Gegensatz zum Lichtstrom, der in Lumen gemessen wird. Beide Größen sind nach der spektralen Wahrnehmungsfähigkeit des menschlichen Auges gewichtet.

| Case | Logistik | 159 |

Als Case (oder auch Flight-Case) werden stabile Transportkisten bezeichnet. Sie verfügen über Rollen und gewährleisten daher eine mobile und sichere Transportmöglichkeit für hochwertige elektronische Geräte und Veranstaltungsequipment. Cases werden speziell für das jeweilige Equipment hergestellt, sodass jedes Case direkt in der entsprechenden Transportkiste gepolstert eingepackt werden kann.

| Casting | Logistik | 160 |

Casting ist die Auswahl von Darstellern für Film-, Foto-, Theater- oder Veranstaltungsproduktionen. Es wird zwischen Einzel- und Gruppencastings unterschieden. Das Auswahlverfahren kann in mehreren Stufen/Phasen stattfinden.

| Catering | Logistik | 161 |

„Catering ist die Versorgung mit lebensnotwendigen Lebensmittelzubereitungen, Waren und Dienstleistungen. Es übernimmt als Support Service die gastronomische Betreuung und dient als Erfolg mitgestaltende Maßnahme beim Erreichen des eigentlichen Unternehmenszweckes, oder es unterstützt eine gestellte Aufgabe (z. B. ein Event). Catering ist ein Auftrag zur Versorgung einer bestimmten, fest umrissenen Gruppe von Menschen an bestimmtem Ort zu vorbestimmter Zeit, mit abgestimmtem Angebot zwischen Auftraggeber und Auftragnehmer."

Vgl. Heidelberger Handbuch/Definition C, Band 1.

Die Catering-Branche ist in fünf Spezialisierungsrichtungen eingeteilt:
- **Care-Catering:** Versorgung von Kliniken, Altersheimen, Kindergärten und Schulen.
- **Business-Catering:** Kantinenbetreiber, Konferenzbestückung, Versorgung von Inhouse-Veranstaltungen.
- **Verkehrs-Catering:** Versorgung von Reisenden in Flugzeug, Bahn und auf Kreuzfahrt.
- **Messe-Catering:** Verkaufsgastronomie auf Messen, bei der Ausstellerversorgung und gastronomischen Standbetreuung.
- **Event-Catering:** Versorgung von Gästen und Mitwirkenden auf Veranstaltungen aller Art.

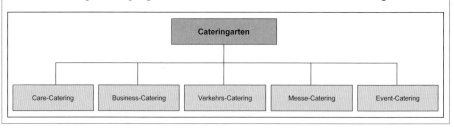

Chafing-Dish	Logistik	162

Das Chafing-Dish ist ein verchromter Behälter in verschiedenen Sorten und Ausführungen zum Warmhalten von Speisen durch ein Wasserbad. Erhitzt wird das Wasser durch Brennpasten oder Heizplatten.
In geschlossen Räumen ist auf die Brandschutzbestimmungen [⇒ 135] zu achten.

Charlybar	Logistik	163

Charlybar ist ein Set mit unterschiedlich breiten, schwarzen Holzabdeckungen zum Einklemmen oder mit Zapfen zum Anbringen auf einem Stativ, das für Lamellenschatten verwendet wird.

Chaser	Logistik	164

Der Chaser (to chase bedeutet „jagen" oder „verfolgen") bezeichnet einen Lauflichteffekt, bei dem einzelne Stromkreise oder Lichtstimmungen automatisch in zyklischer oder zufälliger Reihenfolge eingeblendet und wieder ausgeblendet werden können. Die Abfolgegeschwindigkeit ist regelbar oder kann mit einem externen Musiksignal synchronisiert werden.

| Checkliste | Logistik | 165 |

Checklisten beschreiben den schrittweisen Ablauf eines Prozesses. Sie dienen der einheitlichen Durchführung von Arbeitsprozessen und der Einhaltung aller Arbeitsschritte. Die Arbeit mit Checklisten ist insbesondere bei größeren Veranstaltungsplanungen unerlässlich. Sie erleichtern systematisches und fehlerfreies Arbeiten. Der Umfang der Checklisten ist je nach Arbeitsprozess unterschiedlich. Es können einzelne Formulare bis hin zu einem gesamten Checklistenbuch entstehen. Das Checklistensystem ist ein elementarer Bereich des Qualitätsmanagements [⇒ 575] und Controllings.

```
Checkliste

Aufgaben    zu erledigen bis    zu erledigen durch    erledigt

Aufgabe 1   _____          _____            ☐
Aufgabe 2   _____          _____            ☐
Aufgabe 3   _____          _____            ☐
Aufgabe 4   _____          _____            ☐
Aufgabe 5   _____          _____            ☐
```

| Cherry-Picker | Logistik | 166 |

Cherry-Picker bezeichnet eine Hub-Arbeitsbühne (Kran) für die Montage von Beleuchtungskörpern. Mit dem Cherry-Picker können Höhen bis 30 m erreicht werden.

| Choreograf/-in | Logistik | 167 |

Gestaltung und Ausarbeitung tänzerischer Abläufe innerhalb einer Inszenierung liegen in der Verantwortung eines Choreografen/einer Choreografin. Auf Basis des Showkonzeptes entwickeln sie passende tänzerische Elemente, casten [⇒ 160] die notwendigen Darsteller und leiten die Proben.
In der Regel sind Choreografen ausgebildete Tänzer mit mehreren Jahren Bühnenerfahrung.

| Chromakey-Verfahren | Logistik | 168 |

Das Chromakey-Verfahren ist ein Bildmischverfahren zur elektronischen Hintergrundeinblendung. Bei diesem Verfahren wird ein Gegenstand oder Darsteller vor einer einfarbigen Fläche aufgenommen. Als fester Standard hat sich das Blue-Screen-System [⇒ 124] etabliert.

CIE	Logistik	169

CIE ist die Abkürzung für Commission Internationale de l'Éclairage (Internationale Beleuchtungskommission). Diese Normenkommission setzt weltweit Standards für Farbmessungen und Farbdefinitionen.

Cine Par	Logistik	170

Cine Par ist eine Scheinwerfer-Modellreihe [⇒ 605] mit einer Tageslichtquelle in einem Parabolspiegel. Sie erzeugt ein sehr leistungsstarkes, helles Licht. Durch Vorsatzscheiben sind Fokusveränderungen von 575 bis 12000 Watt möglich.

Claim	Strategie	171

Als Claim wird die zentrale Werbeaussage eines Unternehmens bezeichnet. Der Claim beschreibt den Kaufgrund bzw. das Alleinstellungsmerkmal [⇒ 038] eines Angebotes – kurz und einprägsam. Der Claim wird auch als Slogan bezeichnet.

Clipping	Strategie	172

Clipping ist ein Fachbegriff der Public Relations [⇒ 570] für aktuelle Medienausschnitte. Auf morgendlichen Sitzungen werden in Unternehmen, Verbänden, Institutionen und Parteien die jeweiligen Clippings ausgewertet, um die Resonanz der Öffentlichkeit zu bestimmten Maßnahmen und Äußerungen zu beobachten.

Cluster-Analyse	Strategie	173

Die Cluster-Analyse ist ein statistisch-mathematisches Verfahren, das bei Befragungen angewendet wird. Dabei werden Personen so in Gruppen eingeteilt, dass sie sich untereinander ähnlich und von den anderen Gruppen verschieden sind.
Diese Zusammenfassung vereinfacht die Ergebnisanalyse erheblich.

Co-Branding	Strategie	174

Co-Branding bezeichnet den partnerschaftlichen Werbeauftritt mehrerer Anbieter. Ein Co-Branding können Unternehmen realisieren, die eine gleichartige Zielgruppe [⇒ 708] ansprechen, jedoch nicht in Konkurrenz stehen. Co-Branding wird aus Gründen der Kosteneinsparung und ganzheitlichen Kommunikationsansprache durchgeführt.

Cocolores	Logistik	175

Negative Projektionsvorlage aus Holz oder Blech in einem Rahmen von 1,2 m × 1,2 m, die auf einem Stativ angebracht wird. Cocolores wird für so genannte Schattenspiele genutzt.

Corporate Behaviour	Strategie	176

Corporate Behaviour bezeichnet das Verhalten des Unternehmens im Innen- und Außenverhältnis. Das Verhalten wird von Führungskräften und Mitarbeitern aus jeder Hierarchie widergespiegelt und trägt zum Image des Unternehmens bei. Einige Beispiele für das Corporate Behaviour sind die Behandlung von Anrufern, die Auftritte der Außendienstmitarbeiter und ganz besonders das Beschwerdemanagement. Das Corporate Behaviour wird von der Personalführung wesentlich beeinflusst durch:

- Umgang der Führungskräfte mit den Mitarbeitern
- Qualifikationsförderung und gerechte Aufgabenverteilung innerhalb des Unternehmens
- Auswahl der passenden Mitarbeiter

Wie das Corporate Design [⇒ 178] und die Corporate Communication [⇒ 177] gehört das Corporate Behaviour zur Darstellungsform der Corporate Identity [⇒ 180].

Corporate Communication (CC)	Strategie	177

Corporate Communication (CC) beschreibt die gesamten internen und externen kommunikativen Aktivitäten eines Unternehmens. Der Grundgedanke der Corporate Communication ist eine einheitliche Unternehmenskommunikation, die sowohl gestalterisch wie auch kulturell das Unternehmen geschlossen darstellt. Die Corporate Communication beinhaltet den externen Auftritt (Werbung [⇒ 701], Public Relations [⇒ 570], Verkaufsförderung [⇒ 683], Sponsoring [⇒ 626], Eventmarketing [⇒ 258]) wie auch die interne Mitarbeiterkommunikation (Mitarbeiterzeitungen, Mitarbeiterveranstaltungen, Aushänge usw.). Ziel der CC ist es, die Glaubwürdigkeit und den Bekanntheitsgrad eines Unternehmens zu fördern. Außerdem entstehen durch eine einheitliche Gestaltung aller kommunikativen Aktivitäten enorme Einsparungspotenziale.

Corporate Design (CD)	Strategie	178

Das Corporate Design (CD) umfasst sämtliche Gestaltungselemente des Erscheinungsbildes eines Unternehmens. Die einheitliche, visuelle Unternehmensdarstellung findet sich in allen Designelementen wieder, wie in der Logogestaltung, der Formulargestaltung, den Publikationen, der Korrespondenz und der Schrift- und Farbgebung.

Das Corporate Design bildet im Zusammenspiel mit dem Unternehmensverhalten (Corporate Behavior [⇒ 176]) und der Kommunikation des Unternehmens (Corporate Communication [⇒ 177]) die Innen- und Außendarstellung der Corporate Identity [⇒ 180] (Unternehmensidentität).

In großen Unternehmen werden die Gestaltungsrichtlinien des Corporate Design in einem Designmanual (Handbuch) festgehalten. Alle visuellen Erscheinungsformate des Unternehmens müssen danach ausgerichtet werden.

Um eine integrierte Kommunikationspolitik umzusetzen, muss bei der kreativen Gestaltung von Events das Corporate Design konsequent berücksichtigt werden.

Corporate Events	Strategie	179

Als Corporate Events werden Unternehmensveranstaltungen bezeichnet, die für einen genau festgelegten, eingeschränkten Teilnehmerkreis ausgerichtet sind. Corporate Events sind meist B-to-B-Veranstaltungen [⇒ 152], wie z. B. Händlerpräsentationen, Außendienst-Tagungen und Franchisenehmer-Meetings.

Corporate Events sind nicht für Kunden oder die Öffentlichkeit bestimmt. Diese Veranstaltungen werden Public Events [⇒ 569] genannt.

Corporate Identity (CI)	Strategie	180

Corporate Identity (Unternehmensidentität) bezeichnet das Selbstverständnis eines Unternehmens, das im Innen- und Außenverhältnis einheitlich kommuniziert wird.

Das Corporate Identity beeinflusst

- das Erscheinungsbild des Unternehmens (Corporate Design) [⇒ 178],
- das Verhalten des Unternehmens (Corporate Behavior) [⇒ 176],
- die Kommunikation des Unternehmens (Corporate Communication) [⇒ 177].

Die Unternehmensidentität wird vom Unternehmen strategisch ausgerichtet und findet ihre Definition in Leitlinien oder dem Leitbild, Philosophien und dem Mission Statement. Eine schlüssige CI kann als Wettbewerbsvorteil gegenüber Mitbewerbern gewertet werden.

Bei der Umsetzung einer Eventmaßnahme ist auf die Einhaltung der CI-Richtlinien innerhalb der Strategieentscheidung und der kreativen Umsetzung zu achten, um eine einheitliche und integrierte Kommunikation zu gewährleisten.

Co-Sponsoring	Strategie	181

Als Co-Sponsoring wird die Gemeinschaftsfinanzierung einer Veranstaltung, eines Fernseh- oder Radioprogramms durch mehrere Werbetreibende bezeichnet. Die Werbetreibenden erhalten für ihre finanziellen Investitionen Werbemöglichkeiten bzw. -zeiten. Beim Co-Sponsoring können alle Sponsoren [⇒ 626] gleichberechtigt sein oder aufgeteilt als Haupt- und Nebensponsoren fungieren.

Counter	Logistik	182

Der Counter ist im Einlassbereich [⇒ 240] eines Kongresses [⇒ 404] positioniert. Hier registrieren sich die Teilnehmer beim Counter-Personal und erhalten ihre Unterlagen und Teilnehmerschilder. Während des Kongresses erhalten die Teilnehmer am Counter weitere Informationen und Serviceleistungen.

| Creative-Director | Kreativität | 183 |

Der Creative-Director (Kreativdirektor) ist für die Leitung der kreativen Arbeitsfelder einer Werbeagentur [⇒ 697] verantwortlich. Er realisiert konkrete Werbemaßnahmen auf Basis der strategischen Konzeption. Er koordiniert und kontrolliert die Gestaltung von Werbekampagnen [⇒ 392]. Ihm unterstehen alle Kreativabteilungen, wie Grafik, Textabteilung, Layout, Fotografie usw.

| Crew | Logistik | 184 |

Als Crew (auch Staff genannt) werden alle Mitarbeiter und Mitwirkenden eines Events bezeichnet.

Aus Sicherheitsgründen erhalten alle Mitarbeiter und Mitwirkenden Crew-Pässe [⇒ 186], die ihnen den Zutritt in den Backstage-Bereich [⇒ 081] ermöglichen.

| Crew-Catering | Logistik | 185 |

Crew-Catering ist eine Spezialisierung des Caterings [⇒ 161] mit der Aufgabe, die Mitarbeiter und Mitwirkenden von Veranstaltungen zu verpflegen. Hierzu gehört die Tagesverpflegung (Vollverpflegung) der Teams beim Auf- und Abbau sowie die gastronomische Betreuung der Künstler.

Das Crew-Catering übernimmt auch die Künstlergarderobenbestückung laut Rider [⇒ 589] sowie die gastronomische Ausstattung für den Green-Room (Künstleraufenthaltsraum).

Das Crew-Catering kann lokal an Catering-Unternehmen vergeben werden oder auch wie oft bei Tourneen [⇒ 662] mit auf Tour genommen werden.

| Crew-Pass | Logistik | 186 |

Aus Sicherheitsgründen erhalten alle Mitarbeiter und Mitwirkenden Crew-Pässe, die ihnen den Zutritt in den Backstage-Bereich [⇒ 081] ermöglichen. Mit den Pässen können auch verschiedene Zutrittsrechte vergeben werden, wie z. B. Backstage, Zuschauerraum, Bühnenraum, Künstlergarderoben [⇒ 316] und VIP-Lounges [⇒ 692]. Die visuelle Darstellung der Zutrittsrechte erfolgt meist durch verschiedene Farben auf den Pässen. Die Kontrolle der Pässe wird durch das Sicherheitspersonal (Security) [⇒ 609], das an allen Zugängen positioniert ist, vorgenommen.

Pässe, die Zugang zu allen Bereichen ermöglichen, werden mit dem Zusatz All Areas gekennzeichnet. Dem Sicherheitspersonal müssen im Vorfeld der Veranstaltung [⇒ 676] alle Pass-Arten bekannt gemacht werden.

Crossmedia	Strategie	187

Im Rahmen der Mediaplanung [⇒ 478] wird der Begriff Crossmedia für den parallelen Einsatz mehrer Medien bei der Schaltung von Werbung verwendet. Die Medien (z. B. Printmedien, Onlinemedien, TV und Radio) sollen sich optimal ergänzen, um die Kernbotschaft [⇒ 395] einer Kampagne [⇒ 392] möglichst weit und intensiv zu verbreiten. Crossmedia ist seit dem Eroberungszug des Internets ein bedeutender strategischer Ansatz in der Werbeplanung geworden.

Cross-Selling	Strategie	188

Das Cross-Selling nutzt bestehende Kundenkontakte zur Direktansprache für (andere) Angebote. Zum Beispiel erfolgt Cross-Selling über eine Beilage, die einer Rechnung [⇒ 580] beigegeben wird.

C-Stand	Logistik	189

C-Stand wird auch als Treppenbeinstativ bezeichnet. Das Stativ ist ausziehbar und an einem Bein in der Höhe verstellbar.

Cutter	Logistik	190

Cutter/-innen sind für die Auswahl von Szenen aus dem aufgezeichneten Bild- und Tonmaterial nach vorgegebenem Konzept und in Absprache mit der Regie zuständig. Darunter fällt auch die Bewertung und Korrektur des Materials. Cutter/-innen prägen in künstlerischer und dramaturgischer Hinsicht entscheidend die Endfassung einer Film- und Fernsehaufzeichnung.

D

Dark Vader	Logistik	191
Der Dark Vader (Dimmer-Shutter) ist eine motorisch betriebene Verdunklungsblende für Scheinwerfer [⇒ 605].		

Database-Marketing	Strategie	192
Database-Marketing ist die Steuerung des operativen Marketings (Computer Aided Selling) auf der Grundlage einer kundenbezogenen, EDV-gestützten Datenbank. Die Nutzung kundenbezogener Daten eröffnet dem Unternehmen die Möglichkeit einer persönlichen Ansprache des einzelnen Kunden und bildet die Basis einer effizienten Direktmarketing-Strategie [⇒ 216]. Beim Einsatz und vor allem bei der Weitergabe von Kundendaten ist jedoch auf die speziellen Bestimmungen nationaler und internationaler Datenschutzgesetze zu achten.		

Datenschutz	Verwaltung	193
Datenschutz meint Maßnahmen gegen die unbefugte Weitergabe oder missbräuchliche Benutzung von personenbezogenen Daten. Geregelt ist der Datenschutz durch das Bundesdatenschutzgesetz (BDSG) und verschiedene Ländergesetze. So dürfen beispielsweise personenbezogene Daten von Veranstaltungs- oder Gewinnspielteilnehmern [⇒ 335] nicht ohne Weiteres für Marketingaktionen genutzt werden oder an dritte Firmen weitergegeben werden. Für die Weitergabe bzw. Verwertung der Daten muss eine Zustimmung des jeweiligen Teilnehmers vorliegen.		

Datenübertragung	Logistik	194
Datenübertragung ist der Sammelbegriff für verschiedene Verfahren zur Übermittlung digitaler Daten.		

Dedolight	Logistik	195
Dedolight ist ein kleiner, dimmbarer [⇒ 211] Multischeinwerfer mit Spotvorsatzlinse, Irisblende und Blendenschieber-Anbausatz. Der ursprüngliche Markenname hat sich als Eigenname des Scheinwerfertyps [⇒ 605] eingebürgert. Benannt wurde dieser Scheinwerfer nach seinem Entwickler, dem Kameramann Dedo Weigert, der für sein Beleuchtungssystem einen Oscar gewonnen hat.		

Dekorateur	Logistik	196

Der Dekorateur fertigt im Rahmen des Bühnenbaus alle größeren Dekorationsbauten [⇒ 197] an, die in irgendeiner Form mit Stoff [⇒ 199] zu tun haben: Vorhänge, Prospekte, Segel, Bodenbeläge, Polsterarbeiten und andere. Welches Material jeweils verwendet wird, ist unter der Berücksichtigung finanzieller, stilistischer und akustischer Aspekte zu entscheiden.

Wer als Dekorateur arbeiten möchte, sollte die Ausbildung des Schauwerbegestalters oder des Raumausstatters absolviert haben.

Dekoration	Logistik	197

Als Dekorationen (lat. Decorare = schmücken, zieren) wird allgemein die Gesamtheit aller zur Ausschmückung dienenden Gegenstände für einen Raum oder das Szenenbild/Bühnenbild und die Kulissen bezeichnet.

Dekorationsbau ist die Herstellung der Dekoration und der erstmalige Aufbau auf der Bühne, im Studio oder am Drehort.

Dekorationsumbau ist die Veränderung der Dekoration während der Vorstellung/Veranstaltung/Drehzeit am Produktionsort.

Dekorationsabbau ist der Abbau der Dekoration nach Abschluss der Veranstaltung/Dreharbeiten.

Dekorationslicht	Logistik	198

Als Dekorationslicht werden die Lichtquellen bezeichnet, die nicht auf einen Akteur gerichtet sind. Das Dekorationslicht beeinflusst die Lichtatmosphäre (Lichtstimmung).

Dekorationsstoffe	Logistik	199

Für die Dekoration [⇒ 197] von Bühnenbildern und sonstigen Eventausstattungen werden eine Vielzahl von Stoffen verwendet.

Übliche Stoffe sind u. a.

- Wollgewebe
- Bühnenmolton
- Dekomolton
- Fahnentuch
- Verdunklungsstoffe
- Bluebox-/Greenbox-Stoffe
- Jutegewebe
- Chinaseide
- Glasgewebe

Alle Stoffe, die im Dekorationsbau eingesetzt werden, müssen schwer entflammbar sein (Brandschutzklasse 1 – B1) [⇒ 135].

Delay	Logistik	200

Bei der Wiedergabe des Originaltons über mehrere Lautsprecher und größere Entfernungen entsteht eine Laufzeitverzögerung (Delay). Um diese Verzögerung auszugleichen, verwendet man die Delay Line [⇒ 201].

Man kann den Delay aber auch als gestalterisches Element nutzen. Dazu wird in der Musikproduktion das Delay-Effektgerät der Laufzeitstereofonie eingesetzt. Der Effekt gibt eine oder mehrere verzögerte Kopien des Eingangssignals aus und erzielt so einen echoähnlichen Klang.

Delay Line	Logistik	201

Eine Delay Line ermöglicht Verzögerungen für Lautsprechergruppen. Sie erlaubt also einen Laufzeitausgleich über Entfernungen. Die hinteren Lautsprechergruppen werden um die Schalllaufzeit des an der Bühne [⇒ 144] abgehenden Schallsignals verzögert.

Delegiertenanlage	Logistik	202

Die Delegiertenanlage wird bei Tagungen [⇒ 648], Konferenzen [⇒ 402] und Podiumsdiskussionen mit internationalem Publikum und Dolmetschern eingesetzt. Sie besteht aus einer undefinierten Anzahl von Tischmikrofonen, die voneinander unabhängig vom jeweiligen Redner bedient werden können (an- und ausschalten). Außerdem hat jeder Rednerplatz Ohrhörerausgänge, an denen der Teilnehmer den Sprachkanal und die Lautstärke auswählen und regulieren kann.

Detailkalkulation	Verwaltung	203

Damit der Eventmanager ein Angebot für seinen Kunden erstellen kann, muss er eine detaillierte Kalkulation aller Kosten des Events vornehmen. Die jeweiligen Kosten bezieht er aus den Ausschreibungen [⇒ 072], die er in der Vorbereitung der Kalkulation [⇒ 390] durchgeführt hat.

Bei der Detailkalkulation müssen die Kostenblöcke aufgeschlüsselt und in einer Tabelle detailliert dargestellt werden. Agenturen reichen die Kosten meist mit Aufschläge (Service-Fee [⇒ 612]) an den Kunden weiter. Diese Aufschläge können für den Kunden verdeckt oder offensichtlich (Handling Fee on top) dargestellt werden.

Dezibel (dB)	Logistik	204

Dezibel ist in der Audiotechnik die logarithmische Maßeinheit für den Schallpegel. Bei Veranstaltungen [⇒ 676] ist auf die Einhaltung des Lärmschutzes [⇒ 431] zu achten.

Die zu Grunde liegende Einheit „Bel" ist nach Alexander Graham Bell (er hat das Telefon in Amerika patentieren lassen) benannt.

| Dia | Logistik | 205 |

Kurzbezeichnung für Diapositiv. Das Dia ist eine durchsichtige, fotografische Bildvorlage, die mittels eines Diaprojektors [⇒ 206] vergrößert auf eine Leinwand oder andere Bildfläche geworfen wird.

| Diaprojektor | Logistik | 206 |

Der Diaprojektor vergrößert ein Dia [⇒ 205] und projiziert es auf eine Leinwand oder eine andere Bildfläche.

| Dichroitische Farbfilter | Logistik | 207 |

Dichroitische Filter sind Farbgläser. Sie lassen je nach der aufgedampften optischen Schicht eine bestimmte Lichtfarbe durch (transmittieren). Die anderen Farben werden reflektiert und nicht absorbiert. Dadurch werden die Gläser thermisch kaum belastet.

| Dienstvertrag | Verwaltung | 208 |

Arbeitsverträge [⇒ 053] und vertraglich vereinbarte Dienstleistungen werden grundsätzlich als Dienstvertrag nach §§ 611 BGB behandelt. Die Parteien des Vertrages heißen Dienstberechtigter (der Gläubiger der Dienstleistung) und Dienstverpflichteter (Schuldner). Geschuldet wird vom Dienstverpflichteten die Leistung in Abgrenzung zum Werkvertrag [⇒ 703], jedoch nicht der Erfolg. Daneben grenzt sich der Dienstvertrag vom Werkvertrag durch die Gestaltung als Dauerschuldverhältnis ab. Soll der Dienstvertrag vor Erbringung der Leistung beendet werden, so ist die Beendigung durch Kündigung vorzunehmen.
Hinweis: Im Anhang befindet sich ein Muster für einen Beratungsvertrag.

| Diffusionsfilter | Logistik | 209 |

Tüllgewebe, das hauptsächlich bei Filmproduktionen zur Zerstreuung des Lichts vor einer Lichtquelle verwendet wird. Im Theater findet es als Frostfilter ebenfalls in unterschiedlichen Dichten Verwendung. Der gebräuchlichste Filter ist der Weichzeichner, eine Folie, die den Lichtstrahl nur wenig in seiner Konsistenz verändert.

| Diffusor | Logistik | 210 |

Als Diffusoren werden Stoffe wie Tüll, Gaze oder Pergament genutzt, die vor Lichtquellen (Scheinwerfer [⇒ 605]) gehangen werden. Diffusoren werden eingesetzt, um das Licht weicher zu machen sowie Konturen und Schatten weniger scharf erscheinen zu lassen.

Dimmer	Logistik	211

Mit einem Dimmer kann die Helligkeit elektrischer Lichtquellen (z. B. Bühnen-Scheinwerfer, Leuchten oder Transformatoren von Niedervolt-Halogenglühlampen) geregelt werden. Je nach Ansteuerungsart wird zwischen Digitaldimmer und Analogdimmer unterschieden. In der professionellen Lichttechnik wird über ein Steuersignal (z. B. DMX) den Geräten für jeden Kanal ein vom Lichtmischpult ausgegebener Wert übertragen. Entsprechend diesem Wert steuern die Dimmer die Scheinwerfer an.

Dimmerraum	Logistik	212

Im Dimmerraum sind die Lastteile (Dimmer), meistens in Schränken angeordnet, aufgestellt.

DIN	Logistik	213

Das DIN (Deutsches Institut für Normung e. V.) ist die für die Normungsarbeit zuständige Institution in Deutschland und vertritt die deutschen Interessen in den europäischen und weltweiten Normungsorganisationen.

Es verbindet Hersteller, Handel, Verbraucher, Handwerk, Dienstleistungsunternehmen, Wissenschaft, technische Überwachung und Staat, um den Stand der Technik zu ermitteln und unter Berücksichtigung neuester Erkenntnisse in Deutschen Normen festzuschreiben.

DIN-Stecker	Logistik	214

DIN-Stecker ist wie der Begriff Diodenstecker eine umgangssprachliche Bezeichnung für Rund-Steckverbindungen, die den Normen DIN 41524 (3- und 5-polig), DIN 45322 (5-polig mit 60° Abstand), DIN 45326 (8-polig) und DIN 45329 (7-polig) entsprechen (alle ersetzt durch DIN EN 60130-9).

Der DIN-Stecker hat ein rundes Blech- oder Gussgehäuse, das vorn in einem Kragen mit einem Durchmesser von 13 mm endet. Darin befindet sich ein Einsatz mit bis zu 14 Kontaktstiften, die auf einem Kreis angeordnet sind. Die elektrische Belastbarkeit beträgt maximal 3 A bei 34 V Gleichspannung.

Anwendung findet der DIN-Stecker vor allem in Europa in zahlreichen Gebieten der Elektrik und Elektronik.

Dinolight	Logistik	215

Dinolight ist eine Kombination von PAR-64-Lampen [⇒ 525] mit 12 oder 24 kW Leistung.

Direktmarketing	Strategie	216

Als Direktmarketing wird die individuelle, direkte Ansprache des Unternehmens mit den Mitgliedern einer Zielgruppe [⇒ 708] bezeichnet. Die Zielsetzung des Direktmarketings ist der Verkaufsabschluss. Hierfür nutzt das Unternehmen die kommunikationspolitischen Instrumente Persönlicher Verkauf, Verkaufsförderung und Werbung. Eine Abgrenzung zur klassischen Werbung ergibt sich aus dem Response-Element, welches der Zielperson die Möglichkeit bietet, dem Unternehmen aufgrund der Werbung zu antworten.

Zielpersonen können sowohl Privatpersonen (Business-to-Consumer, B-2-C [⇒ 153]) als auch Geschäftsleute (Business-to-Business, B-2-B [⇒ 152]) sein. Bei der ersten Zielgruppe ist jedoch auf restriktive rechtliche Bestimmungen zu achten (z. B. Telefonwerbung).

In der Praxis erfolgen Direktmarketing-Maßnahmen über personalisierte Mailings [⇒ 460], E-Mails, Telefon und den persönlichen Kontakt.

Diskjockey (DJ)	Logistik	217

Als DJ (von englisch disc jockey) wird jemand bezeichnet, der Schallplatten oder CDs in einer individuellen Auswahl vor Publikum abspielt. Die wichtigsten Werkzeuge des DJ sind Plattenspieler, CD- oder MP3-Player und sein Mischpult [⇒ 493].

Die Hauptaufgabe des Pop-DJs ist es, das Publikum zum Tanzen zu animieren und gut zu unterhalten.

Distributionspolitik	Strategie	218

Die Distributionspolitik ist ein Instrument innerhalb des Marketing-Mix [⇒ 471]. Sie beinhaltet alle Entscheidungen, die im Zusammenhang mit dem Weg des Produktes von der Herstellung zum Endverbraucher stehen.

Die Aufgaben der Distributionspolitik bestehen aus:

Festlegung des Vertriebssystems

Wird das Produkt direkt beim Hersteller vertrieben (direkter Verkauf) oder über den Groß- und Einzelhandel bzw. Absatzmittler (indirekter Verkauf)?

Festlegung der Absatzwege

Welche Institutionen durchläuft das Produkt bis zum Verbraucher (Lager, Handelsstufen, Transportmittel, Standorte)?

Kundenservice

Welche Zahlungsbedingungen [⇒ 707], Kundenservice und After-Sales-Service werden dem Verbraucher angeboten?

Für die Distributionsbereiche eines Unternehmens werden Corporate Events [⇒ 179] realisiert, um die Mitarbeiter und gegebenenfalls Händler zu höheren Absatzleistungen zu motivieren und zu trainieren.

DMX 512	Logistik	219

DMX (Digital Multiplexing) 512 ist ein international anerkannter Standard der USITT (Abk. für United States Institute for Theatre Technology) zur digitalen Übertragung von Signalen für Dimmer [⇒ 211], Farbwechsler [⇒ 271], Scanner [⇒ 603], Moving Heads [⇒ 499], Nebelmaschinen und vieles mehr. Über ein abgeschirmtes, zweiadriges Kabel werden bis zu 512 Werte verzögerungsfrei übertragen.

Dieses Datenübertragungsprotokoll wird in der DIN 56930 (Teile 1 bis 3) [⇒ 213] beschrieben.

Dolly	Logistik	220

Dollies sind mobile Kamerafahrzeuge, die einen ruckelfreien Kameralauf ermöglichen. Die Kamera wird fest auf dem Dolly installiert. Bei vielen Dollies sind auch Sitzmöglichkeiten für den Kameramann vorgesehen bzw. vorhanden.

Das Dolly wird über eine Lenkstange gesteuert oder kann auf einem Schienensystem installiert sein. Mithilfe von Dollies können auch enge Kreisfahrten ausgeführt werden, ohne dass das Kamerabild wackelt.

Dolmetscher	Logistik	221

Bei Konferenzen, Tagungen [⇒ 648] und Diskussionen mit Teilnehmern unterschiedlicher Sprachen ist der Einsatz von Dolmetschern erforderlich.

Es wird zwischen folgenden Dolmetscherarten unterschieden:

Konsekutivdolmetschen: Das Konsekutivdolmetschen ist die klassische Art des Dolmetschens. Sie erfolgt im Anschluss bzw. im Wechsel mit dem Redner. Der Redner trägt zunächst einen Abschnitt seiner Ausführungen vor, und der Dolmetscher übersetzt diesen in die jeweilige Fremdsprache. Das Konsekutivdolmetschen benötigt keine Dolmetscheranlage.

Flüsterdolmetschen: Das Flüsterdolmetschen benötigt keinen Einsatz von technischen Anlagen, da der Dolmetscher neben dem Zuhörer sitzt und die Übersetzungen in dessen Ohr flüstert. Diese Art des Dolmetschens wird nur bei einer geringen Anzahl von Fremdsprachlern auf einer Veranstaltung [⇒ 676] verwendet.

Simultandolmetschen: Der Dolmetscher arbeitet aus einer schalldichten Dolmetscherkabine heraus und übersetzt den Redner zeitgleich. Das Simultandolmetschen wird bei Veranstaltungen mit einer Vielzahl von unterschiedlichen Sprachen verwendet.

Verhandlungsdolmetschen: Ähnlich wie beim Konsekutivdolmetschen werden kürzere Gesprächsabschnitte vom Dolmetscher im Anschluss übersetzt. Im Unterschied zum Konsekutivdolmetschen verwendet der Übersetzer jedoch keine Notizen und dolmetscht aus dem Stegreif.

Gebärdensprach-Dolmetschen: Als Sonderform des Dolmetschens gilt die Übersetzung von Gebärdensprache. Sie wird eingesetzt bei Veranstaltungen mit gehörlosen Teilnehmern.

Bei Veranstaltungen mit vielen Teilnehmern wird eine Dolmetscheranlage [⇒ 222] eingesetzt.

Dolmetscheranlage	Logistik	222

Bei Veranstaltungen [⇒ 676] mit vielen Teilnehmern unterschiedlicher Sprachen ist der Einsatz von einer so genannten Dolmetscheranlage notwendig. Sie besteht hauptsächlich aus dem Dolmetscherpult, der Steuerzentrale und einer Infrarotanlage (alternativ: Induktivanlage). Der Übersetzer bedient das Dolmetscherpult, um die einzelnen Kanäle auszuwählen, in die er spricht oder die er hören möchte. Er arbeitet mit einer Hör-Sprech-Garnitur oder einem Kopfhörer und Mikrofon. Das Dolmetscherpult ist mit einer Steuerzentrale verbunden, die Ein- und Ausgangskanäle verwaltet. Die Eingangskanäle geben dem Dolmetscher den Originalton, den er dann als Übersetzung (Ausgangssignal) an die angeschlossenen Ausgangskanäle weitergibt. Die Ausgangssignale werden mithilfe der Infrarot- oder der Induktivtechnik an die Kopfhörer der jeweiligen Teilnehmer übertragen.

Dramaturgie	Strategie	223

Die Eventdramaturgie (auch Inszenierung) ist der Kern des Eventkonzeptes [⇒ 257]. Die Grundidee wird zielgruppenadäquat in Szene gesetzt. Die Dramaturgie hat die Aufgabe, die Zielgruppe [⇒ 708] zu aktivieren, Aufmerksamkeit zu schaffen und das Erinnerungspotenzial zu wecken. Es ist wichtig, dass das Event sich von anderen Veranstaltungen abhebt.
Zur Dramaturgie gehören insbesondere folgende Elemente:
- Programmablauf
- Dekoration [⇒ 197] und Location [⇒ 457]
- Künstlerprogramm [⇒ 425]
- Ton- und Lichtdesign
- Catering [⇒ 161]

Von großer Bedeutung ist es, während des Events einen Spannungsbogen aufzubauen, der am Schluss der Veranstaltung gelöst wird.

Drehbühne	Logistik	224

Die Drehbühne wird meist zur Produktpräsentation [⇒ 554] eingesetzt. Das Bühnenpodest (drehbare Kreisfläche) bietet die Möglichkeit zu sehr schnellen Bühnenwandlungen.

Drei-Punkt-Ausleuchtung	Logistik	225

Bei der Drei-Punkt-Ausleuchtung werden die Akteure auf der Bühne getrennt von der Hintergrundbeleuchtung beleuchtet. Sie besteht aus einem Führungslicht [⇒ 306], einem Fülllicht [⇒ 307] und einem Gegenlicht [⇒ 321].

Drum Fill	Logistik	226

Unter Drum Fills werden Monitorlautsprecher [⇒ 496] verstanden, die als Monitorboxen für den Schlagzeuger verwendet werden. Sie sollten besonders kraftvoll und laut sein, damit der Schlagzeuger sich selber gut hören kann. Eine Alternative dazu stellt das In-Ear-Monitoring [⇒ 375] dar.

| DTP – Desktop-Publishing | Logistik | 227 |

Das Desktop-Publishing beschreibt den Erstellungsvorgang von grafischen Dokumenten am Computer. Die Drucksachen können komplett am Bildschirm erstellt und als reprofähig belichtete Filme ausgegeben werden.

| Duftmarketing | Kreativität/Strategie | 228 |

Eine relativ neue Entwicklung im Eventmarketing [⇒ 258] ist der Einsatz von Düften. Geruchseindrücke (Duftmoleküle) lösen einen unmittelbaren Reiz im Gehirn aus. So können bei den Teilnehmern Gefühle und Handlungsziele simuliert werden. Durch die Integration aller Sinne des Menschen können ganzheitliche Erlebnisse geschaffen werden.

Es gibt einige technische Verfahren zur gleichmäßigen Duftverteilung in Räumen.

Zu beachten sind hierbei aber insbesondere die gesundheitlichen Aspekte. Manche Verfahren und Düfte lösen allergische Reaktionen aus oder penetrieren beim Einatmen die Lungenbläschen.

| Dulling Spray | Logistik | 229 |

Dulling Spray ist ein Sprühwachs, das gegen störende Reflexionen auf Gegenständen verwendet wird. Das Spray gibt es in den Tönen Weiß, Schwarz und Transparent, und es hat eine stumpfende Wirkung.

| Dummy | Logistik | 230 |

Ein Dummy ist die Modellattrappe eines Produkts, das als Bestandteil einer Filmproduktion, eines Werbespots oder einer Veranstaltung [⇒ 676] verwendet wird. Der Dummy wird speziell an die Anforderungen der Produktion angepasst, wie z. B. vergrößert.

| Durchlasskapazität | Logistik | 231 |

Die Durchlasskapazität definiert die Zuschauerzahl, die in einer festgelegten Zeit sicher eine vorgegebene Zugangs- und Ausgangsbreite einer Öffnung passieren kann.
(Zu beachtende Faktoren und Durchschnittswerte siehe DIN EN 13200-1 [⇒ 213].)

| Dynamikumfang | Logistik | 232 |

Der Dynamikumfang beschreibt die Fähigkeit von Audiogeräten, sowohl sehr leise als auch sehr laute Klänge wiederzugeben. Je größer der Dynamikumfang, desto höher die Qualität des Audioequipments.

E

Easy-Lift	Logistik	233
Easy-Lift ist ein schweres Kurbelstativ mit einer Höhe von bis zu sechs Metern, ausgestattet mit Abspannseilen und Schwenkrollen.		

E-Commerce	Strategie	234
E-Commerce (auch E-Business) bezeichnet den Handel über das Internet. Kataloge und Offerten werden von dem Unternehmen online präsentiert und Bestellungen vom Kunden online ausgelöst. E-Commerce findet sowohl zwischen Anbietern und Endverbrauchern (Business-to-Consumer [⇒ 153]) als auch zwischen Fabrikanten/Großhändlern und Geschäftskunden (Business-to-Business [⇒ 152]) statt.		

Effektgerät (Audio)	Logistik	235
Effektgeräte haben die Aufgabe, Audiosignale zu verändern. In der Praxis wird zwischen folgenden Gruppen von Effektgeräten unterschieden:		

Verzerrende Effektgeräte

Verzerrende Effektgeräte verändern das Audiosignal durch eine Übersteuerung. Dies führt zur Beimischung zusätzlicher Obertöne. Beispiele: Distortion, Overdrive oder Fuzz.

Pegelorientierte Effektgeräte

Pegelorientierte Effektgeräte werden für ein möglichst geringes Rauschaufkommen bei der Audioausgabe eingesetzt. Beispiele: Kompressor, Limiter und Gate. Pegelorientierte Effektgeräte werden auch Dynamik-Effekte genannt.

Zeitorientierte Effektgeräte

Zeitorientierte Effektgeräte beeinflussen die Dauer oder Abspielgeschwindigkeit eines Audiosignals. Die Tonfarbe wird nicht verändert. Beispiel: Time Shifter.

Spektralmodifizierte Effektgeräte

Spektralmodifizierte Effektgeräte verknüpfen mehrere Audiosignale und verändern so die Tonfarbe. Beispiele: Pitch Shifter und Harmonizer.

Verzögerungszeitorientierte Effektgeräte

Verzögerungszeitorientierte Effektgeräte verändern das Audiosignal durch eine verzögerte Ausgabe. Beispiele: Reverb, Chorus, Flanger und Delay [⇒ 200]. Effektgeräte werden dem Instrument nachgeschaltet und vom Musiker oder direkt vom Mischpult [⇒ 493] aus gesteuert.

| Effektlaufwerk | Logistik | 236 |

Das Effektlaufwerk ist ein Vorsatzgerät für Scheinwerfer [⇒ 605] zur Erzielung von beweglichen Effekten, die in der Projektionstechnik eingesetzt werden, z. B. Wellen-, Feuer- oder Wolkenbewegungen.

| Effektvorsatz | Logistik | 237 |

Der Effektvorsatz ist ein Zubehör für Scheinwerfer [⇒ 605] zur Erzielung von optischen Effekten, z. B. Gobo [⇒ 341].

| Eigenfinanzierung | Verwaltung | 238 |

Die Eigenfinanzierung ist eine Finanzierungsart [⇒ 277] und findet meist bei Marketing-Events ihre Anwendung. Bei der Eigenfinanzierung werden die gesamten Kosten einer Veranstaltung [⇒ 676] aus eigenen Mitteln finanziert.

Innerhalb des veranstaltenden Unternehmens werden die Kosten im Rahmen eines Umlageverfahrens auf die verschiedenen Kostenstellen [⇒ 418] (Abteilungen) aufgeteilt. Beispielsweise können die Kosten des Marketing-Events anteilsmäßig auf die Abteilungen Produktmanagement, Öffentlichkeitsarbeit [⇒ 570] und Vertrieb verteilt werden.

| Einladungsmanagement | Logistik | 239 |

Eine gelungene Einladung ist ein Erfolgsfaktor für eine Veranstaltung [⇒ 676]. Es gilt, Personen für die Teilnahme an einer Veranstaltung zu gewinnen. Die Einladungsphase ist das Pre-Event und kann daher schon genutzt werden, um die Kernbotschaft [⇒ 395] der Veranstaltung kreativ zu vermitteln.

Zum Einladungsmanagement gehören folgende Aufgaben:
- Konzipierung einer Einladungskampagne
- Adressenaufbereitung für mehrstufige Einladungsmailings
- Lettershop: Konzeption, Kommissionierung und Durchführung von Einladungs- und Bestätigungsversand
- Nachfassaktionen [⇒ 504] bei noch unentschlossenen Teilnehmern

Mit der Entwicklung des Internets wird in Zukunft das Einladungsmanagement immer weiter automatisiert. Eine crossmediale Einladung ist heute schon üblich (Einladung per Post, Anmeldung per Internetformular).

Das Einladungsmanagement ist eine Aufgabe des Teilnehmerhandlings [⇒ 655]. Nach der Einladung erfolgt die Teilnehmerregistrierung [⇒ 656].

Einlass	Logistik	240

Am Einlass werden die Gäste/Teilnehmer eines Events begrüßt und in die Location [⇒ 457] geleitet. Je nach Veranstaltungsart unterscheiden sich die Anforderungen an die Mitarbeiter des Einlasses.

Bei geschlossenen Veranstaltungen werden die Gäste in der Regel persönlich begrüßt. Die mitgebrachten Einladungen werden mit der Gästeliste verglichen, und dem Gast werden weitere Informationen zur Veranstaltung übergeben.

Öffentliche Veranstaltungen zeichnen sich durch eine höhere Sicherheitskontrolle aus. Eintrittskarten [⇒ 243] werden kontrolliert und Personenkontrollen durchgeführt, damit keine verbotenen Gegenstände (Waffen, Flaschen oder Kameras) in die Location [⇒ 457] mitgenommen werden.

Am Einlass bekommt der Gast/Teilnehmer den ersten Eindruck vom Event. Daher ist hier besonders auf die optische Gestaltung und auf einen reibungslosen Ablauf des Einlasses zu achten.

Menschenschlangen am Einlass können bei Notfällen ein enormes Sicherheitsrisiko darstellen.

Einlassstempel	Logistik	241

Insbesondere bei öffentlichen Veranstaltungen mit ein Vielzahl von Teilnehmern ist der Einlassstempel eine einfache und nützliche Methode der Zugangskontrolle. Jeder Gast erhält einen Stempelaufdruck auf den Handrücken und kann somit die Location [⇒ 457] verlassen und später wieder betreten ohne ein weiteres Mal Eintritt zu zahlen.

Der Einlassstempel kann auch einen werbenden Effekt haben, wenn das Stempelmotiv beispielsweise das Logo [⇒ 458] des Events abbildet. Eine andere Form des Einlassstempels sind Stempelbilder, die nur in einem bestimmten Licht sichtbar sind.

Einleuchten von Scheinwerfern	Logistik	242

Ausrichten und Fokussieren von Scheinwerfern [⇒ 605] auf ausgewählte Positionen. Es beinhaltet Leuchtrichtung, Größe und Form des Lichtkegels, Schärfe und Farbe des abgestrahlten Lichts.

Eintrittskarte	Logistik	243

Die Eintrittskarte gewährt dem Besucher einer Veranstaltung den Zutritt. Sie wird in der Regel am Einlass [⇒ 240] entwertet.

Bei kostenpflichtigen Veranstaltungen ist es wichtig, dass die Eintrittskarte (Ticket) fälschungssicher gestaltet wird. Wenn der Vertrieb der Eintrittskarten über so genannte Vorverkaufsstellen [⇒ 696] abgewickelt werden soll, wird die Eintrittskarte über ein Ticketsystem gebucht und gedruckt. Eine Gestaltung der Eintrittskarte ist somit nur bedingt möglich.

Bei Marketing-Events [⇒ 258] ist die Eintrittskarte ein erster Kontakt zwischen dem Besucher und dem Event. Deshalb sollte die Karte bereits hier kreativ gestaltet werden, wenn möglich im Corporate Design [⇒ 178] der Veranstaltung. Die Eintrittskarte soll beim Besucher die Erwartungen und die Neugier für das Event wecken.

Die Eintrittskarte ist ein idealer Werbeträger [⇒ 700]. So können hier schon Sponsoren [⇒ 626] mit eingebunden werden. Auch ein eventueller Medienpartner [⇒ 482] kann auf der Eintrittskarte mit Logo [⇒ 458] abgebildet werden.

Einweggeschirr	Logistik	244

Insbesondere bei öffentlichen Veranstaltungen [⇒ 676] wie Volksfesten [⇒ 693] oder Konzerten [⇒ 414] wird die Speiseausgabe mit Einweggeschirr aus Plastik oder Pappe vorgenommen. Bei der Verwendung von Einweggeschirr ist jedoch eine ordnungsgemäße Abfallentsorgung [⇒ 006] zu koordinieren.

Um sich den Entsorgungsaufwand einzusparen, kann die Speisen- und Getränkeausgabe auch mit Porzellan-Geschirr und Glas (evtl. Pfandsystem [⇒ 530]) oder Hartplastik-Geschirr (Mehrweg) realisiert werden.

Einzelkosten	Verwaltung	245

Einzelkosten (auch direkte Kosten genannt) sind die Kosten, die unmittelbar einem Projekt (Kostenträger) zugerechnet werden können. Als Gegenstück hierzu sind die Gemeinkosten [⇒ 324] anzusehen.

Einzugsgebiet	Strategie	246

Mit Einzugsgebiet werden Gebiete bezeichnet, von denen aus sich Menschen zu einem bestimmten Ort hinbewegen können. Das Einzugsgebiet ist bei der Auswahl von Locations [⇒ 457] für öffentliche Veranstaltungen von Bedeutung. Um möglichst viele Besucher für ein Event gewinnen zu können, muss die Location innerhalb eines möglichst großen Einzugsgebiets liegen.

Elektronik-Versicherung	Verwaltung	247

Die Elektronik-Versicherung sichert Geräte und Anlagen der stationären und mobilen Veranstaltungstechnik ab, wie Licht, Beschallung und elektronische Bühnentechnik. Die Versicherungssumme soll dem Neuwert der versicherten Gegenstände zuzüglich Bezugskosten entsprechen.

Folgende Ursachen werden abgesichert:
- Raub, Diebstahl, Plünderung
- Bedienungsfehler, Fahrlässigkeit
- Brand, Blitzschlag, Explosion

- Wasser, Feuchtigkeit, Überschwemmung
- Vorsatz Dritter, Sabotage, Vandalismus
- höhere Gewalt
- Konstruktions- und Materialfehler

Nicht versichert sind:

- Vorsatz des Versicherungsnehmers
- Kriegsereignisse jeder Art
- Erdbeben
- betriebsbedingte Abnutzung oder Alterung

Ellipsenspiegelscheinwerfer	Logistik	248

Der Ellipsenspiegelscheinwerfer ist ein Profilscheinwerfer [⇒ 555], bei dem der Strahlengang über einen Aluminiumreflektor in Ellipsenform zum zweiten Brennpunkt geleitet wird.

Empfang	Strategie	249

Ein Empfang ist eine kurze, prägnante Veranstaltung, bei der die Kommunikation zwischen den Gästen im Vordergrund steht. Der Empfang wird meist nur mit Stehtischen ausgestattet, und das Catering [⇒ 161] reicht Canapés [⇒ 157] und Fingerfood. Empfänge werden häufig in Rahmen von Kongressen [⇒ 404] und Messen [⇒ 486] (Get-together-Veranstaltungen [⇒ 332]) sowie bei firmeninternen Feierlichkeiten (z. B. Mitarbeiterjubiläum) veranstaltet.

Entladungslampe	Logistik	250

Seit etwa 1936 werden in der Lichttechnik auch Gasentladungslampen eingesetzt.
Der Glaskolben der Entladungslampe ist mit einem Gas (vorwiegend Quecksilber) gefüllt. Um in den strahlenden Plasmazustand versetzt zu werden, muss die Entladung zwischen den beiden Polen (Anode und Kathode) ionisiert werden. Mittels eines Zündgerätes wird die notwendige, hohe Spannung erzeugt.

Die Vorteile einer Entladungslampe gegenüber thermischen Strahlern (herkömmliche Glühlampe) sind:

- wesentlich höhere Lichtausbeute
- höhere Leuchtdichte
- hohe Farbtemperatur
- geringere Empfindlichkeit gegen Erschütterungen

Gebräuchliche Vertreter sind:

- Neonlampen (hauptsächlich für Reklameschriftzüge)
- Leuchtstofflampen (weit verbreitet in öffentlichen Gebäuden, Büros aber auch in der Wohnraumbeleuchtung)
- Metalldampf-Niederdrucklampen (Anwendung als Straßenbeleuchtung)

Equalizer	Logistik	251

Der Equalizer, auch EQ genannt, ist ein Gerät, mit dem sich bestimmte Frequenzbänder innerhalb eines Audiospektrums gezielt verstärken oder vermindern lassen. Er wird zur Tongestaltung (Sound Design) und zur Entzerrung von Tonfrequenzen verwendet. Der Equalizer setzt sich aus mehreren Filtern zusammen, mit denen das Eingangssignal bearbeitet werden kann. Unterschieden wird zwischen dem grafischen Equalizer [⇒ 342] und dem parametrischen Equalizer.

Erfolgskontrolle	Strategie	252

Bei der Erfolgskontrolle wird untersucht, ob die Wirkung einer bestimmten Marketingmaßnahme aus der Sicht des Unternehmens auch wirklich eingetreten ist. Hierbei wird das realisierbare Ergebnis an den entsprechenden Planwerten überprüft.

Bei Erfolgskontrollen für Veranstaltungen wird zwischen den qualitativen und quantitativen Erfolgskriterien unterschieden.

Bei der qualitativen Erfolgskontrolle wird der Erlebnisfaktor, die Gästezufriedenheit und die Image- bzw. der Bekanntheitsgrad untersucht.

Bei der quantitativen Erfolgskontrolle werden die Finanzdaten, die Besucherzahlen und die Kontaktzahlen ermittelt.

Etat	Verwaltung	253

Das Budget [⇒ 143], das ein Unternehmen für Werbeausgaben innerhalb eines Jahres bereitstellt, wird Etat genannt. Oftmals werden auch für die einzelnen Kommunikationsinstrumente [⇒ 399] separate Etats kalkuliert.

Ethernet	Logistik	254

Ethernet ist ein weit verbreitetes, lokales Netzwerk, das auf dem amerikanischen IEEE802.3-Standard für Kollisionsnetzwerke basiert. Es wurde 1976 von der Firma Xerox ursprünglich für die Verbindung von Minicomputern entwickelt.

Das erweiterte Fast-Ethernet wird von den meisten Herstellern zur Kommunikation der Lichtstellanlagen untereinander und teilweise auch zur Anbindung von Dimmersystemen und Peripheriegeräten (Bildschirme und Drucker) verwendet. Dieses Datenübertragungsprotokoll wird in der DIN 56930 [⇒ 213] beschrieben.

EVA	Strategie	255

EVA (Event Award) ist ein Branchenpreis, der seit 1997 jährlich vom FME Forum Marketing-Eventagenturen [⇒ 289] für herausragende Marketing-Events und Maßnahmen der Live-Kommunikation vergeben wird. Bewertet und prämiert werden von der Jury die Konzeption und deren Innovationskraft, die Umsetzung, die Zielerreichung und Effizienz sowie die Integration der Maßnahme in die gesamte Unternehmenskommunikation.

| Eventagentur | Strategie | 256 |

Da es keine einheitliche Ausbildung im Eventmanagement gibt und keine fachlichen Voraussetzungen für die Gründung einer Eventagentur bestehen, gibt es eine Vielzahl von Agenturen mit verschiedenen Ausrichtungen, Erfahrungen und Tätigkeitsfeldern. Sie alle verbindet, dass sie für die Realisierung von Veranstaltungen zuständig sind.

Einige Eventagenturen haben sich auf Marketing-Events [⇒ 258] spezialisiert, andere veranstalten eher Kultur-Events. Eine weitere Unterscheidung ist der regionale Tätigkeitsschwerpunkt der jeweiligen Agentur. So gibt es Agenturen, die ihre Leistungen nur in einer Stadt ausführen, aber auch große Networkagenturen, die weltweit tätig sind.

Weiterhin kann es Unterschiede in der Leistungspalette geben. So konzentrieren sich die einen auf Teilleistungen, währenddessen andere den Fullservice [⇒ 308] anbieten. Die Berechnung von Agenturleistungen [⇒ 030] ist nicht einheitlich geregelt.

Seit 1997 versucht das FME [⇒ 289] einheitliche Richtlinien für Marketing-Eventagenturen durchzusetzen.

| Eventkonzept | Strategie | 257 |

Nach dem erfolgten Briefing [⇒ 142] und der Ideenfindung [⇒ 369] erfolgt die Ausarbeitung des Eventkonzeptes. Das Eventkonzept ist die schriftliche Ausgangslage für die spätere Realisierung des Events. Es dient neben der Präsentation [⇒ 531] gegenüber dem Auftraggeber auch als Planungs-, Organisations- und Kontrollhilfe für den Eventmanager.

Je nach Aufgabenstellung differieren die Gliederungen von Eventkonzepten. Folgende Bestandteile gelten jedoch als üblich:

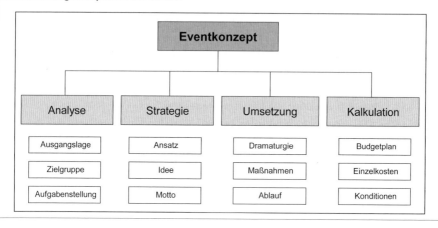

| Eventmarketing | Strategie | 258 |

Eventmarketing ist die zielgerichtete erlebnisorientierte Kommunikation und Präsentation eines Produktes, einer Dienstleistung und/oder eines Unternehmens. Marketing-Events sind Veranstaltungen [⇒ 676], die zum Dialog bestimmter Zielgruppen [⇒ 708] führen sollen, indem sie emotionale und physische Reize auslösen und Aktivierungsprozesse initiieren. Seitdem Marketing-Events immer häufiger von Unternehmen als strategische Kommunikationsmaßnahme eingesetzt werden, entwickelt sich das Eventmarketing zum festen Bestandteil des Kommunikationsmix [⇒ 400].

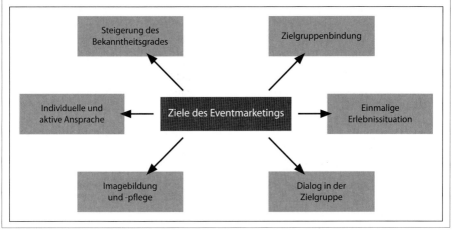

| Exhibition-Events | Strategie | 259 |

Als Exhibition-Events werden Messe-Veranstaltungen, Unternehmensauftritte auf Messen [⇒ 486] und in ihrem Umfeld bezeichnet. Sie richten sich an Fachbesucher und Endverbraucher. Exhibition-Events nehmen eine immer größere Stellung im Eventmarketing [⇒ 258] ein.

| External Relations | Strategie | 260 |

Als External Relations wird die Beziehungspflege eines Unternehmens zu externen Dialoggruppen beschrieben. Hierzu kann die breite Öffentlichkeit zählen, der Arbeitsmarkt, der Absatz- und Beschaffungsmarkt, öffentliche Institutionen und externe Kapitalgeber. Als Multiplikator für die Beziehungspflege werden meist die Medien eingesetzt.

Extranet	Strategie	261
Als Extranet werden Internetangebote beschrieben, die ausschließlich für eine geschlossene Benutzergruppe zugänglich sind. Die Mitglieder dieser Gruppe erhalten einen personalisierten Zugangscode, mit dem sie sich über das Internet Zugang verschaffen können. Das Extranet kann für virtuelle Messen und Events genutzt werden oder als zusätzlicher Informationskanal für das Pre-Event und After-Event.		

Eyecatcher	Strategie	262
Der Eyecatcher (engl. für Blickfang) ist Bestandteil einer Anzeige, eines Mailings [⇒ 460], eines Plakates oder einer Internetseite, welcher die Aufmerksamkeit des Konsumenten gezielt auf sich lenkt. Eyecatcher können beispielsweise Bilder und Überschriften sein.		

F

| Fachkraft für Veranstaltungstechnik | Logistik | 263 |

Der Ausbildungsberuf Fachkraft für Veranstaltungstechnik ist seit 1998 staatlich anerkannt. Die Ausbildung dauert drei Jahre und findet in einem Ausbildungsbetrieb sowie in der Berufsschule statt.

Fachkräfte für Veranstaltungstechnik realisieren technische, organisatorische und gestalterische Dienstleistungen, z. B. bei Bühnen- und Open-Air-Veranstaltungen [⇒ 515], Film- und Fernsehproduktionen, Kongressen [⇒ 404], Konzerten [⇒ 414], Messen [⇒ 486], Produktpräsentationen [⇒ 554], Shows, Tagungen [⇒ 648], Theateraufführungen.

Zu den Tätigkeiten der Fachkraft für Veranstaltungstechnik gehören insbesondere:
- die Berücksichtigung von technischen Regelwerken und Normen, Regelungen der Versammlungsstättenverordnung sowie Vorschriften des Datenschutzes, Urheber- und Persönlichkeitsschutzes
- die Beurteilung der Sicherheit und Infrastruktur von Veranstaltungsstätten
- die Analyse von Kundenanforderungen und die Kundenberatung
- das Planen und Organisieren von veranstaltungstechnischen Abläufen
- das Sichern, Transportieren und Lagern von Geräten und Anlagen der Veranstaltungstechnik
- die Bereitstellung von veranstaltungstechnischen Geräten und Anlagen
- die Bereitstellung und die Überprüfung der Energieversorgung
- das Aufbauen von Podesten, Gerüsten und Traversen [⇒ 666] auf Rigging sowie das Montieren von Ausstattungsteilen
- das Bedienen von bühnen- und szenentechnischen Einrichtungen

| Face-to-Face-Kommunikation | Strategie | 264 |

Im Gegensatz zur Massenkommunikation [⇒ 475] setzt die Face-to-Face-Kommunikation die persönliche Kommunikation mit dem Kunden in den Vordergrund. Der Vorteil hierbei ist, dass dabei direkt auf die Signale des Gegenübers eingegangen werden kann. So entstehen laufend Rückkopplungen (Feedbacks) zwischen den Kommunikationspartnern in Form von Rückfragen und Gesprächen. Diese unmittelbaren Verständigungsmöglichkeiten bieten eine hohe Flexibilität.

| FAMAB | Strategie | 265 |

Die FAMAB (Fachverband Konzeption und Dienstleistung Design Exhibition Event e. V.) ist ein als Standes- und Interessenvertretung bestehender Zusammenschluss von Fachunternehmen rund um Messen [⇒ 486] und Marketing-Events. Der Verband existiert seit 1963 und vertritt die Interessen strategisch ausgerichteter Agenturen und Dienstleister. Neben der FAMAB agieren die FDA (Forum Design und Architektur), die FME [⇒ 289] und der LECA (Leading Event Caterer Association).

Farbfilter	Logistik	266

Als Farbfilter werden Folien oder Glasscheiben bezeichnet, die je nach materieller Beschaffenheit das ursprüngliche Licht in seiner Farbe verändern. Kunststofffolie und Farbglas absorbieren das nicht durchgelassene Licht. Der dichroitische Filter [⇒ 207] filtert bestimmte Lichtfarben und reflektiert je nach Beschichtung das Restlicht.

Farbrad	Logistik	267

Ein Farbrad ist ein Farbwechsler [⇒ 271]. Es hat verschiedenfarbige, runde Öffnungen und wird vor einen Scheinwerfer [⇒ 605] gestellt oder in das Farbmagazin eines Scheinwerfers eingeschoben. Das Farbrad ist der Vorläufer des Rollenfarbwechslers (Farbscroller [⇒ 269]).

Farbrahmen	Logistik	268

Der Farbrahmen ist aus Metall oder hitzebeständigem Karton und dient zur Aufnahme von Farbfolien (Farbfolienrahmen) oder Farbscheiben (Farbscheibenrahmen). Anwendungsbereich, Anforderungen, sicherheitstechnische Festlegungen usw. sind in DIN 15560-38 [⇒ 213] festgehalten.

Farbscroller	Logistik	269

Der Begriff „to scroll" kommt aus dem Englischen und steht für „rollen". Der Farbscroller ist ein Farbwechsler [⇒ 271], der die Farben auf Rollen transportiert. Die Farben werden wie bei einer Filmrolle aneinander geklebt aufgespult. Durch einen aufgeklebten Marker werden einer Lichtschranke Anfang und Ende der Farbe angezeigt.

Farbtemperatur	Logistik	270

Die Farbtemperatur wird in Grad Kelvin angegeben und bezeichnet die Betriebstemperatur des Glühwendels eines Strahlers. Sie ist die Größe, mit welcher der Farbeindruck von Leuchtmitteln beschrieben wird. Licht mit einer hohen Farbtemperatur wirkt bläulich, Licht mit geringer Farbtemperatur gelblich.

Es gibt zwei Eckdaten für die Bestimmung einer Lichtquelle: 3200 Kelvin wird als Kunstlicht bezeichnet; 5600 Kelvin wird als Tageslicht bezeichnet.

Farbwechsler	Logistik	271

Farbwechsler sind Vorrichtungen für manuelle oder elektrische Farbwechsel bei Scheinwerfern [⇒ 605]. Hierzu zählen das Farbrad [⇒ 267] und der Farbscroller [⇒ 269].

Fehlerstrom-Schutz-Schalter	Logistik	272

Der Fehlerstrom-Schutz-Schalter (kurz: FI-Schalter) ist eine Schutzmaßnahme nach VDE (Verband der Elektrotechnik, Elektronik, Informationstechnik e. V.). Er verhindert durch die Abschaltung des betreffenden Stromkreises, dass im Fehlerfall (z. B. Gerätedefekt) ein für den Menschen gefährlicher Strom fließt. Er spricht dann an, wenn die Summe der Ströme von den Phasen und dem Nullleiter nicht null ist.

Die neue Fachbezeichnung des FI-Schalters lautet Residual Current protective Device (RCD).

Festival	Strategie	273

Als Festival werden Veranstaltungen bezeichnet, bei denen mehrere Künstler auftreten. Häufig finden Festivals über mehrere Tage und gleichzeitig auf mehreren Bühnen statt. Außer dem eigentlichen Festival wird den Besuchern meist ein umfangreiches Rahmenprogramm geboten.

Es wird zwischen
- Musik-Festival,
- Film-Festival,
- Kunstfestival und
- Straßen-Festival

unterschieden.

Feuerwehrzufahrt	Logistik	274

Die Zufahrt muss so freigehalten werden, dass der Einsatz von öffentlichen Brandbekämpfungs- und Rettungsgeräten ohne Schwierigkeiten möglich ist. Der Veranstalter hat in Verbindung mit dem Hausmeister oder Hallenwart dafür Sorge zu tragen, dass durch geeignete Maßnahmen sichergestellt wird, dass Angriffswege für Feuerlösch- und Rettungsfahrzeuge ständig freigehalten werden. Die erforderlichen Flächen sind in Plänen eingetragen, die beim Hausmeister/Hallenwart hinterlegt sind.

Film- und Videoeditor	Logistik	275

Das Arbeitsspektrum des Film- und Videoeditors reicht von der journalistischen Berichterstattung über Magazinsendungen, Shows, Sportsendungen, Dokumentationen, Werbefilme und Synchronisationen bis hin zum Fernsehspiel und Kinofilm.

Zu seinen Aufgaben gehören insbesondere:
- das Auswerten von Exposés, Treatments, Drehbüchern und Storyboards nach dramaturgischen und gestalterischen Gesichtspunkten
- das Ordnen, Prüfen und Bearbeiten des angelieferten Bild-, Ton-, Animations- und Manuskriptmaterials
- die Gestaltung von Bild- und Tonmontagen

- die Vorbereitung und Durchführung des Filmbildschnitts
- die Vorbereitung des Bild- und Tonmaterials zur Synchronisation

Der Ausbildungsberuf Film- und Videoeditor ist seit 1996 staatlich anerkannt. Die Ausbildung dauert drei Jahre.

Financial Relations	Strategie	276

Als Financial Relations (bei börsennotierten Unternehmen: Investor Relations) wird die PR-Arbeit [⇒ 570] eines Unternehmens bezeichnet, die auf die Dialoggruppe der Kapitalanleger abzielt. Zu der Dialoggruppe gehören Aktionäre bzw. Obligationäre, Finanzjournalisten und -analysten.

Die Maßnahmen der Financial Relations [⇒ 276] reichen von Geschäftsberichten, Ad-hoc-Mitteilungen über Presse- und Analystenkonferenzen bis hin zu Investoren-Roadshows [⇒ 593].

Finanzierung	Verwaltung	277

Finanzierung beschäftigt sich mit der Mittelbeschaffung für eine Eventmaßnahme. Insbesondere in Zeiten der Reduzierung von Werbe-Etats [⇒ 253] hat die Finanzierungsfrage bei Veranstaltern einen hohen Stellenwert. Grundsätzlich sind folgende Finanzierungsarten für Eventmaßnahmen zu unterscheiden:

- Eigenfinanzierung [⇒ 238]
- Fremdfinanzierung [⇒ 301]
- Selbstfinanzierung [⇒ 601]
- Sponsorenfinanzierung [⇒ 626]

In der Praxis wird meist eine Kombination der Finanzierungsarten (Finanzierungs-Mix) gebündelt.

Flächenleuchte	Logistik	278

Die Flächenleuchte ist ein wannenähnlicher Scheinwerfertyp [⇒ 605], der über einen großen Raumwinkel verfügt. Sie besteht aus Fluter [⇒ 286] oder Strahler mit einfachem Scheinwerfergehäuse und Rinnenreflektor. Als Lichtquelle wird meist eine Halogenlampe eingesetzt (Halogenstab). Die Flächenleuchte (oft auch Flutlicht genannt) wird zur großflächigen Beleuchtung verwendet.

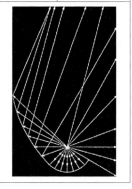

| Flatscreen (TFT-Monitor) | Logistik | 279 |

Der TFT-Monitor ist ein kompakt aufgebauter, flacher LCD-Farbmonitor mit Flüssigkristalldisplay, der im Betrieb nur sehr geringen Platz beansprucht und daher immer häufiger zum Einsatz kommt.

| Flickern | Logistik | 280 |

Flickern entsteht durch die Netzfrequenz bei einer elektrischen Bogenentladung mit Wechselspannung. Innerhalb einer Sekunde verlöscht und zündet die Lampe 100- bis 120-mal. Für das menschliche Auge ist dieser Effekt kaum wahrnehmbar. Für Film- und Videoaufnahmen ist der Effekt jedoch sehr störend. Mit elektronischen Vorschaltgeräten kann hier Abhilfe geschaffen werden.

| Fliegen | Logistik | 281 |

Als Fliegen bezeichnet man das Aufhängen von Lautsprecherboxen und Beleuchtungskörpern an der Raumdecke und Traversen [⇒ 666]. Das Anbringen der Geräte wird von Riggern [⇒ 590] übernommen.

| Fliegende Bauten | Logistik | 282 |

Fliegende Bauten sind bauliche Anlagen, die dazu geeignet und bestimmt sind, wiederholt an wechselnden Standorten aufgestellt zu werden. Dies sind z. B. Fahrgeschäfte, Zelte, Tribünen, Bühnen, mobile Konzertbühnen. Wesentliches Merkmal eines Fliegenden Baus ist das Fehlen einer festen Gebundenheit der Anlage an ein Grundstück.
Fliegende Bauten unterliegen dem Baurecht [⇒ 092].

| Floppi Flag | Logistik | 283 |

Als Floppi Flag wird eine schwarze, auf doppelte Fläche aufklappbare Abdeckfahne aus Gewebe bezeichnet. Sie dient zum Abdecken von Streulicht.

| Fluchtweg | Logistik | 284 |

Der Fluchtweg ist ein besonders ausgewiesener Weg, der Eventgäste/-teilnehmer am schnellsten zur nächstmöglichen öffentlichen Verkehrsfläche führt. Die Kennzeichnung ist oft mit der Notbeleuchtung gekoppelt. Fluchtwege dürfen nicht (auch nicht vorübergehend) durch Hindernisse versperrt sein und längstens 30 m bis zum Notausgang verlaufen. Der Fluchtweg muss so bemessen sein, dass die Teilnehmer im Falle einer Gefahr die Veranstaltung möglichst schnell verlassen können. Die Mindestbreite eines Fluchtweges bei Veranstaltungen beträgt 1,20 m, variiert jedoch nach Veranstaltungsgröße.

Als Notausgang kann sowohl ein Extra-Notausgang, aber auch der normale Ausgang dienen. Die sicherheitstechnischen Vorschriften der landesspezifischen Versammlungsstättenverordnungen [⇒ 687] sind unbedingt zu beachten.

Fluoreszenzlicht	Logistik	285
Fluoreszenzlicht entsteht bei bestimmten Stoffen, die bei der Bestrahlung durch Licht-, Röntgen- oder Kathodenstrahlen selbst leuchten. Wie bei der Phosphoreszenz sind die Kristallphosphore die Träger für die Wellenbestrahlung.		

Fluter	Logistik	286
Der Fluter ist die einfachste Ausführung eines Scheinwerfers [⇒ 605]. Er wird oftmals auch Strahler genannt. Meistens besteht der Fluter aus einem Rinnenspiegel in Kombination mit einem Halogenbrennstab. Er ist ein sehr breit strahlender Scheinwerfer zum Ausleuchten von großen Flächen.		

Fluxlight	Logistik	287
Das Fluxlight ist ein mit 56 kHz betriebenes Leuchtstoffröhrensystem mit hohem Wirkungsgrad. Es besteht aus sechs Lampen, die bis auf 10 % der Lampenspannung regelbar sind. Das Fluxlight ist flickerfrei.		

Flyer	Strategie	288
Flyer sind kleinere, lose Werbeprospekte bzw. Flugblätter, die per Post oder als Handout [⇒ 350] (persönliche Handverteilung) verteilt werden. Sie geben kurz und prägnant das Wesentliche wieder, können ortsunabhängig gelesen werden und sind preiswert in der Produktion.		

FME	Strategie	289
FME, Forum Marketing-Eventagenturen, ist der Fachverband für Agenturen, die im Bereich der Live-Kommunikation tätig sind. Der Verband wurde 1997 gegründet und sieht die Qualitätskontrolle und die Transparenz innerhalb der Eventbranche als seine Aufgabe. Er ist der FAMAB [⇒ 265] angegliedert. Das Forum Marketing-Eventagenturen vergibt jährlich den Branchenpreis EVA [⇒ 255].		

FOH (Front of House)	Logistik	290
Als Front of House wird der Regieplatz bei Live-Veranstaltungen genannt. Der Regieplatz befindet sich bei den Ton- und Mischpulten im Publikum.		

Fokussieren	Logistik	291
Fokussieren bedeutet das Einleuchten der Scheinwerfer [⇒ 605] in eine bestimmte Richtung und die Bestimmung des Lichtaustritts.		

Folder	Logistik	292
Als Folder werden Prospekte bezeichnet, die gefalzt sind. Der klassische Sechsseiter für Programme, Broschüren und Produktbeileger ist der Folder im Format DIN lang [⇒ 213]. Dieser Folder ist im Format DIN A4 gedruckt und 2-mal gefalzt.		

Follow-up	Strategie	293
Follow-up ist die Marketingbezeichnung für eine Nachfassaktion. Sie beinhaltet sämtliche Aktivitäten, die einer ersten Ansprache in logischen, konsequenten Schritten folgen, wie z. B. nachträgliche Dankesschreiben an Eventteilnehmer.		

Fotoaufnahme	Logistik	294
Für Events werden meist professionelle Fotografen engagiert, um die Ereignisse festzuhalten. Die Fotos werden z. B. für nachträgliche Öffentlichkeitsarbeit [⇒ 570] oder für Nachfassaktionen [⇒ 504] bei den Teilnehmern verwendet. Bei der Beauftragung eines Fotografen ist insbesondere das Urheberrecht [⇒ 673] bzw. das Verwertungsrecht der Bilder zu vereinbaren.		

Foyer	Logistik	295
Das Foyer ist eine dem Tagungsraum zugeordnete oder in der Nähe befindliche Fläche für den Aufenthalt von Teilnehmern. Meist befindet sich hier auch der Counter [⇒ 182]. Das Foyer sollte mit Sitzgelegenheiten und Pausentischen ausgestattet sein.		

Fragenkaskade	Kreativität	296
Die Fragenkaskade ist eine Kreativitätsmethode [⇒ 420], bei der die tief greifende Analyse einer Problemstellung im Mittelpunkt steht. Die Teilnehmer hinterfragen eine Problemstellung so lange nach dem Warum, bis sie zu der eigentlichen Ursache durchdringen. Die Philosophie der Fragenkaskade ist es, sich nicht mit der erstbesten Antwort zufrieden zu geben. Die Fragenkaskade entstand aus der Beobachtung von Kleinkindern. Kinder fragen in ihrer Entwicklungsphase stetig nach dem Warum und bilden somit ihren Wissensschatz.		

Franchising	Strategie	297
Unter Franchising versteht man eine durch Vertrag geregelte Zusammenarbeit zwischen rechtlich selbstständigen Unternehmen, die als Franchise-Nehmer respektive Franchise-Geber bezeichnet werden und gemeinsam einen eigenen Markennamen verwenden. Der Franchise-Geber stellt dem Franchise-Nehmer seinen Markennamen, sein Geschäftsmodell und sein Know-how zur Verfügung. Im Gegenzug honoriert der Franchise-Nehmer den Franchise-Geber mit Einmalzahlungen und Umsatz- bzw. Ergebnisbeteiligung.		

Das Franchising-Modell stammt aus den USA, wo viele Unternehmen ab den Dreißigerjahren des letzten Jahrhunderts so eine schnelle Expansion realisieren konnten. Musterbeispiel für ein Franchise-Unternehmen ist der Fast-Food-Riese McDonalds.

Freebies	Strategie	298

Freebies sind Werbemittel, die an Kunden und Interessenten gratis abgegeben werden. Dazu zählen Werbegeschenke [⇒ 698], Kundenzeitschriften und vieles mehr.

Freelancer	Logistik	299

Als Freelancer werden freischaffende Eventmanager, Veranstaltungstechniker, Journalisten, Werbetexter, Grafiker oder sonstige Spezialisten bezeichnet. Freelancer sind selbstständig und arbeiten projektweise für verschiedene Unternehmen, Verlage und Agenturen. In der Eventbranche ist die Buchung von Freelancern für einzelne Veranstaltungsproduktionen üblich.

Der Begriff hat eine lange Tradition. Freelancer waren im Mittelalter die „freien Lanzenträger", die von Krieg zu Krieg zogen und den Burgherren ihre Kampfeskunst anboten.

Free-ride-Offer	Strategie	300

Ein Free-ride-Offer ist ein Angebot, das als Beilage einer Warensendung oder Rechnung [⇒ 580] an den Kunden mitgesandt wird. Solche Angebote werden überdurchschnittlich beachtet. Da dieser Angebotsversand keine zusätzlichen Portokosten verursacht, spricht man von „gratis mitreiten" (free-ride).

Fremdfinanzierung	Verwaltung	301

Je nach Zielsetzung und Komplexität der Maßnahme können Events auch aus Fremdmitteln finanziert werden. Hierfür wird mit einer Bank die Projektfinanzierung [⇒ 277] über eine Kreditvergabe vereinbart. Um ein Projekt aus Fremdmitteln zu finanzieren, benötigt der Kreditgeber ausführliche Unterlagen wie Eventkonzept [⇒ 257], Verträge [⇒ 690], Lieferantenvereinbarungen, Kostenaufstellungen, Rentabilitätsplanungen und Liquiditätsplanungen [⇒ 453].

Eine Fremdfinanzierung ist nur bei Veranstaltungen mit hohen finanziellen Erfolgschancen möglich. Für eine Finanzierung über die Bank sind eine einwandfreie Bonität und ausreichende Sicherheiten des Veranstalters Voraussetzung.

Fresnellinse (Stufenlinse)	Logistik	302

Die Fresnellinse, auch Stufenlinse genannt, ist eine spezielle Sammellinse mit stufenförmigen konzentrischen Ringen an der Oberfläche. Der Lichtaustritt ist diffus, da der Linsenkörper aufgeraut ist. Sie wurde nach dem französischen Ingenieur und Physiker Augustin Jean Fresnel benannt.

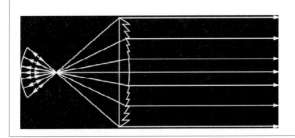

Fresnel-Scheinwerfer	Logistik	303

Der Fresnel-Scheinwerfer (Linsenscheinwerfer) ist mit einer Stufenlinse (Fresnellinse [⇒ 302]) ausgestattet. Der Fresnel-Scheinwerfer strahlt ein weich gezeichnetes Licht aus und hat eine sehr gleichmäßige Ausleuchtung.

Frost	Logistik	304

Als Frost wird eine geätzte Glasscheibe oder matte Kunststofffolie bezeichnet, die das Licht aus seiner Ursprungsrichtung ablenkt und streut.

Frostrahmen	Logistik	305

Der Frostrahmen ist ein in verschiedenen Größen verstellbarer Rahmen, der zum Bespannen von Scheinwerfern [⇒ 605] mit unterschiedlichen Farbfolien dient.

Führungslicht	Logistik	306

Das Führungslicht (auch Schlüssellicht (Keylight) oder Hauptlicht genannt) ist die bestimmende Lichtquelle innerhalb der Auslichtungsanordnung. Es beleuchtet die Bühne/Szene am stärksten. Die Festsetzung des Führungslichts ist der entscheidende Schritt bei der Bühnenausleuchtung [⇒ 225].

Fülllicht	Logistik	307
Das Füllicht (auch Fill-in genannt) ist dem Führungslicht [⇒ 306] untergeordnet und hellt dessen Schatten auf.		

Fullservice-Agentur	Strategie	308
Fullservice beschreibt die Übernahme des gesamten Angebotsspektrums aus einer Hand. Fullservice-Agenturen übernehmen für ihre Kunden die gesamte Abwicklung einer Marketing- oder Eventmaßnahme, von der Planung und Konzeption einer Aktion über die Produktion, Abwicklung und Auswertung bis zur Erfolgsanalyse.		

Fundraising	Strategie	309
Als Fundraising werden Maßnahmen bezeichnet, die auf die Beschaffung von finanziellen Mitteln für Non-Profit-Organisationen (NPOs) abzielen. Hierzu zählt beispielsweise die Akquise von Spendeneinnahmen, Sponsorengeldern [⇒ 626] und zahlenden Mitgliedern. Im Tätigkeitsfeld des Fundraisings haben sich in den letzten Jahren einige Unternehmen gegründet, die NPOs beraten und unterstützen. Als Maßnahme des Fundraisings werden oftmals auch Charity-Galas veranstaltet, um Spendeneinnahmen und öffentliche Aufmerksamkeit zu erzielen.		

Funkgerät	Logistik	310
Funkgeräte (Walkie-Talkies) dienen der Kommunikation innerhalb der Crew [⇒ 184] während der Veranstaltung. Es darf nur in bestimmten Frequenzbereichen gearbeitet werden. Die Funkfrequenzen müssen in Europa angemeldet sein.		

Fußrampe	Logistik	311
Fußrampe wird die Lichtposition an der Vorderseite der Theaterrampe genannt. Meist ist sie in Form aneinander gereihter Glühlampen oder Leuchtstofflampen in mehreren Farbtönen ausgelegt.		

FX-Gerät	Logistik	312
FX-Gerät ist der umgangssprachliche Ausdruck für ein Effektgerät [⇒ 235]. Zu der Gruppe der Effektgeräte gehören beispielsweise Digitalprozessoren (Hall, Echo, Delay und Flanger).		

G

| Gaffers Tape | Logistik | 313 |

Gaffers Tape (umgangssprachlich: Gaffa Tape) ist ein breites Gewebeklebeband, das auch als Bühnenklebeband bezeichnet und in der Praxis oft verwendet wird. Es hat eine hohe Klebkraft, kann in Längsrichtung große Kräfte aufnehmen, ist aber in Querrichtung leicht abreißbar und hinterlässt kaum Rückstände. Seinen Namen hat es aus dem Filmgeschäft und wurde nach der Tätigkeit der Beleuchter (engl.: Gaffer) benannt.

| Gage | Verwaltung | 314 |

Als Gage wird das Honorar eines Künstlers [⇒ 425] bzw. Darstellers bezeichnet. Die Höhe der Gage wird im Künstlervertrag vereinbart und richtet sich nach der Bekanntheit des Künstlers, Veranstaltungsart, -ort und -zeitpunkt. Jede Gage wird individuell vereinbart. Zusätzlich zur Gage können für den Veranstalter noch Kosten für die Künstlersozialversicherung [⇒ 428] hinzukommen.

| Gala | Strategie | 315 |

Eine festliche Vorstellung mit einem besonderen Anlass nennt man Gala. Anlässe können z. B. Staatsbesuche sein (Galadiner), Spendenaufrufe (Spendengala) oder nicht alltägliche Theater- und Opernaufführungen (Galavorführung).

| Garderobe | Logistik | 316 |

Der Begriff Garderobe hat in der Veranstaltungsorganisation zwei unterschiedliche Bedeutungen.

Die Garderobe ist zum einen der Ort, an dem die Gäste ihre Mäntel und Jacken für die Dauer der Veranstaltung hinterlegen können. Auch das Handling der Garderobe ist ein wichtiges Element, um einen reibungslosen Ablauf der Veranstaltung zu gewährleisten. Die Abgabe der Jacken und Mäntel muss so koordiniert werden, dass es zu keinen großen Menschenschlangen kommt – vor und nach der Veranstaltung. Die Betreuung der Gäste-Garderobe wird von Hostessen [⇒ 364] übernommen.

Die andere Bedeutung des Garderoben-Begriffes bezieht sich auf den Backstage-Bereich [⇒ 081] und meint den Aufenthaltsort für Künstler und Darsteller vor und nach der Veranstaltung. In der Garderobe bereitet sich der Künstler auf seinen Auftritt vor, wird von der Garderobiere [⇒ 317] eingekleidet und nimmt Speisen und Getränke zu sich. Bei der Einrichtung und Bestückung der Künstlergarderobe durch den Veranstalter ist auf alle Angaben des Riders [⇒ 589] zu achten. Hier werden neben Mobiliar- und Dekorationswünschen auch die Cateringanforderungen des Künstlers aufgelistet.

Garderobiere	Logistik	317

Eine Garderobiere (Ankleiderin) ist für die Kostüme eines Künstlers [⇒ 425] verantwortlich. Sie sorgt dafür, dass der Künstler während der laufenden Vorstellung (teilweise in Sekundenschnelle) umgezogen wird. Die Garderobiere ist auch für die Pflege der Kostüme zuständig und bessert kleinere Schäden selbst aus. Bei größeren Schäden gibt sie die Kostüme rechtzeitig in die Schneiderei.

Gastspielprüfbuch	Verwaltung	318

Das Gastspielprüfbuch ist ein baurechtlicher Nachweis (§ 45 MVStättV) [⇒ 503] für Veranstalter von wiederkehrenden Gastspielen mit eigenem, gleich bleibendem Szenenaufbau.

Das Gastspielprüfbuch dient dem Nachweis der baurechtlichen Sicherheit der Gastspielveranstaltung in dem jeweils eingetragenen Umfang. Die Veranstalterin oder der Veranstalter ist durch das Gastspielprüfbuch von der Verpflichtung entbunden, an jedem folgenden Gastspielort eine technische Probe (§ 40 Abs. 6) durchführen zu lassen, soweit die baurechtliche Sicherheit durch das Gastspielprüfbuch nachgewiesen ist. Die Geltungsdauer ist auf die Dauer der Tournee beschränkt.

Gatekeeper	Strategie	319

Gatekeeper ist ein umgangssprachlicher Begriff aus der Public Relations [⇒ 570] und bezeichnet den Personenkreis in Redaktionen, der einen immensen Einfluss auf die Nachrichtenauswahl hat. Gatekeeper entscheiden in Redaktionen, welche Pressemitteilungen zur Verarbeitung an die Redakteure weitergeleitet und welche aussortiert werden. Für PR-Agenturen und Unternehmen gilt es, diese Gatekeeper (auch Schleusenwärter genannt) zu überzeugen, ihre Pressemitteilungen zu veröffentlichen bzw. zu verarbeiten.

Gegendarstellung	Strategie	320

Das Presserecht sieht vor, dass jeder ein verbrieftes Recht auf Gegendarstellung hat, wenn der Ruf einer Person bzw. einer Organisation in der Berichterstattung geschädigt wurde. Die Gegendarstellung muss im gleichen Rahmen und Umfang veröffentlicht werden wie die zuvor „rufschädigende" Berichterstattung.

Oftmals verzichten die geschädigten Personen jedoch auf das Recht der Gegendarstellung, damit das jeweilige Thema nicht länger in den Medien behandelt wird.

Gegenlicht	Logistik	321

Beim Gegenlicht erfolgt die Beleuchtung vom Bühnenrücken hin zum Zuschauerraum. Das Gegenlicht dient der Trennung von Akteur- und Hintergrundbeleuchtung (siehe Drei-Punkt-Beleuchtung [⇒ 225]).

Geldwerter Vorteil	Verwaltung	322

Ein geldwerter Vorteil ist dann vorhanden, wenn ein Arbeitnehmer einen Arbeitslohn in Form unentgeltlicher oder verbilligter Überlassung von Sachwerten oder ähnlicher Leistungen erhält. Zum Arbeitslohn gehören gemäß § 8 EStG als geldwerte Vorteile auch alle Güter, die in Geldeswert bestehen. Das sind Zuwendungen, die dem Arbeitnehmer nicht in Geld, sondern als Sachbezüge (z. B. Kost, Wohnung, Gestellung von Kraftwagen, unverzinsliche Darlehen), Waren (z. B. Rabatte, Haustrunk, Freitabakwaren, Strom, Wärme) oder Dienstleistungen (z. B. Beratung, Werbung) zufließen.

Als geldwerter Vorteil wird auch die Teilnahme an Betriebsveranstaltungen gewertet, wenn es sich nicht um herkömmliche Betriebsveranstaltungen und/oder bei einer Betriebsveranstaltung um nicht herkömmliche Zuwendungen handelt. Bei einer nicht herkömmlichen Betriebsveranstaltung gehören die gesamten Zuwendungen des Arbeitgebers, mit Ausnahme der Aufwendungen für den äußeren Rahmen, zum Arbeitslohn.

Zu beachten ist auch die Verteilung von Give-aways [⇒ 338] bei Mitarbeiterveranstaltungen, da diese steuerrechtlich unter Umständen auch als geldwerter Vorteil behandelt werden müssen. Give-aways sind ein geldwerter Vorteil, wenn sie zu einer Bereicherung des Arbeitnehmers führen.

Derzeit gelten folgende Regeln für Betriebsveranstaltungen:
- Die Gesamtaufwendungen je Mitarbeiter und Veranstaltung dürfen 110 Euro nicht übersteigen.
- Geschenke an Mitarbeiter sollen nicht mehr als 40 Euro kosten.
- Nehmen auch Angehörige der Mitarbeiter an der Feier teil, so sind deren Kosten dem Mitarbeiter zuzurechnen, die 110-Euro-Grenze wird also nicht vervielfacht.

GEMA	Verwaltung	323

Die GEMA ist die deutsche Gesellschaft für musikalische Aufführungs- und mechanische Vervielfältigungsrechte. Als Treuhänderin verwaltet sie die Nutzungsrechte der Musikschaffenden.

Die GEMA vergibt die zeitlich begrenzten Nutzungsrechte an Musikdarbietungen und leitet die daraus resultierenden Lizenzeinnahmen an die Komponisten, Textdichter und Musikverleger weiter. Jede Musikdarbietung, die öffentlich zugänglich gemacht wird, muss im Vorfeld bei der GEMA angemeldet werden. Die rechtliche Grundlage für die Musikverwertung bildet das Urheberrechtsgesetz [⇒ 673]. Die Vergütung der Musiknutzung bei Veranstaltungen berechnet sich nach:
- Art der Veranstaltung
- Dauer der Veranstaltung
- Anzahl der Teilnehmer
- Art der Musikdarbietung

In unseren deutschsprachigen Partnerländern übernehmen die **AKM, Staatlich genehmigte Gesellschaft der Autoren, Komponisten und Musikverleger reg. Gen. mbH** (Österreich) und die **SUISA, Schweizer Gesellschaft für die Rechte der Urheber Musikalischer Werke** (Schweiz) die Verwertung der Musikrechte.

Gemeinkosten	Logistik	324

Gemeinkosten (auch indirekte Kosten genannt) sind Kosten, die keinem Projekt (keiner Leistung) allein zugeordnet werden können, z. B. die Verwaltungskosten einer Eventagentur. Sie werden deshalb nach einem Schlüssel pauschal umgelegt oder über innerbetriebliche Leistungsverrechnung, z. B. für Serviceleistungen der Querschnittseinheiten und die Kosten der zentralen Steuerungsunterstützung, verteilt. Gegenstück: Einzelkosten [⇒ 245].

Generalprobe	Logistik	325

Die Generalprobe ist die letzte Probe vor der Veranstaltung. Die Generalprobe wird so durchgeführt, als handle es sich schon um die richtige Veranstaltung. Sie dient zur letzten Absprache und Koordination der Darsteller, der Festlegung aller Beleuchtungspositionen [⇒ 103] und Toneinstellungen sowie als letzte Möglichkeit für den Regisseur/Dramaturg, ins Geschehen einzugreifen. Generalproben werden meist schon vor Publikum durchgeführt, um Veranstaltungsatmosphäre realistisch zu simulieren.

Weiterhin kann die Generalprobe für die Ausstellung eines Gastspielprüfbuches [⇒ 225] veranstaltet werden, sofern es sich bei der Veranstaltung um ein geplantes Gastspiel handelt.

Generics	Strategie	326

Generics sind Marken, deren Namen zum Begriff für alle Produkte gleicher Art geworden sind (z. B. Tesafilm für Klebebänder).

Generische Informationskampagne	Strategie	327

Bei der generischen Informationskampagne wird nur die Produktklasse bzw. Produktkategorie in den Vordergrund gestellt und bewusst ein so genannter Klasseneffekt in Kauf genommen – das bedeutet, dass ein gleichzeitiger PR-Gewinn für den Mitbewerber akzeptiert wird. Generische Informationskampagnen werden insbesondere in der pharmazeutischen Industrie angewandt.

Genie	Logistik	328

Ein Genie ist ein Lastenlift mit hoher Belastbarkeit. Er wird genutzt, um beim Rigging Equipment (z. B. Traversen [⇒ 666]) in die Höhe zu transportieren.
Genies gibt es auch als Ausführung zum Anheben von Personen.

Genny	Logistik	329

Genny ist die umgangssprachliche Kurzform für mobile Stromgeneratoren. Sie sind auf Lkws oder Anhängern stationiert.

| German Convention Bureau e. V. | Strategie | 330 |

Das German Convention Bureau (GCB) ist die zentrale Interessenvertretung und Marketingorganisation für den Kongress- und Veranstaltungsstandort Deutschland. Unter dem Dach des GCB haben sich Hotels, Kongresszentren und -städte sowie Event-Dienstleister zusammengeschlossen. Ziel des German Convention Bureau e. V. ist es, Deutschland als Tagungsland zu vermarkten.

| Gesundheitszeugnis | Verwaltung | 331 |

Nach dem Bundesseuchengesetz müssen alle Personen, die gewerbsmäßig Lebensmittel herstellen oder verkaufen, ein Gesundheitszeugnis besitzen (Bundesseuchengesetz § 18).

Das Gesundheitszeugnis wird beim zuständigen Gesundheitsamt ausgestellt.

Vor einer Veranstaltung sollte sich der Eventmanager von allen Mitarbeitern/Personen, die für das Veranstaltungs-Catering [⇒ 161] zuständig sind, die Gesundheitszeugnisse vorlegen lassen.

| Get-together | Strategie | 332 |

Get-together-Veranstaltungen sind meist Bestandteile eines Kongresses [⇒ 404] oder einer Messe [⇒ 486], um den Teilnehmern einen Rahmen für die Kontaktanbahnung und den Erfahrungsaustausch zu bieten. Meist handelt es sich um Stehempfänge mit einem dezenten Rahmenprogramm, das genügend Raum für den Dialog lässt.

| Gewerbeordnung | Verwaltung | 333 |

Bei allen Veranstaltungen, die einen Volksfestcharakter besitzen, ist die Gewerbeordnung zu beachten. Sie sieht vor, dass Volksfeste anzeigepflichtig sind (Gewerbeordnung § 60 Abs. 1).

Bei Veranstaltungen, bei denen Waren zum Kauf angeboten werden, ist das Ladenschlussgesetz einzuhalten. Eine Verlängerung der Ladenschlusszeit ist auf Antrag möglich.

| Gewerke | Logistik | 334 |

Die einzelnen Leistungsbereiche bei einer Veranstaltungsproduktion werden in Gewerke eingeteilt (z. B. Bühnenbau, Lichttechnik, Dekorationsbau usw.).

Gewinnspiele	Strategie	335

Gewinnspiele sind ein sehr erfolgversprechendes und daher besonders beliebtes Marketing-Instrument. Es wird gerne auf Veranstaltungen eingesetzt, um möglichst viele Adressen von potenziellen Interessenten zu gewinnen. Gewinnspiele lassen sich, vorausgesetzt sie werden kreativ umgesetzt, auch als Highlight einer Veranstaltung einsetzen. Eine eventuell hohe Gewinnausschüttung kann über eine so genannte Prize-Indemnity-Versicherung [⇒ 549] abgesichert werden.

Gig	Logistik	336

Gig ist umgangssprachlicher Begriff aus der Musikbranche und umschreibt einen musikalischen Auftritt. Der Begriff wird meist im Rock- und Pop-Bereich verwendet.

Gimmick	Strategie	337

Als Gimmicks werden außergewöhnliche, unerwartete Zugaben in Werbesendungen oder Give-aways [⇒ 338] für Eventteilnehmer bezeichnet. Gimmicks haben eine erinnerungswirksame Bedeutung.

Give-away	Strategie	338

Als Give-aways werden Aufmerksamkeiten bezeichnet, die an Veranstaltungsgäste verschenkt werden. Give-aways sollen Sympathieträger sein und die Erinnerung des Teilnehmers an das Event verlängern bzw. verstärken. Meist werden die Give-aways nach dem Corporate Design [⇒ 178] des Unternehmens ausgewählt.

Glasfarbscheiben	Logistik	339

Glasfarbscheiben werden vor Scheinwerfer [⇒ 605] gesetzt, um Licht in verschiedenen Farbtönen zu realisieren. Sie halten höhere Temperaturen aus als Farbfilter in Kunststoffausführung und können daher näher an einer Lichtquelle positioniert werden.

Globalmarketing	Strategie	340

Globalmarketing ist Marketing mit globalem Zuschnitt. Dieses Schlagwort beschreibt die wirtschaftlichen Bestrebungen, die Märkte nicht nur innerhalb nationaler Grenzen zu sehen. Dabei werden Marketingmaßnahmen für den gesamten Weltmarkt bzw. für die zentralen Märkte Asien, Nordamerika und Europa ausgerichtet.

Grundlegend für die Entwicklung des Globalmarketings ist es, dass die Bedürfnisse bestimmter Zielgruppen [⇒ 708] auf dem Weltmarkt aufgrund zunehmender psychografischer und soziodemografischer Ähnlichkeiten immer homogener werden.

Gobo	Logistik	341

Als Gobo wird die Abbildungsmaske eines Musters oder eines Firmenlogos bezeichnet, das auf Wände, Leinwände oder ins Publikum projiziert werden kann. Es wird in Projektoren, Scannern [⇒ 603], Profilern oder Moving Lights [⇒ 500] als Effektvorsatz an einem so genannten Goboarm, einem Goborahmen oder Goborad befestigt. Gobos sind aus hitzebeständigem Material, z. B. Blech oder Glas, und unterschiedlich groß.

Grafischer Equalizer	Logistik	342

Grafische Equalizer (engl. für Ausgleicher) werden bei Live-Veranstaltungen eingesetzt, um den Frequenzgang der Anlage zu ändern. Der Equalizer [⇒ 251] ist mit kleinen Fadern (oder virtuellen bzw. programmierbaren Softwarefadern) ausgestattet, über die der Pegel von bestimmten Frequenzen im Audiospektrum schmalbandig angehoben oder abgesenkt werden kann.

Graukeil	Logistik	343

Der Graukeil ist eine Verdunklungsblende für Tageslichtprojektoren und Scheinwerfer, die mit einem Weiß-Grau-Schwarz-Verlauf vor der Lichtquelle bewegt wird (mechanisches Dimmen).

Gross Billings	Verwaltung	344

Gross Billings bezeichnet den Bruttoumsatz einer Werbeagentur [⇒ 697] inklusive der Werbeeinschaltkosten.

Gross Income	Verwaltung	345

Als Gross Income wird der Nettoumsatz einer Werbeagentur [⇒ 697] bezeichnet. Dieser setzt sich aus Honoraren und Provisionen zusammen, jedoch nicht aus den Kundengeldern für Medienkosten (z. B. Werbeeinschaltkosten). Der Gross Income sagt mehr über die finanzielle Situation einer Agentur aus als der Gross Billings [⇒ 344].

Ground-Support	Logistik	346

Beim Ground-Support handelt es sich um eine Konstruktion, die aus mindestens vier senkrecht stehenden Traversen [⇒ 666] besteht. Sie dienen als Stütze und Lift für Traversenkonstruktionen, wobei die Konstruktion am Boden montiert und anschließend mittels der „Sleeve Blöcke" (verfahrbare Ecken) in Arbeitshöhe verfahren wird.

GVL	Strategie	347

GVL – Gesellschaft zur Verwertung von Leistungsschutzrechten ist die urheberrechtliche Vertretung der ausübenden Künstler und der Tonträgerhersteller. Die GVL nimmt die so genannten Zweitverwertungsrechte für die Künstler und die Hersteller wahr. Sie zieht hierfür auf der Basis der von ihr aufgestellten Tarife und abgeschlossenen Verträge die Vergütungen ein und verteilt sie an ihre Berechtigten. Die GVL vergibt Label-Codes an alle Tonträgerfirmen, über die eine Abrechung der Radio- und Fernseheinsätze erfolgt. Die GVL gibt es nur in Deutschland.

H

Haftung des Veranstalters	Verwaltung	348

Bei der Konzeption, Organisation und Durchführung einer Veranstaltung muss der Veranstalter seine eigene Haftungspflicht beachten. So ist der Veranstalter für Schaden Dritter verantwortlich, wenn er oder seine eingesetzten Mitarbeiter (Erfüllungsgehilfen) ihre Sorgfaltspflicht verletzen.

Voraussetzung für die Haftung ist, dass der Veranstalter bzw. seine Erfüllungsgehilfen schuldhaft handeln. Eine schuldhafte Handlung ist gegeben, wenn vorsätzlich oder fahrlässig ein Schaden verursacht wurde. Eine Fahrlässigkeit wird grundsätzlich angenommen, wenn der Veranstalter oder seine Erfüllungsgehilfen die erforderliche Sorgfalt außer Acht lassen.

Um das Haftungsrisiko zu mindern, gibt es die Möglichkeit, sich in den Allgemeinen Geschäftsbedingungen (AGB) [⇒ 040] hierfür frei zu zeichnen. Diese Freizeichnung kann jedoch nur äußerst begrenzt erfolgen. Der Gesetzgeber sieht vor, dass eine Haftungsfreizeichnung für grobe Fahrlässigkeit unwirksam ist. Eine Haftung für Vorsatz kann nicht ausgeschlossen werden. Die AGBs sind dem Besucher vor Betreten der Veranstaltung auszuhändigen bzw. sind öffentlich sichtbar auszuhängen.

Das Haftungsrisiko des Veranstalters kann durch den Abschluss von Versicherungen [⇒ 688] verringert werden.

Halogenlampe	Logistik	349

Die Halogenlampe ist eine Glühlampe mit großer Lichtausbeute und langer Lebensdauer. Ihr Kolben besteht aus Quarzglas. Der Edelgasfüllung ist eine genau bemessene Menge eines Halogens (heute überwiegend Brom) beigegeben.

Handout	Logistik	350

Handouts sind Folder [⇒ 292], Pressemitteilungen [⇒ 546], Flyer [⇒ 288] oder Ähnliches, welche dem Leser persönlich „ausgehändigt" werden.

Hängepunkt	Logistik	351

Hängepunkte sind von Relevanz, wenn technische Geräte an die Decke einer Location [⇒ 457] gehangen werden sollen. Hängepunkte müssen geprüft und mit der zulässigen Last gekennzeichnet werden. Alle Veranstaltungsräume haben hierfür Dokumente, aus denen die genehmigte Statik hervorgeht. Die in der Statik genannten Lasten dürfen nicht überschritten werden.

| Hard Facts | Strategie | 352 |

Als Hard Facts werden nachprüfbare Tatsachen bezeichnet (z. B. betriebswirtschaftliche Kennziffern). Bei der Marketinganalyse von Unternehmen wird zwischen den Hard Facts und den Soft Facts (Einstellungen, Empfindungen und Wahrnehmungen) unterschieden.

| Hauckscher Korb | Logistik | 353 |

Der Haucksche Korb ist ein Auffangkorb für Flachbandkabel. Die Einzelkabel sind dabei in Stoff eingenäht. Er wird für das Nachführen des Stroms in fahrbaren Oberlichtern verwendet.

| Hauptversammlung | Strategie | 354 |

Die Hauptversammlung ist die Versammlung der Teilhaber (Aktionäre) einer Aktiengesellschaft und deren oberstes Beschlussorgan. Auf der Hauptversammlung werden unter anderem der Vorstand und Aufsichtsrat entlastet und bestellt sowie Entscheidungen über die Gewinnverwendung getroffen.

Die Hauptversammlung ist eine logistische Herausforderung für Eventmanager, da es sich hier meist um Veranstaltungen mit einer hohen Anzahl von Teilnehmern handelt. Während der Hauptversammlungen werden eine Vielzahl von Abstimmungen durchgeführt, deren Ablauf sich streng an die gesetzlichen Vorschriften halten muss.

Für einen reibungslosen Ablauf einer Hauptversammlung müssen viele Hosts/Hostessen [⇒ 364] engagiert und koordiniert werden.

| Hausagentur | Strategie | 355 |

Hausagenturen sind selbstständige Agenturen, die jedoch so fest für ein Unternehmen arbeiten, dass sie wie eine betriebseigene Werbeabteilung organisiert sind. Die Hausagentur übernimmt alle Werbeaufgaben des Unternehmens und verwaltet dessen Werbeetat [⇒ 253].

| Hausfarbe | Strategie | 356 |

Die Hausfarbe ist die charakteristische Farbe des Unternehmens. Sie wird bei allen öffentlichen Auftritten, Werbemaßnahmen und beim Schriftverkehr verwendet und ist Teil des Corporate Designs [⇒ 178].

| Hausmesse | Strategie | 357 |

Eine Hausmesse wird von einem Unternehmen veranstaltet, um Kunden neue Produkte und Leistungen vorzustellen. Die Produktpräsentationen [⇒ 554] werden meist in ein Rahmenprogramm integriert.

Einladungen [⇒ 239] werden an den gesamten Kundenstamm eines Unternehmens versandt. Hausmessen fördern die Kundenbindung [⇒ 424].

Headline	Strategie	358
Headline ist ein umgangssprachlicher Begriff aus der Public Relations [⇒ 570] und bezeichnet die prägnante Überschrift einer Medienmitteilung. Sie enthält die Kernaussage und soll vor allem innerhalb der Redaktion Beachtung finden. Eine gute Headline ist eines der wichtigsten Elemente einer Pressemitteilung [⇒ 546].		

Healthcare Relations	Strategie	359
Healthcare Relations bezeichnen die speziellen Public Relations [⇒ 570] von Institutionen aus dem Gesundheitswesen, wie Pharmaunternehmen, Krankenhäuser, Krankenversicherungen und Verbände. Sie sind in ihrem Spielraum der Maßnahmen begrenzt, da der Gesetzgeber die Öffentlichkeitsarbeit im Gesundheitswesen streng reglementiert.		

HMI-Brenner	Logistik	360
HMI-Brenner sind Metallogenlampen der Firma OSRAM.		

Hochdrucklampen	Logistik	361
Hochdrucklampen sind kleinvolumige Lampen mit kurzen Entladungsstrecken und hoher Leuchtdichte. Dazu zählen beispielsweise die Metallogenlampen und die Xenonlampen.		

Hochpassfilter	Logistik	362
Der Hochpassfilter ist ein elektronischer Schaltkreis, der Frequenzen unterhalb der jeweiligen Einsatzfrequenz blockiert. Hochpassfilter werden benutzt, um Dröhnen oder Rumpelgeräusche bei der Audioübertragung zu verhindern.		

Holografie	Logistik	363
Holografie ist ein Aufnahmeverfahren, bei dem mittels eines Laserlichts ein dreidimensionales Bild (Hologramm) erzeugt wird. Das Hologramm entsteht durch die Interferenz zweier Laserstrahlen. Um ein Hologramm sichtbar zu machen, wird eine Lichtquelle (z. B. Glühlampenlicht) benötigt, die das Hologramm im gleichen Winkel wie der Laserstrahl beleuchtet.		

Hosts/Hostessen	Logistik	364

Hosts/Hostessen übernehmen auf Events, Kongressen [⇒ 404] und Messen [⇒ 486] die Gäste- und Teilnehmerbetreuung. Sie arbeiten in allen Besucherbereichen (z. B. Einlass [⇒ 240], Counter [⇒ 182] oder VIP-Lounge [⇒ 692]) und kümmern sich um den reibungslosen Ablauf der Veranstaltung für die Teilnehmer. Hosts/Hostessen müssen guten Umgang pflegen und sollten mehrsprachig kommunizieren können.

Hosts/Hostessen können bei Personalagenturen [⇒ 528] gebucht werden.

Hot Shot	Strategie	365

Als Hot Shots werden Verkaufsaktionen für Produkte, die einen schnellen Gewinn erwarten lassen, bezeichnet.

Hubbühne	Logistik	366

Die Hubbühne ist ein Bühnenpodest/-teil, das in die Höhe gefahren werden kann. Es wird, wie die Drehbühne [⇒ 224], meist bei Produktpräsentationen [⇒ 554] eingesetzt. Beispielsweise wird ein neues Auto dramaturgisch erst zu einem späteren Zeitpunkt der Bühnenshow hochgefahren.

Hubdachbühne	Logistik	367

Die Hubdachbühne basiert auf dem Prinzip des Ground-Support [⇒ 346]. Der Unterschied ist, dass in der oberen Konstruktion ein Dachgestänge eingebaut wird, um die Lastenfähigkeit für Licht- und Tontechnik zu schaffen.

An den Seiten der Hubdachbühne können so genannte PA-Wings positioniert werden, in denen die Lautsprechersysteme aufgestellt oder geflogen [⇒ 282] werden.

Human Relations	Strategie	368

Als Human Relations (auch: Internal Relations) werden der systematische Aufbau und die Pflege der Beziehungen eines Unternehmens zu seinen Mitarbeitern/-innen bezeichnet. Zu der Dialoggruppe gehören auch meist die Angehörigen der Mitarbeiter/-innen und ehemalige Beschäftigte. Instrumente der Human Relations sind z. B. Betriebsveranstaltungen, Rundschreiben, Intranet, Mitarbeiter-Magazine und das betriebliches Vorschlagswesen.

I

| Ideenfindung | Kreativität | 369 |

Events leben von einzigartigen Ideen. Insbesondere in unserer erlebnisverwöhnten Gesellschaft gewinnt die Ideenfindung eine zunehmend höhere Bedeutung bei der Konzeption von Events.

Es gibt diverse Methoden, um die Kreativität des Menschen zu stimulieren, die so genannten Kreativitätstechniken [⇒ 420].

Folgende Kreativitätstechniken werden bei der Ideenfindung häufig genutzt:
- Brainstorming/Brainwriting [⇒ 132]
- Morphologischer Kasten [⇒ 498]
- Methode 6-3-5 [⇒ 001]
- Mind-Mapping [⇒ 492]
- Osborne-Methode [⇒ 519]

Bei der Ideenfindung sollte der Eventmanager eine Gruppe von diversen Charakteren zusammenstellen, um verschiedene Ansätze, Qualitäten und Persönlichkeiten im kreativen Prozess zu vereinen.

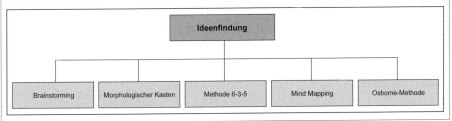

| Image | Strategie | 370 |

Image (engl. für Bild) ist ein mehrdimensionales Bild, welches sich eine Person von einem beliebigen Meinungsgegenstand macht. Es beruht auf subjektiven Ansichten, Vorstellungen und Gefühlen.

| Imageanalyse | Strategie | 371 |

Um eine Kommunikationsstrategie für ein Unternehmen zu entwickeln, ist es zunächst notwendig, die Diagnose des bestehenden Ist-Images vorzunehmen. Dabei sind Ursachen, Prämissen, Entstehungszusammenhänge und Bestandteile des Images zu ermitteln, um daraus eine Stärken-/Schwächenanalyse abzuleiten, die als Basis für weitergehende Überlegungen und Maßnahmen dient.

| Imagetransfer | Strategie | 372 |

Imagetransfer bezeichnet die Übertragung eines bereits bestehenden Image [⇒ 370] eines Produktes auf ein anderes. Dies geschieht meist durch die Verwendung derselben Marke. Das neue Produkt profitiert von der Bekanntheit der bereits gut eingeführten Marke.

| Incentive | Strategie | 373 |

Incentives (engl. für Anreize) sind Anreizsysteme von Unternehmen, um eine bestimmte Zielgruppe [⇒ 708] zu motivieren bzw. zu belohnen. Hierfür werden z. B. Reisen und außergewöhnliche Betriebsausflüge organisiert. Incentives werden meist in der Personal- und Organisationsentwicklung sowie für Außendienstmitarbeiter veranstaltet.

Bei der Organisation von Incentives ist auf steuerliche Aspekte zu achten, da Arbeitnehmer durch solche Bonusprogramme einen steuerpflichtigen geldwerten Vorteil [⇒ 322] erhalten.

| Incentive-Agentur | Strategie | 374 |

Incentive-Agenturen konzipieren, planen und realisieren für Unternehmen Veranstaltungen und Reisen, die das Ziel verfolgen, eine bestimmte Zielgruppe [⇒ 708] zu motivieren bzw. zu belohnen [⇒ 373]. Die meisten Incentive-Agenturen haben Erfahrungen im Bereich Touristik, Personalentwicklung und Projektmanagement.

| In-Ear-Monitoring | Logistik | 375 |

In-Ear-Monitoring ist eine Alternative zum klassischen Monitorlautsprecher [⇒ 496]. Die Akteure werden beim In-Ear-Monitoring über Kopfhörer mit dem Monitorsignal versorgt. Jeder Akteur trägt einen Taschenempfänger bei sich, der die Signalübertragung per Funk ermöglicht. Dadurch wird es auf der Bühne sehr viel leiser, und die Signale der einzelnen Musiker, die bei separaten Monitorlautsprechern auftreten, stören sich gegenseitig weniger.

| Infotainment | Strategie | 376 |

Infotainment setzt sich aus den Begriffen „Information" und „Entertainment" zusammen und beschreibt Informationen, die in unterhaltender Form übermittelt werden. Infotainment ist in den letzten Jahren ein großer Tätigkeitsbereich des Eventmanagements geworden.

| In-Store-Promotion | Strategie | 377 |

In-Store-Promotion sind Verkaufsförderungsaktionen [⇒ 683], die am Point of Sale [⇒ 534] (im Ladengeschäft) stattfinden.

Intercom	Logistik	378

Intercom ist ein Hör- und Sprechverbindungssystem, das bei Events von den einzelnen Mitarbeitern getragen wird, um eine reibungslose interne Kommunikation zu gewährleisten, z. B. zwischen Bühnenbeleuchter [⇒ 099] und Stellwerksoperator.

Interview	Strategie	379

Als Interview wird das Gespräch zwischen mindestens einer fragenden und einer antwortenden Person bezeichnet. Durch den direkten Dialog ist es für den Leser, Zuhörer oder Zuschauer möglich, die Authentizität der Antworten zu überprüfen.

Das Interview ist eine wirkungsvolle Kommunikationstechnik, um Eventteilnehmern bestimmte Botschaften zu vermitteln.

Intranet	Strategie/Logistik	380

Das Intranet ist eine firmeninterne Informationsplattform, welche sich die Technologie des Internets zu Nutze macht. Es können nur Mitarbeiter auf das Intranet zugreifen.

Das Intranet kann für Mitarbeiter- und Betriebsveranstaltungen zum Pre-Event (z. B. Einladungen und Registrierung) und zum After-Event (z. B. Nachbereitung, Feed-back, weiterer Dialog) genutzt werden.

Involvement	Strategie	381

Als Involvement bezeichnet man das persönliche Engagement, mit dem sich eine Person einem Produkt zuwendet:

Low-Involvement Product: Ein Produkt, das vom Kunden nicht als wichtig empfunden wird und das daher mit minimalem Aufwand erworben wird (z. B. Taschentücher, Zündhölzer).

High-Involvement Product: Ein Produkt, mit dem sich der Kunde stark identifiziert, da es entweder teuer ist und/oder für lange Zeit angeschafft wird (z. B. ein Auto, ein Haus).

IPRA	Strategie	382

Die International Public Relations Association (IPRA) ist eine seit 1949 von der UNESCO anerkannte weltweite Vereinigung der PR-Fachleute. Die IPRA dient dem Erfahrungsaustausch, der Qualitätsförderung und der professionellen Weiterbildung.

Für alle IPRA-Mitglieder ist seit 1965 der so genannte Athener Kodex eine verbindliche berufsethische Richtlinie.

Irisblende	Logistik	383

Irisblenden bestehen aus mechanischen Lamellen, die den Öffnungswinkel bei einem Profilscheinwerfer [⇒ 555] stufenlos verkleinern oder vergrößern.

J

Jane Beam	Logistik	384
Jane Beam ist eine Reflektorleuchte mit 800 Watt.		

Jingle	Strategie	385
Der Begriff „Jingle" beschreibt eine kurze, charakteristische Melodie oder Tonfolge als Bestandteil eines Werbespots in Rundfunk und Fernsehen. Unternehmen nutzen einen Jingle als Markenzeichen und zur Unterstreichung ihres Werbeslogans. Der Hörer soll den Jingle jederzeit wiedererkennen können und ihn mit der Werbebotschaft des Unternehmens in Verbindung bringen. Der Tonvorrat dieser Musik beschränkt sich auf wenige Töne und Takte. Markante Geräuschpassagen sind unterhaltsam, aufmerksamkeits- und erinnerungswirksam.		

Joint Venture	Verwaltung	386
Ein Joint Venture liegt vor, wenn sich mindestens zwei wirtschaftlich und rechtlich voneinander unabhängige Partner gemeinsam die Führungsverantwortung und das finanzielle Risiko eines Projekts oder einer Unternehmung teilen.		

Junior	Strategie	387
Der Begriff Junior wird in Werbe- [⇒ 697] und Eventagenturen [⇒ 256] für Mitarbeiter vergeben, die erst am Anfang ihrer beruflichen Karriere stehen. So gibt es beispielsweise Junior-Kontakter [⇒ 410], Junior-Art-Director [⇒ 057] oder auch Junior-Projektleiter [⇒ 560].		

K

| Kabelschuh | Logistik | 388 |

Als Kabelschuh wird ein Kupferteil bezeichnet, das auf der einen Seite ein Kabelaufnahmestück und auf der anderen entweder ein Loch oder eine Klemmmöglichkeit zum Befestigen hat.

| Kabuki | Logistik | 389 |

Beim Kabuki-Effekt werden Papierschlangen oder -schnipsel mittels Luftdruck (CO_2-Kartuschen) aus Plexiglasröhren geschossen.

| Kalkulation | Verwaltung | 390 |

Mit der Kalkulation wird der Aufwand berechnet. Bei der Kalkulation von Events sind eine Vielzahl von komplexen Kalkulationsaufgaben durchzuführen. Im Vorfeld der Veranstaltungsplanung erfolgt eine vorausschauende Kalkulation, um Budgets festzulegen. Hier müssen alle Arbeitsprozesse, alle Gewerke und möglichen Sonderaufwendungen berücksichtigt werden. Während der Veranstaltungsplanung ist der regelmäßige Vergleich zwischen den Budgets [⇒ 143] und dem tatsächlichen Aufwand vorzunehmen. Nach der Durchführung der Veranstaltung wird eine Projektnachkalkulation angefertigt, um den tatsächlichen Aufwand zu definieren und die Abrechnung zu erstellen.

Die Kalkulation gliedert sich in folgende Phasen:
1. Vorbereitung der Kalkulation [⇒ 694]
2. Vorkalkulation [⇒ 695]
3. Kostenrahmen [⇒ 417]
4. Detailkalkulation [⇒ 203]
5. Angebot [⇒ 045]
6. Zwischenkalkulation [⇒ 715]
7. Nachkalkulation [⇒ 505]
8. Abrechnung [⇒ 011]

| Kaltlichtspiegel | Logistik | 391 |

Kaltlichtspiegel sind Reflektoren mit dichroitischer Beschichtung. Diese Spezialbeschichtung lässt die Infrarotstrahlen durch und reflektiert das sichtbare Licht.

Kampagne	Strategie	392

Unter der Kampagne versteht man einen Werbefeldzug für ein Produkt, eine Dienstleistung oder ein Unternehmen. Sie beschreibt den zeitlich begrenzten und in konkreter Abfolge stattfindenden Einsatz verschiedener – im Idealfall aufeinander abgestimmter – Werbeinstrumente.

Kaufleute für audiovisuelle Medien	Logistik	393

Kaufleute für audiovisuelle Medien arbeiten vorwiegend in Medienunternehmen, insbesondere aus den Bereichen Fernsehen, Hörfunk, Film- und Videoproduktion, Musik, Multimedia und Filmtheater. Sie sind für die kaufmännischen Tätigkeiten in Arbeitsgebieten wie Produktionsorganisation, Marketing und Vertrieb oder betriebliche Steuerung und Kontrolle verantwortlich.

Zu ihren Tätigkeiten gehören insbesondere:

- das Analysieren von Konzepten, Produkten und Dienstleistungen ihres Unternehmens unter Berücksichtigung wirtschaftlicher, rechtlicher und technischer Gesichtspunkte
- die Planung des Personal- und Materialeinsatzes für Medienproduktionen
- die Durchführung von Kalkulationen und Finanzplanungen
- der Rechte- und Lizenzhandel
- die Equipment-Beschaffung
- die Entwicklung von Vermarktungskonzepten für Medienproduktionen
- das Projektmanagement für Medienproduktionen

Die Ausbildung ist seit 1998 staatlich anerkannt und dauert drei Jahre.

Kaufmann/Kauffrau für Marketingkommunikation	Logistik	394

Kaufleute für Marketingkommunikation sind für die kaufmännischen Aufgaben in Unternehmen der Werbewirtschaft, wie Werbeagenturen [⇒ 697], Mediaagenturen [⇒ 476], Plakatanschlagunternehmen, Werbegesellschaften von Funk- und Fernsehanstalten, in Werbeabteilungen von Wirtschaftsunternehmen sowie in Verlagen verantwortlich.

Dieser Ausbildungsberuf löste im Jahr 2006 das Berufsbild des „Werbekaufmanns" ab.

Zu den Tätigkeiten der/des Kauffrau/Kaufmanns für Marketingkommunikation gehören insbesondere:

- die Kundenberatung
- der Einsatz von Werbemitteln und Werbeträgern
- die Abwicklung des Geschäftsverkehrs mit den Auftraggebern und Lieferanten
- das Projektmanagement
- die Durchführung von Briefings [⇒ 142]
- die betriebswirtschaftliche Planung und Kontrolle

Marketingkommunikationskaufleute werden in einer dreijährigen dualen Ausbildung gemäß Berufsbildungsgesetz (BBiG) auf ihre Abschlussprüfung vorbereitet.

Kernbotschaft	Strategie	395

Die Kernbotschaft ist der wichtigste Teil einer kommunikativen Aussage, die kurz und prägnant formuliert sein sollte und bei jeder Maßnahme im Mittelpunkt stehen muss.

Kino-Flo (Mini-Flo)	Logistik	396

Der so genannte Kino-Flo ist eine Lampenkonstruktion aus Leuchtstoffröhren. Er ist sehr effizient und gibt direkt abgestrahltes weiches, dimmbares Licht ab.

Eine spezielle Variante ist „4-Bank" und steht für vier Leuchtstoffröhren in der Konstruktion.

Kommunikation	Strategie	397

Der Begriff Kommunikation bezeichnet den Austausch von Informationen. Die Kommunikation benötigt drei Faktoren: Einen Sender, eine Information und einen Empfänger.

Neben der direkten, persönlichen Kommunikation nimmt die indirekte Kommunikation durch Medien (wie Telefon, SMS, Internet und Massenmedien) kontinuierlich zu.

Als Grundregel für eine effektive Kommunikation gilt: Die Botschaft wird vom Empfänger gemacht. Daher ist es wichtig, dass sich der Sender auf sein Gegenüber (Zielgruppe) einstellt.

Kommunikationsformen	Logistik	398

Die Kommunikation innerhalb der Crew [⇒ 184] muss während der Auf- und der Abbauphase, aber insbesondere während der Veranstaltung jederzeit gewährleistet sein. Hierfür ist ein Kommunikationsplan zu erstellen, der festhält, welcher Mitarbeiter zu welchem Zeitpunkt mit wem kommunizieren muss.

Man unterscheidet drei grundlegende Kommunikationsformen:

Simplex: Person A kann zu Person B reden, diese kann jedoch nicht antworten.

Semiduplex: Person B kann Person A antworten, jedoch kann nur hintereinander gesprochen werden.

Duplex: Person A und Person B können parallel miteinander reden.

Die Kommunikation bei Veranstaltungen kann über Intercom [⇒ 378], Funkgeräte [⇒ 310] oder Mobiltelefone realisiert werden.

Kommunikationsinstrumente	Strategie	399

Als Kommunikationsinstrumente werden alle Mittel bezeichnet, mit denen die Zielgruppe [⇒ 708] im Rahmen der Kommunikationspolitik [⇒ 400] erreicht wird.

Zu den klassischen Kommunikationsinstrumenten gehören die Werbung [⇒ 701], die Verkaufsförderung [⇒ 683], der Persönliche Verkauf und die Öffentlichkeitsarbeit [⇒ 570]. Die optimale Kombination der Kommunikationsinstrumente wird als Kommunikationsmix bezeichnet.

LEXIKON EVENTMANAGEMENT

Kommunikationspolitik	Strategie	400

Kommunikationspolitik ist ein marketingpolitisches Instrument, das den Kontakt zwischen dem Unternehmen und den potenziellen Abnehmern bzw. den Meinungsmachern [⇒ 517] herstellt und beeinflusst.

Die Kommunikationspolitik umfasst folgende Instrumente:

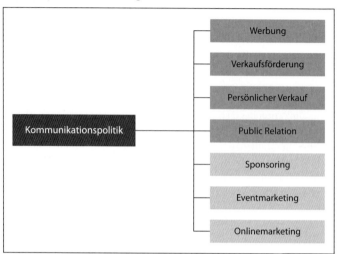

Als klassische Kommunikationsinstrumente gelten Werbung [⇒ 701], Verkaufsförderung [⇒ 683], Persönlicher Verkauf und Public Relations [⇒ 570]. Sponsoring [⇒ 626], Eventmarketing [⇒ 258] und Onlinemarketing [⇒ 234] wurden erst in den letzten Jahren in den Kommunikationsmix integriert.

Die Instrumente der Kommunikationspolitik sind so zu planen, zu steuern und zu kontrollieren, dass sich ein optimaler Kommunikationsmix ergibt.

Kommunikationssystem	Logistik	401

DIN EN 13200-1 [⇒ 213] führt dazu Folgendes aus:

„Für den regulären Veranstaltungsablauf und für Notfälle muss ein verständliches und zuverlässiges System zur Informationsübermittlung an die Zuschauer vorhanden sein.

Die Stellplätze für Rollstühle müssen auf der Bodenfläche markiert und durch ISO-Symbole gekennzeichnet sein.

Hinweisschilder zur Orientierung und zur Nutzung der Baulichkeiten sind so anzubringen, dass sie gut sichtbar sind.

Wenn keine Sprachinformationssysteme vorhanden sind, müssen Informationen für Blinde und Sehgeschädigte in Brailleschrift vorgesehen sein.

Öffentliche Informationsschilder müssen die Symbole von ISO 7001 übernehmen."

Konferenz	Strategie	402

Eine Konferenz ist das Zusammenkommen einer Gruppe (bis max. 100 Teilnehmer) zur Beratung über ein gemeinsames Problem/Projekt. Alle Teilnehmer beteiligen sich in der Regel aktiv an der Beratung. Jede Konferenz benötigt einen Konferenzleiter, der die Moderation [⇒ 495] der Rede- und Diskussionsbeiträge übernimmt. Die Ergebnisse einer Konferenz werden protokolliert.
Bei internationalen Konferenzen ist der Einsatz von Dolmetschern [⇒ 221] erforderlich.

Konferenztechnik	Logistik	403

Als Konferenztechnik wird die Gesamtheit der auf Tagungen [⇒ 648] einsetzbaren ein- und mehrsprachigen Kommunikationsmittel bezeichnet. Hierzu gehören insbesondere PA [⇒ 523], Mikrofone [⇒ 491], Dolmetscheranlagen [⇒ 222] und Abstimmanlagen [⇒ 012].

Kongress	Strategie	404

Ein Kongress ist eine Veranstaltung, bei der eine Vielzahl von Personen, die sich für einen speziellen Themenbereich interessieren, zusammentreffen. Ziel eines Kongresses ist es, dass sich die Teilnehmer auf dem aktuellen Informationsstand halten, ein Erfahrungsaustausch stattfindet und Kontakte aufgebaut bzw. gepflegt werden.
Ein Kongress beinhaltet folgende Programmpunkte bzw. Rahmenprogramme:
- Vorträge zu aktuellen Forschungen, Weiter- bzw. Neuentwicklungen
- Posterpräsentationen
- Industrieausstellungen (Firmendarstellungen)
- Get-together-Abende [⇒ 332]

Kongresse können im kleinen Rahmen (50–100 Teilnehmer) bis hin zu großen Veranstaltungen mit mehreren Tausend Teilnehmern stattfinden.

Kongressagenturen	Logistik	405

Kongressagenturen sind spezialisierte Beratungsunternehmen für die Kongresskonzeption und -organisation.
Sie übernehmen für ihre Kunden das Kongressmanagement, das insbesondere aus folgenden Aufgaben besteht:
- Projektmanagement [⇒ 561]
- Ablaufplanung [⇒ 007]
- Teilnehmerverwaltung [⇒ 655]
- Konzeption von Rahmenprogrammen
- Ausstellungsorganisation [⇒ 406]

Kongressagenturen sind meist international ausgerichtet, da Kongresse [⇒ 404] in der globalen Wirtschaft grenzüberschreitend veranstaltet werden.

Kongressmesse	Strategie	406
Als Kongressmesse werden themenbezogene, kongressbegleitende Ausstellungen (Industrieausstellung) bezeichnet. Hersteller nutzen die Zielgruppe [⇒ 708] des Kongresses, um ihre Produkte zu präsentieren und Kunden zu akquirieren.		

Kongresszentrum	Logistik	407
Ein Kongresszentrum ist eine Location [⇒ 457], die auf größere Kongresse [⇒ 404] und Tagungen [⇒ 648] spezialisiert ist. Kongresszentren befinden sich meist in Ballungsgebieten, an Universitäten oder sind großen Unternehmen angeschlossen. Kongresszentren zeichnen sich durch eine integrierte Tagungstechnik [⇒ 403], mehrere Mehrzweck- und Tagungsräume, große Foyers [⇒ 295] (Ausstellerfläche) und serviceorientierte Informationssysteme [⇒ 401] aus.		

Konsument	Strategie	408
Als Konsumenten werden alle Bezieher und Verbraucher von Waren/Gütern bezeichnet.		

Konsumgüter	Strategie	409
Konsumgüter sind alle Produkte, die zum Verbrauch/zur Verwendung durch den Endverbraucher bestimmt sind. Produkte, die zur Erstellung von Sach- oder Dienstleistungen oder zur Weiterverarbeitung dienen, gehören nicht zur Gattung der Konsumgüter.		

Kontakter	Strategie	410
Der Kontakter ist ein Agenturmitarbeiter, der als Schnittstelle zwischen dem Kunden und der Kreativabteilung arbeitet. Er akquiriert und berät den Kunden. In der Agentur koordiniert er die Werbe- und Eventmaßnahmen (das Projekt [⇒ 557]) und präsentiert die Ergebnisse seinem Kunden.		

Konturenlicht	Logistik	411
Als Konturenlicht wird Licht, das den Umriss eines Gegenstandes (Kontur) betont, bezeichnet.		

Konvektomat	Logistik	412
Der Konvektomat (Kombidämpfer) wird von Caterern [⇒ 161] verwendet, um Hauptspeisen kurz vor der Veranstaltung schnell auf die Verzehrtemperatur zu erhitzen. Konvektomaten erhitzen die Speisen durch Wasserdampf.		

Konvektomaten werden insbesondere bei der Realisierung von Mehrgangmenüs verwendet. Die vorher gekochten Speisen werden kurz vor dem Servieren erhitzt und auf Tellern, die in so genannten Tellerwärmern vorgewärmt werden, angerichtet.
Für den Eventmanager ist zu beachten, dass Konvektomaten einen hohen Strombedarf haben.

Konventionalstrafe	Verwaltung	413

Die Konventionalstrafe ist eine Vertragsstrafe in Geld, die zur Zahlung fällig wird, wenn eine der Parteien die im Vertrag [⇒ 690] versprochene Leistung nicht erfüllt. Sie muss jedoch vertraglich vereinbart sein.
Im Eventbereich kann die Konventionalstrafe in diversen Verträgen relevant sein:
- Künstlervertrag [⇒ 429]
- Dienstvertrag [⇒ 208]
- Sponsoringvertrag
- Werkvertrag [⇒ 703]
- Werklieferungsvertrag [⇒ 702]
- Konzertdirektionsvertrag

Konzert	Strategie	414

Als Konzert wird jede Veranstaltung bezeichnet, in der eine Musikdarbietung im Vordergrund steht. Konzerte sind öffentliche Veranstaltungen und finden in verschiedenen Größen statt, von kleinen Club-Gigs [⇒ 336] über klassische Konzerthausaufführungen bis hin zu großen Open-Airs [⇒ 515]. Bekannte Musiker gehen häufig nach jedem neu veröffentlichten Album auf Tournee [⇒ 662], um das Album einer möglichst großen Anzahl von Zuhörern zu präsentieren.
Meist bieten Konzertveranstaltungen gastronomische Angebote und Merchandising-Stände [⇒ 485].

Konzertdirektion	Strategie	415

Konzertdirektionen sind selbstständige Unternehmen, die Konzerte [⇒ 414] veranstalten. Sie sind meist auf ein bestimmtes Musikgenre spezialisiert. Ihre Aufgabe ist die gesamte Abwicklung der Logistik, Vermarktung und Verwaltung von Konzertveranstaltungen.

Korkengeld	Verwaltung	416

Viele Locations [⇒ 457] sind an Catering-Unternehmen [⇒ 161] vertraglich gebunden. Die Catering-Unternehmen haben dann das alleinige Nutzungsrecht für gastronomische Einrichtungen innerhalb der Location.

Will ein Eventveranstalter das Catering innerhalb der Location anderweitig vergeben, muss er dem Inhaber der Catering-Rechte eine Ablöse zahlen. Diese Ablöse wird in der Praxis als Korkengeld bezeichnet und berechnet sich meist nach der zu erwartenden Gästeanzahl.

Kostenrahmen	Verwaltung	417

Der Kostenrahmen gibt den ersten Überblick zur Kalkulation [⇒ 390] von Events. Er beinhaltet lediglich Circa-Kosten.

Der Kostenrahmen wird dem Kunden übergeben, damit dieser einen Überblick über die Kostenarten, die Kostenhöhe und die Planung erhält. Wenn der Kunde dem Kostenrahmen zustimmt, kann der Eventmanager eine Detailkalkulation [⇒ 203] anfertigen und ein verbindliches Angebot [⇒ 045] unterbreiten.

Kostenstelle	Verwaltung	418

Jeder Veranstaltung [⇒ 676] werden Kostenstellen (eine oder mehrere) zugeordnet, auf denen alle anfallenden veranstaltungsbezogenen Kosten erfasst werden. Jede Kostenstelle wird einer Person zugeordnet, die sich für diese Kosten verantwortlich zeigt. Die Vergabe von Kostenstellen erlaubt die Durchführung eines Projekt-Controllings und dient als kostenrechnerische Schnittstelle zur Veranstaltungsorganisation.

Kostenübernahme	Verwaltung	419

Die Kostenübernahme ist ein Dokument, in dem eine Person oder ein Unternehmen bestätigt, anfallende Kosten für die in Anspruch genommene Leistung auszugleichen.

Bei jeder bestellten Leistung eines Kunden, auch während der Veranstaltung, sollten unbedingt Kostenübernahmen ausgefüllt werden. Sie sind für die spätere Abrechnung [⇒ 011] erforderlich.

Kreativitätstechnik	Kreativität	420

Kreativitätstechniken sind Denkwerkzeuge. Sie dienen zur Entstehung und Entwicklung von Ideen und Lösungsansätzen. Auf Basis ideenanregender so genannter heuristischer Prinzipien wie Assoziieren, Abstrahieren, Analogien bilden, Kombinieren und Variieren wird das Gehirn angeregt, kreative Ansätze und Gedanken zu bilden.

Kreativitätstechniken können als Individual- oder Gruppentechniken angewendet werden. Größere Bedeutung kommt den Gruppentechniken zu, da die Gruppe selbst ein stimulierender Faktor für kreatives Denken ist. Kreativitätstechniken werden in zwei Gruppen unterteilt. Die Erste stößt unmittelbar das „chaotische" Denken an, die Zweite geht dabei systematisch vor.

LEXIKON

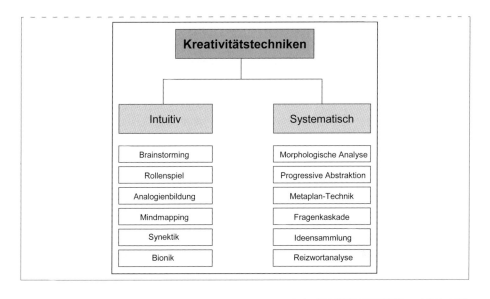

Krisen-PR	Strategie	421

Als Krisen-PR wird die professionell begleitete Kommunikation von Unternehmen zur Bewältigung von Konflikt- und Krisensituationen innerhalb der Öffentlichkeit bezeichnet. Sie dient der Schadensminimierung für das Unternehmen bzw. der raschen Wiederherstellung der Glaubwürdigkeit und des Vertrauens.

Kühltechnik	Logistik	422

Um die Hygienevorschriften einzuhalten und die Qualitätssicherung zu gewährleisten, müssen Speisen und Getränke vor und während der Veranstaltung gekühlt werden.

Neben Kühlschränken kommen oft Lkws mit Kühlaufbauten zum Einsatz. Diese Kühlfahrzeuge kühlen entweder über den Motor oder besitzen eine so genannte Standkühlung, die über externe Energiequellen versorgt wird.

Die Standkühlung hat meist einen hohen Strombedarf, der bereitgestellt werden muss.

Kultursponsoring	Strategie	423

Kultursponsoring ist eine Art des Sponsorings [⇒ 626], das auf die Förderung von Projekten im kulturellen Bereich zielt. Bei kulturellen Projekten handelt es sich um die darstellenden und bildenden Künste, der Musik, des Theaters, des Kinos, der Museen oder der Literatur. Unternehmen profitieren von dem Imagetransfer [⇒ 372] der Kultur.

Kundenbindung	Strategie	424
Kundenbindung stellt eine Basis für die Erhaltung und Steigerung des langfristigen Unternehmenserfolges dar. Sie beschreibt, inwieweit Kunden dem Unternehmen bzw. einer Marke [⇒ 468] treu bleiben und Wiederholungskäufe tätigen. Ziel ist, eine dauerhafte und partnerschaftliche Zusammenarbeit zwischen Unternehmen und Kunden zu bewirken. Ein Kundenbindungsprogramm ist die Summe aller Marketingmaßnahmen, das nicht nur zufriedene Kunden erzeugen soll, sondern auch zu zusätzlichen Käufen, Empfehlungen und allgemein zur Kundenzufriedenheit führen und somit die Bereitschaft zum Anbieterwechsel einschränken soll. Beispiele von Kundenbindungsprogrammen sind Kundenkarten (Rabatte), regelmäßige Veranstaltungen, Newsletter und Kundenzeitungen.		

Künstler	Kreativität	425
Künstler schaffen mit ihren schöpferischen Fähigkeiten und ihrer besonderen Begabung Kunstwerke. Es gibt diverse Einteilungen innerhalb des Künstler-Begriffes. Bei der Eventkonzeption ist die Auswahl von Künstlern und die Inszenierung verschiedener Künstler-Darbietungen meist der Erfolgsfaktor für eine gelungenes Event. Im Eventbereich wird meist mit Musikern, darstellenden und bildenden Künstlern gearbeitet. Das Buchen der Künstler erfolgt meist über eine so genannte Künstleragentur [⇒ 426], der Vertrag [⇒ 429] wird jedoch in der Regel mit dem Künstler direkt geschlossen.		

Künstleragentur	Kreativität/Logistik	426
Eine Künstleragentur vermittelt Künstler für Veranstaltungen, Film- und Fernsehaufzeichnungen und Werbespots. Es gibt eine Vielzahl von Künstleragenturen, die sich meist auf eine bestimmte Art von Künstlern [⇒ 425] spezialisiert hat. Künstleragenturen vermitteln entweder nur den Kontakt zwischen Veranstalter und Künstler (Vertrag [⇒ 429] wird direkt mit dem Künstler abgeschlossen) oder sind direkter Vertragspartner des Veranstalters (Abrechnung erfolgt über die Agentur).		

Künstlermanagement	Kreativität/Logistik	427
Viele Künstler [⇒ 425], insbesondere bekannte, arbeiten mit einem persönlichen Management zusammen. Der Manager hat einen so genannten Künstlermanagementvertrag mit dem Künstler und nimmt in dessen Namen seine Interessen wahr. Dafür erhält der Manager aus allen Einnahmen des Künstlers eine prozentuale Beteiligung. Alle Absprachen und Buchungen werden direkt über das Künstlermanagement abgewickelt.		

| Künstlersozialversicherung | Verwaltung | 428 |

Das am 1. Januar 1983 in Kraft getretene Künstlersozialversicherungsgesetz (KSVG) bietet selbstständigen Künstlern [⇒ 425] und Publizisten sozialen Schutz in der Renten-, Kranken- und Pflegeversicherung.

Wie Arbeitnehmer zahlen sie nur eine Hälfte der Versicherungsbeiträge; die andere Beitragshälfte trägt die Künstlersozialkasse. Die hierfür erforderlichen Mittel werden aus einem Zuschuss des Bundes und aus einer Abgabe der Unternehmen finanziert, die künstlerische und publizistische Leistungen verwerten (Künstlersozialabgabe).

Die Verwaltung der Künstlersozialversicherung übernimmt die Künstlersozialkasse.

Nach den gesetzlichen Bestimmungen sind Unternehmer, die zum Kreis der Abgabepflichtigen nach § 24 KSVG gehören oder regelmäßig Entgelte an Künstler oder Publizisten zahlen, verpflichtet, sich selbst bei der KSK zu melden.

Bis zum 31. März eines jeden Jahres müssen die Unternehmen der KSK die Entgelte mitteilen, die sie im abgelaufenen Kalenderjahr an selbstständige Künstler und Publizisten gezahlt haben.

| Künstlervertrag | Verwaltung | 429 |

Die Grundlage einer vertraglichen Beziehung zwischen Künstlern und Veranstaltern ist ein so genannter Konzert-/Aufführungs- oder Künstlervertrag. In diesem Vertrag werden Rechte und Pflichten des Künstlers und des Veranstalters im Einzelnen geregelt.

Häufig wird dieser Vertragsabschluss durch Künstleragenturen [⇒ 426] vermittelt. Zwischen dem Künstler und der Künstleragentur werden zur Anbahnung von Konzert- oder Aufführungsverträgen so genannte Agenturverträge geschlossen. Die Künstleragentur wird aber meist nur vermittelnd tätig. Der Vertrag selbst kommt ausschließlich zwischen dem Veranstalter und dem Künstler zu Stande.

Eine weitere Form der Künstlervermittlung besteht in dem Ein- und Verkauf der künstlerischen Leistung. Hierbei tritt die Eventagentur [⇒ 256] als eigener Vertragspartner sowohl zum Künstler als auch zum Veranstalter auf. Die Eventagentur hat in diesem Fall die vertraglichen Pflichten des Künstlers „eingekauft" und veräußert diese an den Veranstalter. Die Eventagentur erhält hierbei kein Vermittlungsentgelt, sondern bezieht ihren Gewinn aus der Differenz zwischen der an den Künstler gezahlten Gage und dem vom Veranstalter bezahlten Agenturgeld.

| Kuppenverspiegelte Lampe | Logistik | 430 |

Bei kuppenverspiegelten Lampen wird der vorn liegende Teil verspiegelt, sodass das emittierte Licht nach hinten reflektiert und dort mittels eines Spiegels in die gewünschte Richtung gelenkt wird (z. B. Parabolscheinwerfer).

L

| Landesimmissionsschutzgesetz | Verwaltung | 431 |

Bei der Benutzung von Geräten, die der Erzeugung oder Wiedergabe von Schall oder Schallzeichen dienen (Tongeräte), insbesondere Lautsprecher, Tonwiedergabegeräte, Musikinstrumente, Knallgeräte und ähnliche Geräte, ist das jeweilige Landesimmissionsschutzgesetz zu berücksichtigen.

Zweck der Landesimmissionsschutzgesetze ist es, Menschen, die natürliche Umwelt sowie Kultur- und Sachgüter vor schädlichen Umwelteinwirkungen im Sinne des § 3 Abs. 1 des Bundes-Immissionsschutzgesetzes zu schützen. Sie sehen Angaben zur Nachtruhe und zum Lärmschutz für Nachbarn und auf öffentlichen Plätzen vor. Sondergenehmigungen können vom Veranstalter eingeholt werden. Sie werden erteilt, wenn ein öffentliches Bedürfnis vorliegt.

| Laser | Logistik | 432 |

Laser ist eine Abkürzung aus dem Englischen für **L**ight **A**mplification by **S**timulated **E**mission of **R**adiation (Lichtverstärkung durch stimulierte Freisetzung von Strahlen). Der Laser ist ein Selbstleuchter, der monochromes, scharf gebündeltes und polarisiertes Licht aussendet. Die gebräuchlichsten Typen sind Rubin-, Helium-, Neon-, Kryptonionen- und Argonionenlaser. Durch einen Vorgang im Basismaterial werden Lichtwellen kohärent (schwingen zusammenhängend). Mit einem Spiegelsystem werden die gerichteten Wellen viele Millionen Mal hin und her reflektiert. Diese Mehrfachreflexion macht die sich bildende Lichtlawine zu einer stehenden Welle. Die monochrome Farbe ist abhängig von der Wahl des Basismaterials. Der erste Laser wurde im Jahr 1960 mit einem Rubinkristall realisiert.

| Laufsteg | Logistik | 433 |

Ein Laufsteg wird mit Bühnenpodesten von der Bühne [⇒ 144] aus in den Zuschauerraum hineingebaut. Laufstege kommen aus der Modebranche. Models führen dem Publikum Kollektionen vor, indem sie über den Laufsteg laufen.

Heute werden Laufstege auch bei anderen Veranstaltungen eingesetzt, um eine größere Nähe zum Publikum zu schaffen.

| Launch | Strategie | 434 |

Als Launch wird die Einführung einer neuen Marke, eines neuen Produktes oder einer neuen Internetseite bezeichnet.

Der Relaunch bezeichnet die Aktualisierung/Wiedereinführung eines Produktes, das bereits auf dem Markt ist, mit der Zielsetzung, den Produktlebenszyklus [⇒ 552] zu verlängern.

Lautsprecher	Logistik	435

Innerhalb eines Lautsprechers setzen schwingende Membranen ein elektrisches Signal in Schallwellen (akustische Schwingungen) um. In der Praxis werden für die unterschiedlichen Frequenzbereiche verschiedene Lautsprecherarten eingesetzt. Hier wird zwischen Bass-, Mitten- und Hochtonlautsprechern unterschieden. Eine weitere Unterscheidung erfolgt über den Einsatz der Verstärker bei Lautsprechern.

Layout	Logistik	436

Das Layout ist der detaillierte, grafische Entwurf für eine Drucksache. Die einzelnen Gestaltungselemente sind als Blindtexte (Texte ohne Sinn, Fotos in schwacher Auflösung oder gar nur Skizzen) eingesetzt.

Lead	Strategie	437

Der Begriff Lead ist ein umgangssprachlicher Begriff aus der Public Relations [⇒ 570] und bezeichnet den fett gedruckten Abschnitt zwischen Headline [⇒ 358] und Lauftext einer Pressemitteilung [⇒ 546]. Diese fasst alle wesentlichen Aussagen der Pressemitteilung prägnant zusammen.

Leadagentur	Strategie	438

Die Leadagentur ist die „Mutteragentur" innerhalb eines internationalen Agenturnetzwerkes. Sie gibt für ihre „Töchter" die Richtlinien und Vorgaben für Kampagnen und Arbeitsweisen vor.

Leads	Strategie	439

Leads ist ein amerikanischer Marketingbegriff für das Adressmaterial von potenziellen Kunden. Bei der Leadserzeugung geht es um das Gewinnen von Interessentenadressen.

Leaflet	Logistik	440

Als Leaflet werden Flyer [⇒ 288], Prospekte und Handzettel bezeichnet.

LED	Logistik	441

LED (Light Emitting Diode) sind kleine Halbleiterdioden, die rotes, gelbes oder grünes monochromes Licht aussenden und als Leuchtmittel für Scheinwerfer sowie als Anzeigekontrolle für Überwachungsfunktionen verwendet werden.

Leitbild	Strategie	442

Das Leitbild ist die Niederschrift der angestrebten Corporate Identity [⇒ 180] eines Unternehmens. Sie besteht aus Corporate Vision, Mission Statement [⇒ 494] und Claim [⇒ 171]. Das Leitbild setzt den Rahmen und die Richtlinien für das künftige unternehmerische Handeln und das Mitarbeiterverhalten.

Leonardo	Logistik	443

Leonardo ist die Bezeichnung für ein Übertragungssystem von Daten via ISDN. Dieses Übertragungssystem wird in der Werbe- und Verlagswirtschaft sehr häufig genutzt, um eine schnelle Übermittlung von Druckunterlagen zu realisieren.

Leuchtstofflampe	Logistik	444

Die Leuchtstofflampe ist eine Gasentladungslampe. Vertreter sind die Leuchtstoffröhren, die Kompakt-Leuchtstofflampen mit gefalteten Röhrensegmenten und die flachen Ausführungen für die Beleuchtung von modernen Flachbildschirmen.

Dieser Lampentyp ist aufgrund seines hohen Wirkungsgrad (bis zu 80 % weniger Strom und bis zu 15fache Lebensdauer gegenüber einer Glühlampe) weit verbreitet. Leuchtstofflampen enthalten Quecksilber und gehören damit zum Sondermüll.

Lichtbox	Logistik	445

Die Lichtbox ist ein Kasten aus Styroporplatten mit den Maßen 2 m × 2 m oder 1 m × 2 m. Zur Erzeugung von indirektem Licht wird er mit einer weißen oder einer spiegelnden Rückwand versehen. Die Lichtquelle leuchtet in den Kasten. Zur Erzeugung von direktem Licht wird die Rückwand mit einem Diffusor bespannt. Die Lichtquelle leuchtet durch die Bespannung.

Lichtgestalter (Lichtdesigner)	Logistik	446

Der Lichtdesigner (engl.: Lighting Designer) ist ein Berufsbild der Theater- und Showbranche in den USA und in Großbritannien. Ein Lichtdesigner beschäftigt sich mit der Gestaltung von Licht. Während Beleuchter [⇒ 099] oder Beleuchtungsmeister [⇒ 101] eher einen handwerklichen-technischen Hintergrund haben, beschäftigt sich der Lichtdesigner mit dem künstlerischen Aspekt der Lichtgestaltung.

Seit Kurzem ist ein Studium zum Lighting Designer auch in Deutschland möglich.

Lichtstellanlage	Logistik	447

Die Lichtstellanlage (Lichtpult) ist eine meist von einem Computer gesteuerte Einheit zur Koordinierung von Lichtstimmungen über verschiedene Stromkreise. Die Lichtstimmungen (Helligkeit und Reihenfolge der Schaltung von Scheinwerfern [⇒ 605] und Leuchten) werden im Vorfeld der Veranstaltung computergestützt gespeichert und während der Veranstaltung abgerufen.

Lieferschein	Verwaltung	448

Ein Lieferschein ist ein Dokument, das über gelieferte Waren Auskunft gibt. Die dokumentierten Waren müssen sowohl mit dem tatsächlichen Wareneingang als auch mit den auf der Rechnung [⇒ 580] abgerechneten Waren übereinstimmen.

Da es auf Events eine Vielzahl von Zulieferern und Gewerken [⇒ 334] gibt, ist auf korrekte Lieferscheine zu achten. Sie sind für die späteren Abrechnungen mit den Gewerken sowie für die eigene Abrechnung [⇒ 011] mit dem Kunden unerlässlich.

Light Grid	Logistik	449

Light Grid ist ein Diffusionsmaterial aus Segelstoff mit unterschiedlicher Transparenz. Es wird als Lichtfilter bei Scheinwerfern [⇒ 605] verwendet.

Line Array	Logistik	450

Line Array ist ein Lautsprechersystem, das über die Bühne gehängt (Fliegen [⇒ 281]) bzw. neben der Bühne aufgebaut wird. In der Praxis wird die Line Array aufgrund ihrer Form auch als Banane bezeichnet. Sie ermöglicht eine gleichmäßige und gleichzeitige Beschallung und spart unter Umständen die Delay Line [⇒ 201].

Linnebach-Projektor	Logistik	451

Der Linnebach-Projektor, benannt nach seinem Erbauer, gilt als einfachste Ausführung eines Projektors. Vor eine punktförmige Lichtquelle wird in einem angemessenen Abstand eine Maske mit einer Hell-Dunkel-Kontur montiert. Die Umrisse werden je nach Abstand scharf oder unscharf projiziert.

Linsenscheinwerfer	Logistik	452

Der Linsenscheinwerfer ist ein einfacher Scheinwerfer [⇒ 605] mit einer Linse innerhalb der Brennweite. Zur Änderung der Brennweite wird die Lichtquelle in der optischen Achse zur Linse oder von der Linse verschoben. Als Linsen werden die Plankonvex-, Stufen-/Fresnel- und die Prismenlinse verwendet.

Liquiditätsplanung	Verwaltung	453

Die Überwachung der Liquidität (kurzfristig verfügbare finanzielle Mittel) ist die Hauptaufgabe des Projektfinanzmanagements. Alle Einnahmen und Ausgaben müssen zeitlich und wertmäßig geplant und überwacht werden.
Hierfür müssen die Zahlungsbedingungen [⇒ 707] (insbesondere Akontozahlungen [⇒ 036]) mit dem Auftaggeber und den Lieferanten vereinbart werden bzw. muss die Finanzierung [⇒ 277] eines Events geplant werden.

Listbroking	Strategie/Logistik	454

Listbroking ist die Vermittlung von Adressen im Direktmarketing [⇒ 216]. Adressverlage [⇒ 021] sind im Listbroking tätig.

Lobbying	Strategie	455

Die Beziehungspflege von Unternehmen zu Entscheidungsträgern in der Politik nennt man Lobbying. Es verfolgt das Ziel, politische Institutionen bzw. Gremien für bestimmte unternehmerische Interessen günstig zu stimmen. Lobbying ist eine kontinuierliche Vorgehensweise, die direkt von dem Unternehmen oder mithilfe von speziellen PR-Agenturen getätigt werden kann.

Local-Production	Logistik	456

Bei Tourneen wird zwischen Tour- und Local-Production unterschieden. Die Local-Production umfasst die gesamte regionale Crew [⇒ 184], die am jeweiligen Veranstaltungsort für die Umsetzung der im Rider [⇒ 589] festgeschriebenen baulichen und organisatorischen Maßnahmen verantwortlich ist.

Location	Logistik	457

Je nach Art und Umfang eines Events ist die Recherche [⇒ 579] und Auswahl der passenden Location vorzunehmen. Als Location wird in der Praxis jeder Veranstaltungsraum bezeichnet, unabhängig von seiner Größe und Struktur. Auch Freiluft-Veranstaltungsflächen (Open-Air [⇒ 515]) werden Location genannt. Die Recherche der passenden Location kann sowohl in Eigenregie erfolgen oder durch die Beauftragung eines so genannten Location-Scout [⇒ 607].

Folgende Locations können beispielsweise als Veranstaltungsort dienen:
- Mehrzweckhallen [⇒ 484]
- Open-Air-Gelände
- Kongresszentren [⇒ 407]
- Tagungshotels [⇒ 650]
- öffentliche Wege, Straßenland und Plätze
- alte Schlösser und Anwesen
- Fabrikhallen und Bahnhöfe
- Schiffe

Bei der kreativen Auswahl der passenden Location gibt es kaum Grenzen. Jedoch müssen die rechtlichen und sicherheitstechnischen Vorschriften sowie die behördlichen Genehmigungspflichten [⇒ 096] beachten werden.

Logo	Strategie	458

Als Logo wird eine Bild- und/oder Wortmarke bezeichnet, welche Teil des Corporate Designs [⇒ 178] eines Unternehmens ist. Das Logo soll einen prägnanten und erinnerungswirksamen Eindruck bei Kunden und Geschäftspartnern hinterlassen. Bei der Gestaltung von Firmenevents ist die optimale Positionierung des Logos unerlässlich.

M

Mag-Max	Logistik	459

Als Mag-Max wird ein Farbwechsler mit Farbkassettensystem für Scheinwerfer [⇒ 605] bezeichnet. Die geklebte Farbanordnung wird in eine Kassette eingespannt, die unabhängig vom Aufnahmesystem ist. Das eigentliche Grundgerät bleibt im Scheinwerfer. Dadurch ist ein schneller Farbkassettenwechsel möglich.

Mailing	Strategie	460

Mailing ist der Oberbegriff für alle personalisierten Werbesendungen, die per Post versandt werden. Das Mailing ist ein Hauptelement des Direktmarketings [⇒ 216].

Mail-Order-Advertising	Strategie	461

Zur Gewinnung von Bestellungen die per Post ausgeliefert werden (Versandhandel), wird beim Mail-Order-Advertising eine Zielgruppe [⇒ 708] direkt mit Katalogen und Prospekten angesprochen.

Major-Act	Logistik	462

In der Umgangssprache ist der Hauptkünstler eines Festivals [⇒ 273] bzw. eines Bühnenprogramms ein Major-Act (oder auch TOP-Act). Ein Major-Act ist ein Musiker oder eine Musikgruppe, die bei einem Major-Label (große Plattenfirma) unter Vertrag steht.

Management by Delegation	Logistik	463

Management by Delegation ist eine Methode der Personalführung. Bei dieser Methode wird die Entscheidungsbefugnis in Sachfragen auf die Mitarbeiter delegiert.

Management by Exception	Logistik	464

Management by Exception ist eine Methode der Personalführung. Bei dieser Methode werden die alltäglichen Entscheidungen von nachgeordneten Stellen getroffen. Der Vorgesetzte entscheidet nur in Ausnahmefällen.

Management by Objectives	Logistik	465

Management by Objectives ist eine Methode der Personalführung. Hierfür werden mit jedem Mitarbeiter so genannte Zielvereinbarungen getroffen, die es in einem bestimmten Zeitraum zu erreichen gilt. Die Führungskraft beurteilt dabei die Leistung des Mitarbeiters nicht aufgrund seiner Anwesenheit am Arbeitsplatz, sondern aufgrund der Erreichung seiner Zielvereinbarung.

Management by Results	Logistik	466

Management by Results ist eine Methode der Personalführung. Bei dieser Methode werden vom Vorgesetzten den Mitarbeitern Ergebnisziele vorgegeben, die erreicht werden müssen. Der Vorgesetzte führt durch laufende Ergebnisüberwachung.

Managementmethoden	Logistik	467

Managementmethoden sind Konzepte, die Personal-, Unternehmens- und Projektführung systematisieren, indem sie bestimmte Prinzipien für das Führungsverhalten vorgeben.

Zu den bekanntesten Personal-Managementmethoden gehören:
- Management by Exception [⇒ 464]
- Management by Delegation [⇒ 463]
- Management by Objectives [⇒ 465]
- Management by Results [⇒ 466]

Das Führen von Mitarbeitern hat im Eventmanagement große Bedeutung, da bei Eventmaßnahmen eine Vielzahl von Personen zusammenarbeiten.

Marke	Strategie	468

Eine Marke ist eine Kombination aus dem Namen, Ausdruck, Symbol und/oder Zeichen und dient dazu, das Produkt- oder Leistungsangebot eines Unternehmens zu kennzeichnen und von der Konkurrenz abzuheben.

Marketing	Strategie	469

Marketing ist die Planung, Koordination und Kontrolle aller auf die aktuellen und potenziellen Märkte ausgerichteten Unternehmensaktivitäten. Durch eine dauerhafte Befriedigung der Kundenbedürfnisse sollen die Unternehmensziele verwirklicht werden.

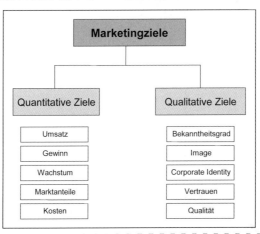

Innerhalb des Marketing-Mix [⇒ 471] steuert ein Unternehmen seine Marktaktivitäten über eine Kombination von marketingpolitischen Instrumenten, die aus Produktpolitik [⇒ 553], Preispolitik [⇒ 540], Distributionspolitik [⇒ 218] und der Kommunikationspolitik [⇒ 400] bestehen.

Im modernen Management wird zwischen internem (Blick auf Mitarbeiter) und externem Marketing (Blick auf Abnehmer, Lieferanten und Öffentlichkeit) unterschieden. Das Event-Marketing [⇒ 258] wird zur Erreichung der marktpolitischen Ziele übergreifend eingesetzt.

Marketing Communications	Strategie	470

Als Marketing Communications werden alle PR-Maßnahmen beschrieben, die der Absatzförderung dienen und begleitend zur Werbung und Verkaufsförderung eingesetzt werden, z. B. generische Informationskampagne [⇒ 327] und Medien-Event [⇒ 479].

Marketing-Mix	Strategie	471

Unter dem Begriff Marketing-Mix wird die Kombination und Koordinierung der marketingpolitischen Instrumente verstanden, die Unternehmen einsetzen, um ihre Unternehmensziele auf dem Zielmarkt zu verwirklichen.

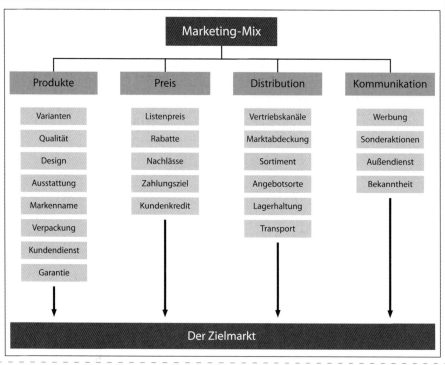

Jedes Marketinginstrument wird optimal auf den Zielmarkt ausgerichtet.
Innerhalb des Marketing-Mix steuern Unternehmen ihre Marktbewegungen und gehen auf die vorhandenen Marktsituationen ein. Die qualitative und quantitative Zusammenstellung des Marketing-Mix wird vom Untenehmen regelmäßig an wirtschaftliche und gesellschaftliche Veränderungen angepasst.

Marktanalyse	Strategie	472

Die Aufgabe der Marktanalyse ist es, die Signale des Marktes aufzunehmen und sie zu identifizieren. Sie untersucht die Stellung des werbetreibenden Unternehmens im Markt und bezieht Daten über den Marktanteil, den Preis und die Ausstattung des beworbenen Produkts ein. Die Marktanalyse identifiziert weiterhin die Wünsche und die Anforderungen der potenziellen Kunden.

Marktforschung	Strategie	473

Marktforschung ist eine systematische, empirische Untersuchungstätigkeit mit dem Zweck der Informationsgewinnung oder -verbesserung über die Marktlage und Marktveränderungen. Sie dient als Grundlage für beschaffungs- und absatzpolitische Entscheidungen. Unterschieden wird in erster Linie zwischen primärer und sekundärer Marktforschung.

Primäre Marktforschung: Die Gesamtheit der Erhebungsverfahren, mit deren Hilfe die für die Untersuchung erforderlichen Daten eigens neu erhoben werden.

Sekundäre Marktforschung: Die erneute Analyse von Daten, die primär für andere Zwecke erhoben wurden und im Rahmen früherer Untersuchungen aufbereitet und ausgewertet wurden.

Für Unternehmen werden die Aufgaben der Marktforschung entweder intern, in eigenen Abteilungen, oder extern, durch Marktforschungsinstitute, übernommen.

Maskenbildner	Logistik	474

Der Maskenbildner übernimmt alle kreativen Tätigkeiten der Masken- und Frisurgestaltung am Theater, bei Veranstaltungen und bei Film- und Fernsehproduktionen.
Er macht dem Akteur, dem Aufführungsstil entsprechend, die Maske und Frisur. Zu seinen Aufgaben gehören der Entwurf und die Anfertigung der notwendigen Perücken, Haarersatzteile, plastischen Masken und das Schminken der Maske sowie das Stylen der Frisur beim Akteur.
Seit dem 1. August 2002 ist Maskenbildner/Maskenbildnerin ein staatlich anerkannter Ausbildungsberuf.

Massenkommunikation	Strategie	475

Unter Massenkommunikation versteht man die öffentliche Übermittlung von Aussagen an einen großen Empfängerkreis. Hierzu gehören z. B. TV-Spots und Anzeigen in großen Publikumszeitungen und -zeitschriften. Im Gegensatz dazu steht die Face-to-Face-Kommunikation [⇒ 264].

Mediaagentur	Strategie	476

Die Mediaagentur ist eine selbstständige Werbeagentur [⇒ 697], die auf den Einkauf und die Planung von Werberaum, -fläche und -zeit spezialisiert ist. Mediaagenturen bündeln den Werbeplatzbedarf der Unternehmen und kaufen in deren Auftrag Werbeplätze im TV, Radio, Internet und in Printmedien. Das rasante Wachstum der Mediaagenturen ist mit der starken Konkurrenzentwicklung im Medienbereich zu verbinden. Festgelegte Preislisten für Werbung werden aufgrund der Vielzahl von Mitbewerbern im Medienbereich nicht mehr geführt. Mediaagenturen suchen für ihre Kunden die passenden Medien aus und buchen die Werbeplätze zu den bestmöglichsten Konditionen.

Media-Mix	Strategie	477

Media-Mix ist der zeitlich gestaffelte Einsatz verschiedener Medien im Rahmen einer Werbekampagne [⇒ 392] mit der Zielsetzung, eine optimale Wirkung zu erzielen. Der Media-Mix ist ein Teil der Mediaplanung [⇒ 478].

Mediaplanung	Strategie	478

Die Mediaplanung ist ein Tätigkeitsfeld innerhalb des Marketings. Sie umschreibt die Buchung bzw. den Einkauf von Werbeplätzen bzw. Werbezeiten. Die Mediaplanung verfolgt das Ziel, den größtmöglichen Nutzen bei geringstem finanziellem Einsatz zu erzielen. Hierfür wird ein Mediaplan entwickelt. Dieser legt fest, zu welcher Zeit und mit welcher Frequenz Anzeigen, Werbespots und PR-Beiträge geschaltet werden, um ein Produkt zu bewerben oder eine Botschaft in der Öffentlichkeit bestmöglichst zu platzieren.

Die Mediaplanung berücksichtigt dabei Erkenntnisse aus der Mediaforschung. Alle Medien publizieren durch ihre Mediadaten, in welcher Weise sie für eine bestimmte Zielgruppe relevant und damit für die Mediaplanung attraktiv sind.

Die Mediaplanung kann direkt von einem Unternehmen oder in Zusammenarbeit mit einer so genannten Mediaagentur [⇒ 476] durchgeführt werden.

Medien-Event	Strategie	479

Als Medien-Event wird eine Veranstaltung bezeichnet, die eine redaktionelle Berichterstattung zum Ziel hat. Dafür werden meist ein eindeutiger Erlebnischarakter geschaffen und/ oder prominente Gäste eingeladen. Medien-Events dienen Unternehmen, Verlagen und Fernsehsendern als Aushängeschild für eine positive Presse. Oftmals werden Medien-Events auch im Fernsehen ausgestrahlt (z. B. Preisverleihungen).

Mediengestalter/-in für Bild und Ton	Logistik	480

Mediengestalter/-innen sind für die elektronische Produktion und Gestaltung von Bild- und Tonmedien verantwortlich, z. B. Nachrichten- und Magazinbeiträgen, Dokumentationen, Hörspielen, Werbespots, Lehrfilmen, Musikvideos sowie Multimediaprodukten.

Zu den Tätigkeiten gehören insbesondere:
- die Auswahl und Inbetriebnahme der notwendigen Geräte
- das Sichten und Prüfen von Aufzeichnungen
- die Beschaffung von Bild- und Tonmaterial aus Archiven sowie das Ausführen von Format- und Normwandlungen
- die Tonaufnahme und -bearbeitung
- das Bearbeiten von Bild- und Tonmaterial am Schnittplatz
- das Ausführen von Bildmischungen in Zusammenarbeit mit Regie und Kamera, auch unter Live-Bedingungen

Der Ausbildungsberuf Mediengestalter/-in für Bild und Ton ist seit 1996 staatlich anerkannt. Die Ausbildung dauert drei Jahre.

Mediengestalter/-in für Digital- und Printmedien	Logistik	481

Mediengestalter/-innen für Digital- und Printmedien sind in Unternehmen der Informationsverarbeitung und Kommunikationsproduktherstellung, wie z. B. bei Werbe- und Multimediaagenturen und Werbestudios, Medien-Consulting-Unternehmen, Herstellern von Online- und Offlinemedien, Verlagen, Unternehmen der Druck- und Medienvorstufe sowie der Datentechnik und in Druckereien (Offset-, Tief- oder Digitaldruck) tätig.

Das Berufsbild ist in vier Fachrichtungen gegliedert:

Medienberatung: Projektplanungen für Medienprodukte, Kundenbetreuung, Projektmanagement, Projektvisualisierung und Datenverarbeitung

Mediendesign: Gestaltungskonzeption, rechnergestützte Text-, Bild- und Grafikgestaltung für Print- und Digitalprodukte

Medienoperating: Koordinierung von Produktionsabläufen, Transferieren und Konvertieren von Daten für die Mehrfachnutzung

Medientechnik: Herstellung von Endprodukten in Einzel- oder Serienfertigung, Kontrolle und Optimierung des Produktionsprozesses

Der Ausbildungsberuf Mediengestalter/-in für Digital- und Printmedien ist seit 1998 staatlich anerkannt. Die Ausbildung dauert drei Jahre.

Medienpartner	Strategie	482

Für öffentliche Veranstaltungen werden so genannte Medienpartner für die Vermarktung akquiriert. Medienpartner sind Radiostationen, Fernsehsender und Printmedien. Der Medienpartner unterstützt den Veranstalter mit werbenden Maßnahmen durch Medienveröffentlichungen. Im Gegenzug kann der Medienpartner als Sponsor [⇒ 626] die Veranstaltung als Werbeplattform für sein Medienprodukt nutzen.

Mehrgangmenü	Logistik	483

Das Mehrgangmenü ist eine häufig verwendete Form des Eventcaterings [⇒ 161] auf Gala-Veranstaltungen [⇒ 315] und Marketing-Events [⇒ 258]. Beim Mehrgangmenü werden den Gästen an ihrem Tisch bereits angerichtete Teller serviert. Ein Mehrgangmenü besteht aus Vorspeisen, Hauptgängen, Desserts und Zwischengängen. Übliche Menüfolgen sind das 3-Gang-Menü und das 5-Gang-Menü.

Mehrgangmenüs sind in der Regel für den Veranstalter kostenintensiver als Buffets [⇒ 149], da ein hoher logistischer Aufwand für den Caterer entsteht. So werden eine Vielzahl von Servicekräften benötigt und genügend Rückraum für das Anrichten der Teller. Die Gäste sitzen beim Mehrgangmenü meist an runden Bankett-Tischen [⇒ 113], an denen 8 bis 12 Personen Platz finden.

Mehrzweckhalle	Logistik	484

Die Mehrzweckhalle ist eine überdachte Versammlungsstätte. Sie kann multifunktional ausgestattet werden und dient als Location [⇒ 457] für diverse Veranstaltungen, wie z. B. Sportveranstaltungen, Konzerte und Vorträge.

Merchandising	Logistik	485

Unter Merchandising werden die Produktion und Vermarktung von Ableger-Produkten rund um ein Hauptprodukt angesehen. Auf Konzerten [⇒ 414] werden so genannte Merchandising-Stände platziert, die Produkte rund um den auftretenden Künstler verkaufen. Die Palette der Merchandising-Produkte reicht dabei von Video-, Bild- und Tonträgern über Bücher bis zu Sammelartikeln wie Figuren und Gebrauchsartikeln wie Teller, Tassen, Schlüsselanhänger usw.

Merchandising ist insbesondere ein Geschäftsfeld von Medienunternehmen (z. B. Kinofilme, TV-Produktionen), Sportvereinen (z. B. Fußball-Bundesligavereine) und Unterhaltungsfirmen (z. B. Musicals, Konzerte). Diese vergeben oft auch Merchandise-Lizenzen an Firmen, die auf die Vermarktung von Merchandising-Produkten spezialisiert sind.

Messe	Strategie	486

Eine Messe ist eine Marktveranstaltung, auf der Anbieter und Nachfrager in großer Zahl zusammengeführt werden. Messen werden entweder für einen bestimmten Wirtschaftszweig (Fachmesse) oder mehrere Wirtschaftszweige (Universalmesse) veranstaltet. Sie finden meist in einem regelmäßigen Turnus am gleichen Ort statt, um eine langfristige Etablierung und Akzeptanz zu erzielen.

Unternehmen haben die Möglichkeit, als Aussteller einen Messestand zu buchen. Der Mietpreis des Messestandes richtet sich nach der Anzahl der gebuchten Quadratmeter und der Besucherfrequenz einer Messe. Für den Aussteller ist es bei einer Messe sehr wichtig, sich von anderen Ausstellern abzuheben. Dieses gelingt durch die Gestaltung des Messestandes, die Inszenierung eines Rahmenprogramms und den persönlichen Kontakt mit dem Besucher.

Ziel der Messebeteiligung eines Unternehmens ist es, Produkte, insbesondere Neuentwicklungen vorzustellen, Kunden zu akquirieren und Geschäfte abzuschließen.

Messebau	Logistik	487

Damit sich ein Aussteller auf der Messe [⇒ 486] von seinen Mitbewerbern abheben kann, gilt es, die Gestaltung des Messeauftrittes so zu inszenieren, dass das Interesse einer hohen Zahl von Besuchern gewonnen wird. Auf die Umsetzung haben sich Unternehmen spezialisiert, so genannte Messebauer.

Messebauer planen, konzipieren und stellen Messestände her. Sie fertigen Messestand-Elemente in ihrer Werkstatt vor und montieren den gesamten Stand auf dem Messegelände. Eine Vielzahl von Messebauern führt auch Kreativdienstleistungen und das gesamte Projektmanagement für den Messeauftritt ihrer Kunden durch.

Messegastronomie	Logistik	488

Die Messegastronomie ist eine Spezialisierung des Caterings [⇒ 161] und übernimmt alle gastronomischen Leistungen einer Messe [⇒ 486].

Zu den gastronomischen Leistungen einer Messe gehören:
- gastronomische Verkaufsstände für Besucher
- Messerestaurants und -bistros
- gastronomische Betreuung von einzelnen Messeständen

Die Messegastronomie ist für den Ablauf einer Messe sehr wichtig. Besucher verweilen meist über Stunden auf dem Messegelände und benötigen daher die Versorgung mit Speisen und Getränken. Aussteller versuchen, durch das Angebot von Heiß- und Kaltgetränken sowie kleinen Köstlichkeiten, wie z. B. Canapés und Fingerfood, Besucher an ihren Stand zu binden.

Die Messegastronomie wird meist zentral vom Betreiber des Messegeländes vergeben, sodass jeder Aussteller auf die Leistungen eines vorgegebenen Catering-Unternehmens zurückgreifen muss.

| Metaplan-Technik | Kreativität | 489 |

Die Metaplan-Technik wird oftmals auch als schriftliches Pendant zum Brainstorming [⇒ 132] bezeichnet. Die Metaplan-Technik ist jedoch mehr als Brainstorming. Während beim Brainstorming mündliche Ideen innerhalb einer Gruppe geäußert und protokolliert werden, stehen bei der Metaplan-Technik die Erfassung der Ideen, die Visualisierung und die Strukturierung im Vordergrund. Jeder Teilnehmer schreibt seine Ideen auf Karten. Diese werden dann an eine Metaplan-Tafel gehängt, strukturiert und ergänzt. Die Metaplan-Technik sollte mit einem unabhängigen Moderator durchgeführt werden, der die Gruppe bei der objektiven Strukturierung und Diskussionsführung unterstützt.

Die Metaplan-Technik wurde von dem gleichnamigen Beratungsdienstleister und Hilfsmittelproduzenten Metaplan GmbH entwickelt.

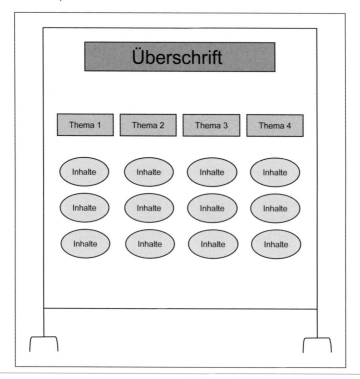

| Microlight | Logistik | 490 |

Als Microlight werden kleine Parabolspiegel-Leuchten mit Schieberegler und Torblende bezeichnet. Sie werden als Kamera-Augenlicht (Inkie Dinki) eingesetzt.

Mikrofon	Logistik	491

Die Aufgabe von Mikrofonen ist es, akustische Signale (Schallschwingungen) in elektrische Signale (Wechselspannungen) umzuwandeln. Das Mikrofon verfolgt das Prinzip eines umgekehrten Lautsprechers. Dabei werden die Schallschwingungen zunächst in mechanische Schwingungen gewandelt, um anschließend in elektrische Spannungen umgesetzt zu werden. Es gibt diverse Arten von Mikrofonen, die diese elektroakustische Wandlung in unterschiedlicher Form realisieren.

Dynamisches Mikrofon: Das dynamische Mikrofon bedient sich des Induktionsprinzips zur elektroakustischen Wandlung. Beim Induktionsprinzip wird ein elektrischer Leiter in einem Magnetfeld senkrecht zum Magnetfeld bewegt. So entsteht eine Spannung. Das Mikrofon gilt als robust und benötigt keine Speisespannung (Batterien). Das dynamische Mikrofon wird aufgrund seiner Unempfindlichkeit im Popmusik-Bereich eingesetzt.

Kondensatormikrofon: Das Kondensatormikrofon arbeitet mit zwei gegenpolig geladenen Elektroden. Beim Kondensatormikrofon dienen hierbei die Membran und eine feste Gegenelektrode als Kondensator. Durch die auftreffenden Luftbewegungen ändert sich der Abstand der Elektroden, wodurch eine Wechselspannung entsteht. Das Mikrofon hat ein sehr geringes Gewicht und daher ein gutes Einschwingungsverhalten. Dadurch gewährleistet es eine originalgetreue Wiedergabe, und auch leise Töne können aufgenommen und weitergegeben werden. Das Kondensatormikrofon wird in der klassischen Musik und als Rednermikrofon (insbesondere im Radio) eingesetzt.

In der Praxis finden sowohl drahtgebundene als auch drahtlose Mikrofone Verwendung. Drahtlose Mikrofone haben einen Sender und einen Empfänger. Bei Handmikrofonen sitzt der Sender an der Mikrofonkapsel. Ansteckmikrofone haben einen so genannten Taschensender, der am Gürtel oder Hosenbund des Akteurs befestigt wird. Ein drahtloses Mikrofon ist störungsanfälliger als ein drahtgebundenes Mikrofon.

Mikrofone unterscheiden sich außerdem durch ihre Charakteristik. Als Mikrofoncharakteristik wird die Empfindlichkeit eines Mikrofons für eine bestimmte Richtung bezeichnet. Hierbei wird zwischen der Kugel-, Acht- und Nierencharakteristik unterschieden.

Mindmapping	Kreativität	492

Mindmapping ist eine Kreativitätsmethode [⇒ 420], bei der Problemstellungen und Lösungsvorschläge bildlich dargestellt werden. Diese in den 70er-Jahren von dem Engländer Tony Buzan entwickelte Methode verbindet das sprachliche und bildhafte Denken und ist somit für die Ideenfindung und zur Problemanalyse geeignet. Mindmapping basiert auf den Ergebnissen der modernen Hirnforschung und berücksichtigt die Aufgabenverteilung der beiden Gehirnhälften.

Die Durchführung:

- Der Teilnehmer/die Teilnehmer schreiben das Thema in die Mitte eines Blattes und kreisen es ein.
- Vom Themenkreis werden Verästelungen gezogen, die das Problem in weitere Teilthemen gliedern. Ausgehend von den Teilthemen werden weitere Zweige mit Lösungsvorschlägen gebildet.

- Jedes Wort bekommt eine Linie.
- Jeder Gedanke ist es wert, festgehalten zu werden.
- Jede Linie ist mit einer anderen verbunden.

Am Schluss entsteht ein so genanntes Mind-Map, das die Themenstellung detailliert und von verschiedenen Sichtweisen abbildet.

Das Mindmapping hat den Vorteil, dass es auch von Einzelpersonen durchführbar ist und einen Überblick über das Gesamtthema bietet.

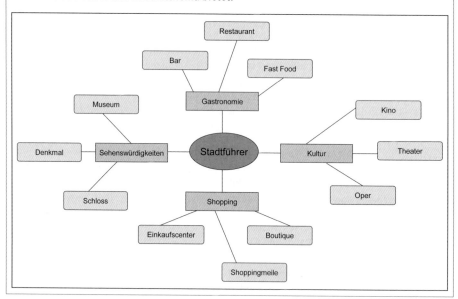

Mischpult	Logistik	493

Das Tonmischpult hat folgende Aufgaben:
- die Mischung mehrerer Tonquellen
- das Angleichen der Audiopegel
- die Steuerung des Frequenzgangs
- die Klangveränderung
- die Effektgestaltung

Ein Mischpult besteht aus mehreren Kanälen (Channels), die zusammen gemischt und als Stereosumme (Main Mix) an die Endstufe ausgegeben werden. Die Audiosignale können verschiedenartig beeinflusst werden. Um Audiosignale mit einem Effekt, wie z. B. Hall, zu versehen, kann ein Signal zu einem Effektgerät [⇒ 235] außerhalb des Mischpults gesendet werden.

Mission Statement	Strategie	494

Die prägnant formulierte Kernaussage zu den grundlegenden Werten, Zielen und Erfolgskriterien eines Unternehmens nennt man Mission Statement. Es beschreibt die Kompetenzen, Leistungsfähigkeit und Wettbewerbsvorteile. Das Mission Statement ist Bestandteil des Leitbildes [⇒ 442] und dient als Rahmen für das unternehmerische Handeln.

Moderator	Logistik	495

Der Moderator ist eine Person, die eine Diskussion, ein Event, einen Workshop, eine Radio- oder eine Fernsehshow leitet und lenkt. Bei der Auswahl eines Moderators ist auf das Thema, die Zielgruppe [⇒ 708] und die Zielsetzung der Veranstaltung zu achten. Spezielle Künstleragenturen [⇒ 426] vermitteln auch passende Moderatoren.

Monitoring	Logistik	496

Die Voraussetzung für gutes Sprechen oder Singen ist es, dass der Akteur seine Stimme und die Tonqualität kontrollieren kann. Hierfür muss der Akteur die Möglichkeit haben, seine Stimme zu hören.

Das Monitoring übernimmt die Aufgabe, die Hörbedingungen des Akteurs zu verbessern. Hierfür werden auf der Bühne so genannte Monitorboxen (Monitorlautsprecher) in Richtung des Akteurs positioniert, welche für den Akteur ein optimales Lautstärkeverhältnis erzeugen. Seit einigen Jahren wird die Monitorbox teilweise von einem In-Ear-System [⇒ 375] abgelöst.

Monitoring	Strategie	497

Der Begriff Monitoring ist das Fachsynonym für die Erfolgskontrolle [⇒ 252] im Marketing [⇒ 469].

Morphologischer Kasten	Kreativität	498

Die Kreativitätsmethode [⇒ 420] „Morphologischer Kasten" eignet sich für die Aufgabenanalyse/-lösung. Das Problem wird in der linken Spalte einer Tabelle in verschiedene Einzelaspekte zerlegt. Die rechten Spalten werden mit Lösungsvorschlägen zu den Einzelaspekten versehen. Am Schluss können die Teilnehmer durch die Kombination der einzelnen Lösungsvorschläge die Gesamtlösung herausarbeiten. Gleichzeitig dient die Matrix als Protokoll aller Ergebnisse.

Moving Head	Logistik	499
In der Übersetzung bedeutet der Begriff Moving Head so viel wie beweglicher Kopf. Moving Heads können zur Positionierung des Lichtstrahls den gesamten Lampenkopf bewegen. Im Allgemeinen ist zusätzlich eine Farbwechslerfunktion [⇒ 271], Gobofunktion [⇒ 341] sowie Shutterfunktion integriert.		

Moving Light	Logistik	500
Lichtquellen mit fernsteuerbarer Positionierung der vertikalen und horizontalen Achsen werden allgemein als Moving Lights bezeichnet. Die Bewegungsparameter heißen Pan und Tilt [⇒ 522]. Die zwei wesentlichen zwei Bauformen sind spiegelbewegte (sog. Scanner [⇒ 603]) und kopfbewegte (Moving Head [⇒ 500]) Moving Lights.		

Multicore	Logistik	501
Multicore ist ein Kabel mit mehreren Leitungen, das verschiedene Signale getrennt überträgt. Es ist dennoch in einem Mantel zusammenfasst. Multicores werden besonders im Live-Betrieb benutzt, da sie die Möglichkeit bieten, viele Signale gleichzeitig von und zur Bühne zu führen. Im Studio werden Mehrspurmaschinen und Mischpulte [⇒ 493] über Multicores miteinander verbunden.		

Multimedia	Strategie	502
Multimedia wird die Integration unterschiedlicher Medien (Bild, Ton, Text, Film, Grafik) innerhalb einer Präsentation genannt.		

Muster-Versammlungsstättenverordnung	Verwaltung	503
Die von der ARGEBAU veröffentlichte Muster-Versammlungsstättenverordnung (MVStättV) bedarf der Umsetzung in Landesrecht. Die konkret anzuwendenden Vorschriften ergeben sich aus der Versammlungsstättenverordnung [⇒ 687] des jeweiligen Landes. Die MVStättV soll dabei eine bundesweite Vereinheitlichung der Regelungen zu Versammlungsstätten herbeizuführen.		

Die MVStättV enthält Vorgaben:
- zum Schutz der Besucher der Versammlungsstätte
- zum sicheren Aufenthalt von Personen in der Versammlungsstätte
- zur sicheren und schnellen Evakuierung von Personen aus der Versammlungsstätte

Die MVStättV gilt Indoor für Versammlungsstätten, die mehr als 200 Personen fassen. Bei Outdoor-Versammlungsstätten gilt die Verordnung bei einer Kapazität von mehr als 1000 Besuchern, sofern bauliche Anlagen bestehen. In Sportstadien gilt sie bei einer Kapazität von mehr als 5000 Besuchern.

Hinweis: Die Muster-Versammlungsstättenverordnung ist im Anhang komplett abgedruckt.

N

Nachfassaktion	Strategie	504

Eine Nachfassaktion ist das nochmalige Ansprechen von Adressaten, die auf eine Marketingbotschaft noch nicht reagiert haben.

Nachkalkulation	Verwaltung	505

Die Nachkalkulation muss zeitnah nach der Veranstaltung durchgeführt werden. Alle Rechnungen für Fremdleistungen müssen aufgelistet und mit den Kosten der Detailkalkulation [⇒ 203] verglichen werden.

Die Nachkalkulation deckt Fehler und Abweichungen auf und bietet dem Eventmanager die letzte Möglichkeit, mit dem Auftraggeber nachzuverhandeln, bevor die endgültige Abrechnung [⇒ 011] erfolgt.

Nachrichtenagentur	Strategie	506

Nachrichtenagenturen sind Pressedienste, die aktuelle Nachrichten sammeln, verarbeiten und an alle angeschlossenen Presseredaktionen weiterleiten. Daher sind Nachrichtenagenturen auch als Empfänger für den Versand von Pressemitteilungen [⇒ 546] interessant und ihre Vertreter gern gesehene Gäste auf Pressekonferenzen [⇒ 543].

Nebelmaschine	Logistik	507

Eine Nebelmaschine stellt künstlichen Nebel her, indem sie Nebelfluid verdunstet. Nebelfluide bestehen hauptsächlich aus destilliertem Wasser und Propylenglykol.

Für die Realisierung von Bodennebel (z. B. in Diskotheken) wird häufig Trockeneis [⇒ 668] verwendet.

Man verwendet Nebelmaschinen unter anderem für Bühnenshows auf Veranstaltungen, in Film- und Fernsehproduktionen sowie auf Tanzflächen in Diskotheken.

In Verbindung mit verschiedenen Beleuchtungsvarianten lassen sich mithilfe der Nebelmaschine verschiedenartige optische Effekte erzeugen.

Nebenlicht	Logistik	508

Als Nebenlicht wird unerwünschtes Licht an einem Scheinwerfer [⇒ 605], das beispielsweise durch Lüftungsschlitze am Gehäuse entsteht, bezeichnet.

Networking	Strategie	509

Networking ist eine Variante des Marketings. Unter Networking versteht man die geplante und gezielte Kontaktanbahnung und -pflege zwischen Personen mit dem Ziel des Erfahrungsaustausches und der geschäftlichen Zusammenarbeit.

Networking nimmt immer mehr Platz auf Veranstaltungen ein. Zum Beispiel werden auf Kongressen [⇒ 404] regelmäßig so genannte Get-together-Abende [⇒ 332] organisiert, um das Networking zwischen den Teilnehmern zu fördern. Seminarteilnehmer nutzen Pausen [⇒ 527], um Networking zu praktizieren. Auf Messen [⇒ 486] ist das Networking die wichtigste Aufgabe des Messestand-Personals.

Netzplan	Logistik	510

Ein Planungstool des Projektmanagements [⇒ 561] ist der Netzplan. Er ist insbesondere bei größeren Eventmaßnahmen mit einer Vielzahl von Beteiligten und längerer Projektdauer zu empfehlen. Laut DIN 69900 [⇒ 213] ist der Netzplan eine „graphische oder tabellarische Darstellung einer Ablaufstruktur, die aus Vorgängen bzw. Ereignissen und Anordnungsbeziehungen besteht".

Der Netzplan stellt Projektabläufe mit Zeitangaben und Alternativwegen (kritischer Weg) dar. Eventuelle Pufferzeiten werden berücksichtigt.

Neue Medien	Strategie	511

Die Weiterentwicklung so genannter „Neuer Medien" führt zu Veränderungen in der Marketing- und Mediaplanung [⇒ 478]. Zu der Gattung der Neuen Medien gehören das Internet, Digitales Fernsehen, Kabelfernsehen und audiovisuelle Speichermedien (CD-Rom, DVD, Video).

Die Neuen Medien sind nicht nur umfangreiche Informationsinstrumente, sondern bieten teilweise die Möglichkeit des Dialoges zwischen dem Anbieter und dem Empfänger. Dadurch verändern sich die Marketingstrategien der Werbetreibenden elementar.

Für Eventmanager hat die Weiterentwicklung der Neuen Medien eine große Bedeutung. So entwickelt sich ein Trend, Events crossmedial [⇒ 187] durchzuführen, d. h. beispielsweise, dass Events im Internet vermarktet und live ausgestrahlt werden, Eventaufzeichnungen per DVD weiterverwertet werden und Nachfassaktionen [⇒ 504] per E-Mail realisiert werden können.

Noise-Gate	Logistik	512

Gate ist die umgangsprachliche Kurzform für Noise-Gate. Es ist ein Gerät, das das Signal abschaltet, sobald der Tonpegel unter einen festgelegten Schwellwert fällt. Das Noise-Gate wird in der Tontechnik benutzt, um Spielpausen im Nutzsignal (z. B. zwischen mehreren Trommelschlägen) zu erhalten und Störsignale auszublenden.

O

Oberbeleuchter	Logistik	513

Der Oberbeleuchter (OB) ist der leitende Lichttechniker einer Film- und Fernsehproduktion. In Zusammenarbeit mit anderen Lichttechnikern ist er technisch und gestalterisch für die Umsetzung der Lichtvorstellungen des Lichtdesigners [⇒ 446], des Regisseurs bzw. des Kameramannes verantwortlich.

Off-Records	Strategie	514

Off-Records ist ein umgangssprachlicher Begriff aus der Public Relations [⇒ 570] und beschreibt die Schweigepflicht eines Journalisten über Informationen, die noch nicht in die Öffentlichkeit gelangen dürfen. Wenn sich ein Unternehmensvertreter mit einem Journalisten auf ein Off-Records einigt, so kann dieser Hintergrundinformationen für seine Recherchen erhalten, ohne dass er diese veröffentlichen darf.

Open-Air	Logistik	515

Der Begriff Open-Air hat in der Praxis zwei Bedeutungen.
1. Open-Air (engl. Bedeutung: im Freien) meint jede Veranstaltung, die unüberdacht stattfindet (z. B. auch Straßenfeste).
2. Open-Air beschreibt musikalische Großveranstaltungen (Konzerte [⇒ 414]), die unüberdacht stattfinden. Oft handelt es sich hierbei auch um Open-Air-Festivals [⇒ 273].

Open-Air-Veranstaltungen sind aufgrund der Witterungsbedingungen ein risikoreiches Unterfangen. Es ist zum einen ein sicherheitsbedingtes (z. B. durch Windlasten), zum anderen ein finanzielles Risiko (Ausbleiben von Zuschauern). Es gibt die Möglichkeit, eine Schlechtwetter-Versicherung [⇒ 704] abzuschließen.

Open-Space	Strategie	516

Open-Space (engl. für offener Raum) ist eine Konferenzmethode für große Gruppen (meist ab 30 Personen). Die Methode wurde von Harrison Owen (USA) Mitte der Achtzigerjahre des letzten Jahrhunderts entwickelt und hat als Ziel, Probleme eines Unternehmens mit möglichst vielen Mitarbeitern zu lösen.

Das Ungewöhnliche der Open-Space-Technology sind drei Regeln:
- Es gibt keine typische Tagesordnung.
- Es gibt keine vorbestimmten Redner.
- Es gibt keine festgelegten Aufgaben.

Die Konferenz wird durch einen Moderator [⇒ 495] geleitet, der den Teilnehmern aber den Freiraum für ihre Ideen und Anregungen lässt. Die Dauer eines Open-Space kann zwischen einem und drei Tagen betragen und ist in drei Phasen eingeteilt:
1. Divergenzphase: Nach der Einleitung und Vorstellung, teilen sich die Teilnehmer selbstständig in verschiedene Workshops [⇒ 706] ein.

2. Konvergenzphase: Ergebnisse der Workshops werden zusammengetragen, diskutiert und gewichtet.
3. Umsetzungsphase: Nach der Konferenz werden die Ergebnisse der Open-Space-Veranstaltung umgesetzt.

Aufgrund der ungezwungenen und wechselnden Gruppenzusammensetzungen wird die Open-Space-Methode auch gerne als organisierte Kaffeepause [⇒ 527] bezeichnet. Die Hintergründe für diesen Begriff waren Owens Erfahrungen von früheren Kongressen [⇒ 404], bei denen die Teilnehmer trotz sorgfältigster Vorbereitungen, was Redner- und Themenauswahl betraf, in der Reflexion die Kaffeepausen als Kommunikationsmöglichkeit am meisten lobten.

Opinionleader	Strategie	517
Opinionleader sind so genannte Meinungsführer. Sie sind Persönlichkeiten, die öffentliches Interesse genießen und sich demzufolge eignen, im Rahmen einer PR-Strategie als Multiplikator für ein Unternehmen, eine Marke oder eine Botschaft eingesetzt zu werden.		

Orchesterpodium	Logistik	518
Das Orchesterpodium ist eine Versenkeinrichtung im Vorbühnenbereich, die in verschiedenen Stellungen entweder Orchestergraben, vergrößerte Vorbühnenfläche oder Fläche für Zuschauer sein kann.		

Osborn-Checkliste	Kreativität	519
Alex Osborn, der Erfinder des Brainstormings [⇒ 132], entwickelte in den Fünfzigerjahren des letzten Jahrhunderts die nach ihm benannte Checkliste [⇒ 165] zur Problemlösung. Sie enthält neun Aufforderungen, mit den bekannten bzw. bisher entwickelten Problemlösungsansätzen und Ideen kreativ zu arbeiten und diese systematisch zu variieren. Die Checkliste beinhaltet folgende Aufforderungen: 1. Put to other uses (Anders verwenden) 2. Adapt (Nachahmen, nach Ähnlichem suchen) 3. Modify (Ändern: Farbe, Form, Klang usw.) 4. Magnify (Vergrößern, etwas hinzufügen, schneller machen usw.) 5. Minify (Verkleinern, etwas weglassen, langsamer machen usw.) 6. Substitute (Ersetzen: anderes Material, andere Bestandteile usw.) 7. Rearrange (Umstellen, neu sortieren, anders zusammenfügen) 8. Reverse (Umkehren, umdrehen, von der anderen Seite anschauen, auf den Kopf stellen) 9. Combine (Kombinieren, zusammenfügen, vermischen)		

| Overhead-Projektor | Logistik | 520 |

Mit einem Overhead-Projektor lassen sich Bilder/Präsentationen auf transparenten Folien an eine Wand projizieren. Dazu verfügt der Projektor über ein System aus Lampen und Linsen in einem Gehäuse, eine gläserne Abdeckung des Gehäuses und einen senkrecht nach oben wegführenden Arm mit einer Kombination aus Spiegel und Objektiv.

Overhead-Projektoren werden verwendet, um eine Präsentation einer größeren Anzahl von Personen gleichzeitig zu zeigen. Sie werden sehr oft auf Seminaren [⇒ 611], Workshops [⇒ 706] und Tagungen [⇒ 648] eingesetzt.

Durch die rasante Entwicklung des Computers wird der Overhead-Projektor immer häufiger durch einen Beamer [⇒ 094] ersetzt.

P

| Panel | Strategie | 521 |

Panel ist ein Verfahren, bei welchem in ausgewähltem Umfang mit bestimmten Adressaten regelmäßig Befragungen erfolgen. In der Marktforschung bezieht sich das gleiche Verfahren auf gleich bleibende Fragen bzw. Befragungsgegenstände.

| Pan/Tilt | Logistik | 522 |

Pan/Tilt (Drehen und Neigen) bezeichnet die Bewegungsparameter von Moving Lights. Auf den Lichtstellanlagen sind für diese Parameter meist spezielle Bedienelemente vorgesehen, wie beispielsweise ein Trackball, Endlosdrehgeber oder ein Steuerknüppel. Pan ist der Parameter für die horizontale und Tilt der Parameter für die vertikale Bewegung.

| PA (Public Address) | Logistik | 523 |

Der Begriff PA leitet sich aus dem englischen „Public Address" ab. Als PA wird das Zusammenspiel aller Elemente, die zum Beschallen einer Zuschauermenge nötig sind, bezeichnet. Die PA umfasst also die Mikrofone [⇒ 491], die Verstärker, die Lautsprecherboxen, die Mischpulte [⇒ 493], die Effektgeräte [⇒ 235], die Kabel und das gesamte Zubehör.

Umgangssprachlich werden als PA meist nur die Boxen für die Publikumsbeschallung sowie die dazugehörenden Verstärker und Controller bezeichnet.

| Parkplatz | Logistik | 524 |

Die Bereitstellung von ausreichenden Parkplätzen und die Koordinierung der Fahrzeuge ist insbesondere bei Großveranstaltungen eine wichtige Aufgabe. Eine Verzögerung bei der Einweisung der Gäste kann den gesamten Veranstaltungsablauf behindern (z. B. verzögerter Einlass [⇒ 240]).

Die Straßenverkehrsordnung [⇒ 637] ist bei der Einweisung zu beachten, da es zu Verkehrsstörungen durch Stau kommen kann.

| PAR-Lampe | Logistik | 525 |

PAR ist die Abkürzung für Parabolic Aluminized Reflector (parabolischer Aluminiumreflektor). Es ist eine Lampe mit Glüh- oder Brenneinheit, die mit dem Reflektor verbunden ist. Als Glühlampe hat sie eine große Bedeutung und Beliebtheit erlangt, da sie robust und preiswert ist. PAR-Lampen gibt es in unterschiedlichen Spannungs- und Leistungsstufen. Der Lichtaustritt ist nicht rund, sondern elliptisch.

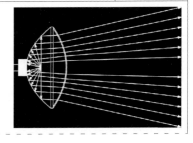

Da das Glas den Lichtsstrahl am Ende zerstreut, unterscheidet man je nach Lichtkegel verschiedene Lichtquellen.
Verwendet werden: PAR 64, 56, 46, 36, 20, 16 (Modellbau). Die Zahl gibt den Reflektordurchmesser in 1/10 Zoll an.

PAR-Truss	Logistik	526

Eine große Traverse [⇒ 666] mit im Inneren montierten PAR-Bars [⇒ 525] wird PAR-Truss genannt.
Durch die bereits installierten PAR-Bars ist der Transport platzsparend und der Einsatz unkompliziert. Die Bars werden einfach abgesenkt und stehen unterhalb der Traverse raus.
Es gibt auch kleinere Ausführungen der Truss. Dabei sind die PAR-Bars von außen montiert.

Pause	Strategie	527

Die Gestaltung von Pausen ist insbesondere bei der Organisation von Seminaren [⇒ 611], Workshops [⇒ 706] und Kongressen [⇒ 404] wichtig. Einerseits muss in den Pausen für die Verpflegung (Catering [⇒ 161]) der Teilnehmer gesorgt werden und anderseits soll genügend Raum für ein aktives Networking [⇒ 509] und eventuell den Besuch z. B. der Industrieausstellung [⇒ 406] gelassen werden.
Bei Tagesveranstaltungen sollten mehrere Kaffeepausen und eine längere Mittagspause eingeplant werden.

Personalagentur	Logistik	528

Um den kurzfristigen Personalbedarf für die Durchführung eines Events zu decken, greifen Eventmanager meist auf Personalagenturen zurück. Diese stellen dem Eventmanager die passenden Fachkräfte zur Verfügung. Die Fachkräfte haben ein Arbeitsverhältnis mit der Personalagentur und werden nur für das Event ausgeliehen.
Die Abrechnung erfolgt einfach per Rechnungslegung durch die Personalagentur. Die Lohnsteuer und Sozialversicherungsbeiträge werden durch die Personalagentur abgeführt.
Bei der Zusammenarbeit mit Personalagenturen ist zu beachten, dass die Agentur eine „Erlaubnis zur gewerbsmäßigen Arbeitnehmerüberlassung (AÜG)" besitzt.

Personalinstruktion	Logistik	529

Vor der Veranstaltung muss ein Mitarbeiterbriefing (Personalinstruktion) durch die verantwortlichen Leiter mit allen Mitarbeitern, z. B. Servicekräften [⇒ 613] und Hostessen [⇒ 364], erfolgen. Die Mitarbeiter müssen über den Veranstaltungsablauf, die örtlichen Gegebenheiten und die zu erwartenden Gäste informiert werden. Insbesondere Notausgänge und Fluchtwege [⇒ 284] müssen jedem Mitarbeiter bekannt sein.
Wenn VIP-Gäste [⇒ 691] erwartet werden, sollten auch Fotos von den jeweiligen Gästen gezeigt werden, damit diese von den Mitarbeitern erkannt werden und ein reibungsloser Service gewährleistet werden kann.

| Pfandsystem | Logistik | 530 |

Um gerade bei öffentlichen Veranstaltungen den Geschirr-, Flaschen- und Dosen-Rücklauf [⇒ 595] zu gewährleistet, wird meist ein Pfandsystem angewendet. Bei der Ausgabe von Speisen und Getränken zahlt der Gast einen vorher bestimmten Betrag, den er bei der Rückgabe des Geschirrs, Flaschen bzw. Dosen zurückerhält. Damit nur die Flaschen und Dosen zurückgegeben werden, die auch bei dem jeweiligen Verkaufsstand erworben wurden, erhält der Gast bei der Ausgabe einen so genannten Pfandbon.

Seit Einführung der Pfandpflicht auf Einweg-Getränkeverpackungen ist das Pfandsystem für die gastronomische Versorgung von Veranstaltungen noch bedeutender geworden.

| Pitch | Strategie | 531 |

Die Bezeichnung Pitch wird für eine Wettbewerbspräsentation verwendet. Der Kunde beauftragt mehrere Event- oder Werbeagenturen mit der Ausarbeitung einer Kampagne [⇒ 392] oder eines Eventkonzeptes [⇒ 257], deren Zielsetzungen in einem Briefing festgelegt wurden. Bei einem Pitch treten die Agenturen dann gegeneinander in einer Wettbewerbspräsentation mit dem Ziel an, den Kunden für ihr Konzept zu gewinnen und den Auftrag [⇒ 067] zu erhalten. Da der Pitch für alle beteiligten Agenturen einen hohen personellen und damit finanziellen Aufwand darstellt, ist eine Honorarvergütung für die Agenturen, die keinen Zuschlag erhalten, üblich.

| Playback | Logistik | 532 |

Playback ist ein Trickverfahren bei einer Musikvorführung. Vom Mischpult [⇒ 493] aus wird eine fehlerfreie Aufzeichnung in günstiger Akustik abgespielt, und die Musiker simulieren auf der Bühne eine Live-Vorführung.

Man unterscheidet zwischen:

Voll-Playback: Die Musiker spielen gar nicht live! Alle Spuren werden von CD/Band abgespielt.

Halb-Playback: Es werden nur einige Spuren von CD/Band abgespielt. Ein Teil der Musiker spielt bzw. singt wirklich (z. B. instrumental wird abgespielt, Gesang ist live).

Das Playback-Verfahren wird meist bei Fernsehaufzeichnungen [⇒ 068] und Locations [⇒ 457] mit schlechter Akustik verwendet.

| Podest | Logistik | 533 |

Ein Podest ist ein begehbares Bauteil zur Herstellung von Bodenerhebungen und Bühnenaufbauten [⇒ 144] aller Art. Es besteht aus einem zusammenklappbaren Holz- oder Metallrahmen und einer Einlegeplatte. Es hat, damit man es vielseitig benutzen kann, genormte Abmessungen in verschiedenen Ausführungen. Die Podeste können durch weitere Bauteile wie Stufen, Treppen und Schrägen ergänzt werden.

Point of Sale (POS)	Strategie	534
Der Point of Sale ist die Verkaufsstelle. Da der POS als Treffpunkt des Kunden mit dem Unternehmen bzw. dessen Produkten gilt, ist er wesentlicher Bestandteil des Marketings. Die zunehmende Veränderung des Kaufverhaltens hin zu ungeplanten Käufen bewirkt eine Verlagerung der Marketingbemühungen an den POS.		

Pole Cat	Logistik	535
Pole Cat ist ein Teleskopsystem (Spannvorrichtung) zum Einhängen von Effektgeräten oder Scheinwerfern [⇒ 605] zwischen Türen oder Wänden.		

Polfilter	Logistik	536
Polfilter ist die Kurzform für einen Polarisationsfilter, der Lichtstrahlen in einer Richtung ausfiltert.		

Poster-Session	Logistik	537
Mit einer Poster-Session werden Ergebnisse einer Tagung [⇒ 648], eines Kongresses [⇒ 404] oder einer Konferenz [⇒ 402] visualisiert. Auch einzelne Vorträge können auf Postern dargestellt werden.		
Durch eine Poster-Session können sich Teilnehmer informieren und werden angeregt, untereinander zu diskutieren.		

Postwurfsendungen	Strategie	538
Postwurfsendungen sind, im Gegensatz zum Mailing [⇒ 460], unpersonalisierte Werbemittel [⇒ 699], die an ausgewählte Haushaltsgebiete oder Postfächer verteilt werden.		
Sie werden von der Post an alle Haushalte, die am Versandtag andere Briefe erhalten, verteilt.		

Praktikabel	Logistik	539
Praktikabel ist ursprünglich ein Begriff aus der Film- und Fernsehproduktion und ist die Abkürzung für „praktischer Tisch für Kamera und Beleuchtung". Durch die unterschiedlichen Ausführungen sind auch kleine Bühnen mit variablen Höhenübergängen unkompliziert zu verwirklichen.		
Die vielfältigen Ausführungen der Praktikabel bestechen durch ihre universelle Anwendbarkeit und platzsparende Aufbewahrung.		

Preispolitik	Strategie	540

Die Preispolitik ist ein Bestandteil des Marketing-Mix [⇒ 471]. Sie bestimmt, mit welcher Preisstrategie das Unternehmen ein Produkt am Markt einführt.

Grundsätzlich wird zwischen zwei Preisstrategien bei der Produkteinführung unterschieden:

Penetrationspreisstrategie: Durch einen relativ niedrigen Preis soll ein möglichst hoher Marktanteil erreicht werden.

Abschöpfungspreisstrategie: In der Einführungsphase wird ein relativ hoher Preis gefordert, der mit zunehmender Erschließung des Marktes bzw. aufkommender Konkurrenz gesenkt wird.

Prerigg	Logistik	541

Das Prerigg ist eine Konstruktion an der Hallendecke zur Montage von technischen Geräten. Es sind meist lastenfähige Traversen [⇒ 666], die ein Gitterraster unter der Decke bilden. An das Prerigg können weitere Traversen angeschlagen und technische Geräte wie Scheinwerfer [⇒ 605] montiert werden.

Presseausweis	Logistik	542

Journalisten können beim Deutschen Journalistenverband oder bei der Deutschen Journalistenunion einen amtlichen Presseausweis beantragen, mit dem sie sich vor allem bei amtlichen Stellen ausweisen können. Bei Vorlage eines Presseausweises bekommt der Journalist in vielen Einrichtungen die gewünschte Unterstützung bei seinen Recherchen und gegebenenfalls freien Eintritt zu Messen, Museen und öffentlichen Veranstaltungen.

Pressekonferenz	Strategie	543

Eine prägnante Informationsveranstaltung für Vertreter der Medien ist eine Pressekonferenz. Sie bietet die Möglichkeit, Informationen aus erster Hand zu erhalten und weiterführende Fragen zu stellen. Die Pressekonferenz dient vor allem zur direkten Kontaktaufnahme mit der Presse.

Presselunch	Strategie	544

Ein Presselunch ist ein informelles Treffen eines Repräsentanten der Unternehmensleitung mit einigen wenigen Journalisten zum Mittagessen mit dem Ziel, durch das Vermitteln von Hintergrund- und Detailinformationen einen Kreis von (dem Unternehmen wohlwollenden) Journalisten aufzubauen und zu pflegen.

Pressemappe	Strategie	545

Während die Pressemitteilung [⇒ 546] nur ein Thema hat, besteht die Pressemappe aus mehreren Informationsblöcken. Sie dient dazu, Pressevertreter über das Unternehmen, die Produkte, Personen und Ziele zu informieren.

Die Pressemappe wird an interessierte Journalisten versendet und bei Pressekonferenzen [⇒ 543] und Messeauftritten [⇒ 486] verteilt.

Pressemitteilung	Strategie	546

Pressemitteilungen sind unternehmerische Nachrichten, die in journalistischer Form aus Sicht der Medien verfasst werden. Sie werden zeitgleich an alle ausgewählten Medienempfänger per Post, per Fax oder per E-Mail mit der Bitte um Veröffentlichung versandt.

Die Pressemitteilung beinhaltet:
- Spitzmarke
- Headline
- Lead
- Lauftext
- Boilerplate

Pressemitteilungen werden innerhalb der Public Relations [⇒ 570] eingesetzt, um eine positive öffentliche Darstellung des Unternehmens zu bewirken.

Pressesprecher	Logistik/Strategie	547

Pressesprecher/-innen repräsentieren das Unternehmen bzw. die Organisation gegenüber der Öffentlichkeit. Zu ihren Aufgaben gehören das Verfassen von Pressemitteilungen [⇒ 546], das Veranstalten von Pressekonferenzen [⇒ 543] und Sonderveranstaltungen (z. B. Messeauftritte [⇒ 486]).

Wichtig ist ein regelmäßiger Kontakt zu den Medien. Daher erfordert diese Tätigkeit genaue Kenntnisse der Medienlandschaft.

Printmedien	Strategie	548

Als Printmedien werden alle gedruckten, periodisch erscheinenden Publikationen bezeichnet. Hierzu gehören insbesondere Zeitungen, Publikumszeitschriften, Special-Interest-Medien und Fachzeitschriften.

Prize-Indemnity	Verwaltung	549

Als Prize-Indemnity wird die Versicherungspolice [⇒ 688] bezeichnet, welche den Vermögensschaden deckt, der dem Versicherungsnehmer dadurch entsteht, dass ein ausgelobter Gewinn oder ein ausgelobtes Preisgeld fällig wird.

| Product Placement | Strategie | 550 |

Als Product Placement wird die strategische Platzierung von Konsumgütern in Spielfilmen, Fernsehshows oder Events bezeichnet. Product Placement hat in den letzten Jahren an Bedeutung gewonnen, da viele Film-, Fernseh- und Veranstaltungsproduktionen durch diese Art von Werbeeinblendung mitfinanziert werden. Durch die Präsentation des Produktes innerhalb redaktioneller Bereiche wird das Produkt aufgewertet und umgeht die Konkurrenz in den regulären Werbeblöcken und -formaten. Product Placement gilt als effektive Markenwerbung [⇒ 701], ist jedoch wettbewerbsrechtlich umstritten.

| Produktionsassistent | Logistik | 551 |

Der Produktionsassistent ist die „rechte Hand" des Produktionsleiters und unterstützt diesen bei allen organisatorischen und kalkulatorischen Arbeiten in der Vorbereitung einer Produktion/einer Veranstaltung sowie während der Produktion. Bei Film- und Fernsehaufzeichnungen [⇒ 068] bildet er das Bindeglied zwischen Produktionsleitung und Aufnahmeleitung sowie zwischen Produktionsbüro und Drehort.

| Produktlebenszyklus | Strategie | 552 |

Der Produktlebenszyklus beschreibt die Umsatz- und Gewinnentwicklung eines Produktes von seiner Einführung bis zum Auslauf als Abfolge mehrerer Phasen.
Jedes Produkt durchläuft folgende Lebensphasen:
1. Phase: Produktplanung und -realisierung
2. Phase: Markteinführung
3. Phase: Wachstum
4. Phase: Reife
5. Phase: Sättigung
6. Phase: Degeneration
7. Phase: Produktversteinerung

Die Bestimmungsfaktoren für den Produktlebenszyklus sind das Verhalten der Kunden, die technische Entwicklung, die Konkurrenzaktivitäten und die eigenen Marketinganstrengungen.

| Produktpolitik | Strategie | 553 |

Die Produktpolitik ist ein Element des Marketing-Mix [⇒ 471]. Mit der Produktpolitik trifft ein Unternehmen alle Entscheidungen, die sich auf die marktgerechte Gestaltung der Leistung beziehen. Es muss ein Angebot erarbeitet werden, das sich an den Bedürfnissen der Nachfrage, also des Kunden, orientiert.
Ziel hierbei ist es, eine Leistung mit einem USP [⇒ 674] zu erreichen.

Produktpräsentation	Strategie	554

Die Präsentation eines neuen Produktes für die relevante Zielgruppe [⇒ 708] ist ein Anlass für ein Marketing-Event. Das neue Produkt soll Kunden, Pressevertretern, Händlern und weiteren Multiplikatoren vorgestellt werden.

Bei der Konzeption von Produktpräsentationen ist darauf zu achten, dass die Eigenschaften, das Design und die emotionale Wirkung des Produktes im Vordergrund der Veranstaltung stehen müssen.

Produktpräsentationen sind insbesondere bei Automobil-Unternehmen der häufigste Grund für die Organisation von Marketing-Events.

Profilscheinwerfer	Logistik	555

Der Profilscheinwerfer ist ein hochwertiger Bühnenscheinwerfer [⇒ 605] mit Festkörperlampe oder Brenner. Er enthält einen Ellipsenspiegel (Spiegel mit zwei Brennpunkten). Mit dem Profilscheinwerfer kann ein scharfer Lichtkegel realisiert werden. Auf die im Apparat liegende Abbildungsebene scharf gestellt, kann dort mit Metallschiebern, Irisblenden oder Motiv-Blenden (Gobos [⇒ 341]) der Lichtaustritt exakt beschnitten werden.

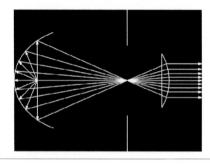 

Programmheft	Logistik	556

Kongressteilnehmer erhalten bei der Registrierung [⇒ 656] am Counter [⇒ 182] ein Programmheft mit dem Veranstaltungsablauf. Hier finden sich alle Vorlesungen, Präsentationen, Workshops [⇒ 706] und Get-together-Veranstaltungen [⇒ 332] sowie Daten zu den ausstellenden Unternehmen. Die Bereitstellung von Programmheften ist insbesondere bei größeren Kongressen [⇒ 404] und Messen [⇒ 486] zu empfehlen. Das Programmheft sollte bei internationalen Kongressen in mehrere Sprachen übersetzt sein.

Die Finanzierung der Heftproduktion kann über Werbekunden erfolgen.

Projekt	Logistik	557

Definition nach DIN 69901-5 [⇒ 213]:

„Vorhaben, das im Wesentlichen durch die Einmaligkeit der Bedingungen in ihrer Gesamtheit gekennzeichnet ist, wie z. b. Zielvorgabe, zeitliche, finanzielle, personelle und andere Begrenzungen, projektspezifische Organisation."

Folgende Kriterien charakterisieren ein Projekt:
- Es sind klare Ziele vorgegeben.
- Die Aufgabe ist zeitlich begrenzt.
- Es existieren finanzielle oder andere Begrenzungen.
- Die Aufgabe ist vergleichsweise komplex.

Diese Kriterien werden bei einer Eventmaßnahme erfüllt. Deshalb ist ein Event ein Projekt.

Projektassistenz	Logistik	558

Der Projektassistent ist ein „Mitarbeiter, der nach Weisung der Projektleitung [⇒ 560] Aufgaben im Rahmen des Projektmanagements übernimmt, wobei die sachliche Verantwortung bei der Projektleitung liegt." (DIN 69905 [⇒ 213])

Zu den Aufgaben der Projektassistenz gehören insbesondere:
- der Betrieb des Projektsekretariates
- die Vor- und Nachbereitung von Besprechungen
- der Informationsfluss von und zu den Projektbeteiligten

Projekthandbuch	Logistik	559

Nach DIN 69905 [⇒ 213] ist das Projekthandbuch die „Zusammenstellung von Informationen und Regelungen, die für die Planung und Durchführung eines bestimmten Projekts gelten sollen."

Inhalte des Projekthandbuches sind, neben anderen individuellen Informationen, insbesondere:
- Beschreibung der Projektziele (Ergebnis, Termine, Qualität und Kosten)
- Benennung der Verantwortlichkeiten im Projekt
- Liste der Projektbeteiligten, sowohl intern als auch extern
- Standards, Normen und Richtlinien, die innerhalb des Projekts verbindlich umzusetzen sind
- Rahmenkonzept, einschließlich Ablauf- und Terminplanung sowie Lastenheft
- Gestaltung des Berichtswesens und der Projektsitzungen

Zu empfehlen ist die Veröffentlichung einer Historie, in der jede Veränderung bzw. Ergänzung des Projekthandbuches dokumentiert wird. Gepflegt wird das Projekthandbuch normalerweise von der Projektassistenz [⇒ 558].

Projektleiter	Logistik	560

Der Projektleiter arbeitet selbstständig, führt und überwacht das gesamte Projekt [⇒ 557] und die Projektmitarbeiter. Er ist verantwortlich für die Einhaltung aller Termin- und Kostenvorgaben.

Folgende Fähigkeiten sollte ein Projektleiter besitzen:
- fachliche Kompetenzen
- methodische Kompetenzen
- Verhaltenskompetenzen
- unternehmerische Kompetenzen

Projektmanagement	Logistik	561

Das Projektmanagement umfasst nach DIN 69901-5 [⇒ 213] die „Gesamtheit von Führungsaufgaben, -organisation, -techniken und -mitteln für die Initiierung, Definition, Planung, Steuerung und den Abschluss von Projekten."

Es gibt verschiedene Strukturen und Methoden des Projektmanagements, die sich nach dem Umfang und der Größe eines Projektes zusammensetzen.

Kopf des Projektmanagements ist immer der Projektleiter [⇒ 560]. Er verantwortet insbesondere die Planung, Steuerung, Terminüberwachung, Kostenkontrolle und Übergabe an den Auftraggeber. Bei umfangreichen Projekten untersteht dem Projektleiter ein Mitarbeiterteam.

Komplexe Projekte werden meist in Teilprojekte aufgegliedert, die ihrerseits einen Projektleiter haben.

Das Projektmanagement ist zentraler Bestandteil des Eventmanagements.

Projektordner	Logistik	562

Der Projektordner ist das Organisationswerkzeug für Eventmanager. Er beinhaltet alle relevanten Informationen, Pläne und Kontakte, die für die Realisierung des Events notwendig sind. Der Projektordner sollte in jeder Projektphase aktuell sein, sodass der Eventmanager einen sofortigen Zugriff auf alle Informationen hat.

Der Projektordner sollte folgende Bestandteile beinhalten:
- Eventkonzept und -zielsetzung
- Zeitpläne, Ablaufpläne [⇒ 007] und Zuständigkeiten
- Telefonliste aller Mitwirkenden und Verantwortlichen
- Protokolle [⇒ 567] aller Absprachen
- Checklisten [⇒ 165]
- Finanzplanung [⇒ 390]

- Personalplanung
- Grundrisse und Skizzen
- Verträge und Schriftverkehr [⇒ 690]
- Genehmigungen [⇒ 096]

Projektstrukturplan	Logistik	563

Der Projektstrukturplan bildet die Projektstruktur nach Aufbau, Ablauf, Grundbedingungen und sonstigen Gesichtspunkten ab. Er ist ein formales Hilfsmittel, mit dem ein Projekt [⇒ 557] überschaubar wird, und bildet die Grundlage für die Organisation und Koordination im Projekt. Er kann als Organigramm, Listendarstellung oder auch als Mind-Map [⇒ 492] visualisiert werden.

Sowohl der Netzplan [⇒ 510] als auch das Balkendiagramm [⇒ 086] zählen damit zu den Projektstrukturplänen.

Die Aufgabe des Projektstrukturplans ist:
- die Vorgabe einer Struktur für alle Aufgaben
- die vollständige Darstellung des Projektgegenstands
- Bestimmung aller zum Projekt gehörenden Arbeitspakete
- Ordnen und Strukturieren der Arbeitspakete in einer geeigneten Systematik
- Schaffung von Transparenz gegenüber allen Projektbeteiligten
- Aufstellen der Gliederung für alle Projektdokumente

Promotionagentur	Strategie	564

Eine Promotionagentur konzipiert und realisiert für ihre Kunden Maßnahmen der Verkaufsförderung [⇒ 683]. Diese finden oft am Point of Sale [⇒ 534] statt. Promotionagenturen organisieren beispielsweise Verteilaktionen und Gewinnspiele [⇒ 335].

Promotionagenturen haben meist einen großen Pool von so genannten Promotern (Verkaufsförderungspersonal). Diese werden häufig auch für Promotionmaßnahmen auf Messen [⇒ 486] oder Events gebucht.

Promotion Events	Strategie	565

Produkt- und Markeninszenierungen im Rahmen der Verkaufsförderung [⇒ 683] werden Promotion Events genannt. Sie werden direkt auf die Zielgruppe „Endverbraucher" ausgerichtet und finden meist am Point of Sale [⇒ 534] statt.

Prospekt	Logistik	566

Prospekt beschreibt im Dekorationsbau eine bemalte Leinwandfläche, die den Hintergrund einer Bühne/Szene bildet. Der Prospekt hängt in einem Zug [⇒ 710] und kann nach oben weggezogen werden.

Protokoll	Logistik	567

Im Protokoll werden die Ergebnisse einer Projektbesprechung dokumentiert. Protokolle halten Entscheidungen fest und belegen Aufgaben und Zuständigkeiten. Das Protokoll sollte möglichst zeitnah nach einer Besprechung allen Besprechungsteilnehmern vorliegen. Folgende Anforderungen sollte ein Protokoll erfüllen: Logischer Aufbau, Objektivität, sachliche Beschreibung und eine klare Ausdrucksweise.

Ein Protokoll muss auf jeden Fall folgende Informationen enthalten:

- Ort, Datum, Uhrzeit und Dauer der Besprechung
- Teilnehmer (Namen und Organisationseinheiten)
- Verteiler (auch an Nicht-Besprechungsteilnehmer)
- Thema der Besprechung
- Tagesordnung
- Ergebnisse der Besprechung, Aussagen der Teilnehmer
- Aufgabenliste, Zuständigkeitsverteilung
- neuer Besprechungstermin

Mithilfe von Protokollen wird das Projekt [⇒ 557] gesteuert. Verantwortlichkeiten und Aufgaben werden verteilt und dokumentiert. Protokolle können zur Nachbereitung verwendet werden und dienen der Projektkontrolle.

Public Affairs	Strategie	568

Public Affairs bezeichnet die kontinuierliche Vertretung der Interessen eines Unternehmens gegenüber öffentlichen Institutionen. Hierfür werden systematisch Beziehungen zu Behörden und politischen Vertretern aufgebaut und gepflegt.

Public Events	Strategie	569

Public Events sind eine Veranstaltungsart des Eventmarketings. Im Gegensatz zu Corporate Events [⇒ 179] sind Public Events auf eine breite Öffentlichkeit gerichtete Events. Als Zielgruppe [⇒ 708] werden hier Endkonsumenten (Kunden) und/oder Meinungsführer und Medienvertreter angesprochen.

Public Relations	Strategie	570

Public Relations gehört wie Werbung [⇒ 701], Verkaufsförderung [⇒ 683] und Persönlicher Verkauf zu den Instrumenten der Kommunikationspolitik [⇒ 400]. Public Relations heißt, eine geplante und gezielte Kommunikation mit der Öffentlichkeit zu führen, um Verständnis, Vertrauen und positives Ansehen aufzubauen und zu pflegen.

Public Relation hat eine

Informationsfunktion: Informationen über das Unternehmen werden an eine öffentliche Zielgruppe [⇒ 708] übermittelt, um Verständnis zu wecken und Vertrauen zu erzeugen.

Imagefunktion: Ein gezieltes Vorstellungsbild wird kommuniziert, um ein entsprechendes Urteil der Öffentlichkeit aufzubauen und zu pflegen.

Führungsfunktion: Mit der Öffentlichkeit wird kommuniziert, um die Positionierung des Unternehmens auf dem Markt zu beeinflussen.

Kommunikationsfunktion: Der Aufbau und die Pflege von Kontakten und Beziehungen zu den relevanten Zielgruppen der Öffentlichkeit.

Existenzerhaltungsfunktion: Die glaubwürdige Darstellung der Notwendigkeit des Unternehmens für die Öffentlichkeit.

Public-Relation-Werkzeuge sind z. B. Pressemitteilungen [⇒ 546], Pressekonferenzen [⇒ 543], Unternehmensveröffentlichungen, Tag der offenen Tür [⇒ 114], Unternehmenszeitschriften, PR-Anzeigen [⇒ 023] und Jubiläumsfeiern.

Puffer	Verwaltung	571

Puffer sind Handlungsspielräume, die bei der Planung eines Events für die Risiken der Abwicklung in finanzieller und zeitlicher Hinsicht eingebaut werden.

Zeitliche Puffer

Bei der Zeitplanung für die Organisation von Events sollten immer Zeitpuffer eingebaut werden – insbesondere auch für Leistungen der unterschiedlichen Gewerke [⇒ 334]. Etwaige Störungen in der Organisations- und Aufbauphase können somit ausgeglichen werden.

Finanzielle Puffer

Für die einzelnen Positionen in der Kalkulation [⇒ 390] sind Aufschläge als finanzieller Puffer zu empfehlen. Diese können eventuelle Kalkulationsfehler und betriebliche Störungen abfedern. Eine Einberechnung von so genannten Dummy-Positionen (nicht voraussehbare Kosten) ist auch üblich.

Punktstrahler	Logistik	572

Der Punktstrahler ist ein kleiner Scheinwerfer [⇒ 605] mit sehr eng bündelnder PAR36-Lampe [⇒ 525].

Pyrotechnik	Logistik	573

Der Begriff Pyrotechnik umfasst verschiedene brennbare Effekte wie z. B. Fontänen und Raketen.

Jedes Feuerwerk muss mindestens zwei Wochen vor der Veranstaltung bei der zuständigen Behörde beantragt werden. Es gibt mehrere Klasseneinteilungen bei pyrotechnischem Material, bei denen jeweils verschiedene behördliche Auflagen berücksichtigt werden müssen.

Pyrotechniker	Logistik	574
Der Pyrotechniker verantwortet die Lagerung und den Einsatz pyrotechnischer Geräte und Effekte, wie beispielsweise Licht- und Funkenblitze, Rauchbomben, Knalleffekte oder offenes Feuer. Neben kreativen Fähigkeiten bei der Konzeption von pyrotechnischen Aufführungen benötigt er Kenntnisse über Löschmittel und Brandschutz-Vorschriften.		

Q

Qualitätsmanagement	Logistik	575

Beim Qualitätsmanagement werden mittels Analysen und Systemen Waren, Service und Dienstleistungen verbessert und hierdurch das Image eines Unternehmens erhöht. Langfristig und konsequent durchgeführt ist das Qualitätsmanagement eine hervorragende Abgrenzungsmöglichkeit zum Mitbewerber.

Das **Total-Quality-Management (TQM)** ist die umfassendste Erscheinungsform von Qualitätsmanagement. Als Nestor des Qualitätsmanagements gilt Jospeh M. Juran, der die menschlichen Aspekte der Kundenorientierung, Mitarbeiterfortbildung und -führung in das Qualitätsmanagement integrierte. Die Bestandteile von Total-Quality-Management sind dabei:

Total – Einbezug aller an einem Produkt beteiligten Zulieferer und Mitarbeiter in den Qualitätssicherungsprozess.

Quality – Nach DIN 55350-11 [⇒ 213] ist Qualität definiert als die Beschaffenheit einer Einheit bezüglich ihrer Eignung, festgelegte und vorausgesetzte Erfordernisse zu erfüllen. Die Qualitätsspezifikationen eines Produkts sind aus den internen und Kundenbedürfnissen abzuleiten und nicht herstellerorientiert zu definieren.

Management – Der TQM-Ansatz muss integraler Bestandteil der Führungsphilosophie sein. Dazu gehören sinnorientiertes Handeln und Vorbildfunktion.

Unternehmen orientieren sich heute an den international standardisierten Qualitätssicherungsnormen ISO 9000 ff. Hauptmotive für die Zertifizierung sind dabei die Erfüllung von heutigen und zukünftigen Kundenerwartungen, die Verbesserung der Kundenzufriedenheit, die Reduzierung von Fehlerkosten und somit ein größerer Unternehmenserfolg.

Quittung	Verwaltung	576

Die Quittung ist eine schriftliche Erklärung des Gläubigers, dass er die geschuldete Leistung oder den geschuldeten Betrag vom Schuldner empfangen hat. Gemäß § 368 BGB hat der Schuldner einen Anspruch auf eine Quittung.

In der Praxis darf keine Barzahlung ohne Quittungsausstellung erfolgen, da diese als Beleg für die Buchhaltung benötigt wird.

R

Rack	Logistik	577
Das Rack ist ein Gehäuse/Schrank, in dem einzelne Geräte der Veranstaltungstechnik zu einer Gruppe zusammengefügt werden. Das vereinfacht den Transport und sichert die Geräte vor Beschädigungen. Der Industriestandard für die Größe der Racks beträgt 19 Zoll, wobei die Zollangabe den Abstand der Einbauschienen definiert.		

Rampenleuchte	Logistik	578
Die Rampenleuchte ist eine Leuchte mit in einer Reihe nebeneinander angeordneten Lichtkammern, mit jeweils eigenem Stromkreis (DIN 56920-4 [⇒ 213]).		

Recherche	Strategie	579
Die Recherche gilt als Basis für die Entwicklung eines Eventkonzeptes [⇒ 257]. Für den Eventmanager ist die Recherche eine alltägliche Aufgabe. Er recherchiert z. B. passende Locations [⇒ 457], Künstler [⇒ 425], Zulieferer, Dekorationen [⇒ 197] und auch Trends (für die Ideenfindung [⇒ 369]). Zur Recherche können folgende Medien genutzt werden: • das Internet • Branchenbücher und -verzeichnisse • Fachzeitschriften, Magazine und Zeitungen • Reiseführer • Lieferantendatenbanken In der Praxis sammelt der Eventmanager im Alltag jede Adresse, Visitenkarte und jeden Flyer, um eine eigene Recherche-Datenbank anzulegen. Bei Bedarf sucht er zuerst in seinem eigenen Anbieterbestand. In großen Agenturen gibt es Mitarbeiter, die speziell für diese Aufgabe zuständig sind.		

Rechnung	Verwaltung	580
Fakturierung bezeichnet die Rechnungsstellung vom Lieferanten an seinen Kunden. Die Rechnungslegung sollte möglichst kurzfristig nach der Leistung erfolgen, um einen entsprechend raschen Ausgleich des Forderungsbetrages zu erreichen. Damit eine Rechnung als solche anerkannt wird und zum Vorsteuerabzug berechtigt, muss sie folgende Bestandteile enthalten: 1. Name und Anschrift des leistenden Unternehmers 2. Name und Anschrift des empfangenden Unternehmers 3. Menge, Art und Bezeichnung der gelieferten Gegenstände bzw. Bezeichnung der sonstigen Leistungen 4. die Höhe des Entgelts 5. den auf das Entgelt entfallenden Umsatzsteuerbetrag		

6. die Steuernummer
7. das Liefer- und/oder Leistungsdatum
8. das Rechnungsdatum
9. die laufende Rechnungsnummer

Rechnungen sind für die Umsatzsteuer von wesentlicher Bedeutung, da sie als Abrechnungspapier für die an einem Geschäft Beteiligten bestimmte Konsequenzen auslösen. Eine Rechnung muss nicht als solche bezeichnet werden. Als Rechnung wird jede Urkunde angesehen, in der über eine Lieferung oder sonstige Leistung abgerechnet wird.

Für den Leistungsempfänger besteht bei Vorliegen einer Rechnung die Möglichkeit, den Vorsteuerabzug in Anspruch zu nehmen, soweit er die Voraussetzungen dafür erfüllt. Der leistende Unternehmer schuldet dem Finanzamt mindestens die in der Rechnung ausgewiesene Umsatzsteuer.

Reflektor	Logistik	581

Reflektoren sind Vorrichtungen zur Richtungsänderung von Strahlen.

Es wird zwischen drei Reflektorarten unterschieden:

Rotationssymmetrischer Reflektor: Runder Reflektor, bei dem der Leuchtkörper auf der Rotationsachse sitzt.

Symmetrischer Reflektor: Rinnenreflektor, bei dem der Leuchtkörper, meistens in Form einer segmentierten Wendel, waagerecht liegt und symmetrisch das Licht abstrahlt.

Asymmetrischer Reflektor: Rinnenreflektor, bei dem der Leuchtkörper waagerecht liegt und das Licht asymmetrisch abstrahlt.

Reminder	Strategie	582

Als Reminder wird ein Werbespot bezeichnet, der – unterbrochen von einem anderen Spot – an den vorher geschalteten Hauptspot anknüpft und die Erinnerung an das Produkt reaktivieren und stärken soll. Reminder werden in der TV- und Radiowerbung eingesetzt.

Im Eventbereich werden oft auch Nachfassaktionen [⇒ 504] nach einem Event als Reminder bezeichnet.

Repertoire	Logistik	583

Das Repertoire beschreibt die Gesamtheit aller spielbaren Stücke eines Künstlers [⇒ 425]. Je nach Event ist es wichtig, dass ein Künstler ein möglichst breites Repertoire anbieten kann.

Requisiten	Logistik	584

Requisiten sind bewegliche Einrichtungs- und Ausstattungsgegenstände von Bühnen- oder Szenenbildern.

Requisiteur	Logistik	585

In enger Abstimmung mit dem Bühnenbildner [⇒ 145] erstellt der Requisiteur eine Requisitenliste, die alle für die Veranstaltung benötigten Gegenstände enthält.

Er beschafft die Requisiten und platziert sie vor der Veranstaltung. Er muss in der Lage sein, in gewissem Umfang Requisiten selbst herzustellen und Spezialeffekte zu kreieren. Außerdem ist er für die Pflege, Instandhaltung und Reparatur der Requisiten verantwortlich sowie für die Kalkulation und Budgetüberwachung.

| Responseelement | Strategie | 586 |

Das Responseelement ist Teil einer Anzeige oder eines Werbebriefs [⇒ 460], den der Leser per Fax oder Post an das werbende Unternehmen zurücksenden kann, um weitere Informationen anzufordern, eine Bestellung auszulösen oder sich zu einer Veranstaltung anzumelden.

| Responsequote | Strategie | 587 |

Die Responsequote beschreibt das Verhältnis der Anzahl der Personen, die auf ein Angebot reagiert haben, zur Menge der verschickten Exemplare bzw. zur Auflage des Anzeigenträgers.

Faxantwort

☐ Vielen Dank, ich habe kein Interesse!

☐ Bitte senden Sie mir Informationsmaterial

Kommunikationsdaten:

Name: _____

Firma: _____

Adresse: _____

Telefonnummer: _____

Faxnummer: _____

| Ressourcenplanung | Logistik | 588 |

Die zeitliche und räumliche Disposition von Arbeitskräften, Equipment, Transportmitteln und anderen benötigten Hilfsmitteln ist Aufgabe der Ressourcenplanung. Der Zeitplan und der Projektstrukturplan [⇒ 563] sind die Basis der Ressourcenplanung. Die im Projektstrukturplan vermerkten Arbeitspakete werden mit den erforderlichen Ressourcen belegt. Ziel der Ressourcenplanung ist der optimale Einsatz von Mitarbeitern, Transportmitteln und Equipment. Eventmanager müssen insbesondere Störungen, Wegezeiten, Wartezeiten, Pausen oder technische Probleme bei der Ressourcenplanung berücksichtigen.

Rider	Logistik	589

Rider (Kurzform für Technical Rider) ist ein Fachausdruck für die Bühnenanweisung. Er enthält sämtliche Angaben zum Produktionsablauf. Die Bühnenanweisung umfasst Angaben über das benötigte Equipment, Anweisungen für dessen Aufbau und alle weiteren Anforderungen der Produktion bis hin zu Catering-Bestellungen [⇒ 161] für Künstler [⇒ 425] und Crew [⇒ 184]. Meist ist er Bestandteil des Gastspielvertrages.

Rigger	Logistik	590

Als Rigger bezeichnet man Fachpersonal für das Aufhängen von Lautsprecherboxen und Beleuchtungskörpern (Fliegen [⇒ 281]). Rigger müssen sich mit Statik, Befestigungstechniken und Sicherheitsvorschriften auskennen.

Riggingtower	Logistik	591

Riggingtower, auch Ein-Arm-Tower genannt, sind Konstruktionen aus Traversen [⇒ 666], die es möglich machen, technische Geräte wie Line-Arrays [⇒ 450] und Lautsprecher [⇒ 435] einzuhängen.

Roadie	Logistik	592

Roadies (Hands [⇒ 062]) haben die Aufgabe, das technische Equipment auf- und abzubauen und gegebenenfalls die Instrumente zu stimmen. Meistens spezialisieren sich Roadies, z. B. Gitarrenroadies, Drumroadies, Lightroadies usw.

Roadshow	Strategie	593

Als Roadshow wird die Präsentation eines Unternehmens bei wichtigen institutionellen Kunden bezeichnet. Zum Beispiel werden Analysten von Investmentbanken eingeladen, um für eine bevorstehende Kapitalmaßnahme zu werben. Die Präsentatoren sind meist die Geschäftsführer oder Vorstandsmitglieder.

Umgangssprachlich versteht man unter dem Begriff „Roadshow" auch die Unternehmenspräsentation für eine bestimmte Zielgruppe [⇒ 708] an verschiedenen Orten. Die Orte werden über einen längeren Zeitraum nacheinander angefahren.

Rückkoppelung	Logistik	594

Bei einem akustischen Kurzschluss, der so genannten Rückkoppelung, trifft der aufgenommene Schall durch einen in der Nähe aufgestellten Lautsprecher wieder in das Mikrofon. Das führt zu einem unangenehmen Pfeifton. Dieses Phänomen wird auch als Selbsterregung des Lautsprechers bezeichnet. Die Rückkoppelung ist eine der größten Probleme der Tontechnik, die sich nur im geringen Maße mit Effektgeräten beseitigen lässt. In den meisten Fällen muss ein Standortwechsel der Lautsprecher oder des Mikrofons erfolgen.

Rücklauf	Logistik	595

Jede Veranstaltung mit Catering [⇒ 161] verursacht eine Menge von verschmutztem Geschirr. Dieses muss vom Servicepersonal [⇒ 613] möglichst schnell von den Tischen abgeräumt und zu einer Rücklaufstation gebracht werden. Der Rücklauf des Geschirrs wird in einem gesonderten Raum vorgenommen, in welchem Mitarbeiter die oberflächliche Beschmutzung entfernen und dieses in spezielle Transportboxen sortieren. Der Rücklauf muss reibungslos koordiniert werden, damit der Serviceablauf nicht gestört wird und die Hygienebestimmungen eingehalten werden.

Rückprobox	Logistik	596

Die Rückprobox ist ein lichtdichtes Gehäuse mit integriertem Projektor und Umlenkspiegeln. Die Bildqualität ist hochwertig.

Rückproboxen sind meist Bestandteile einer Splittwand [⇒ 625].

Rückprojektion	Logistik	597

Die Rückprojektion beschreibt einen Vorgang, bei dem ein Dia, Film oder Gobo [⇒ 341] von hinten auf eine transparente Projektionsfläche geworfen wird. Im Theater erfolgt die Projektion meist von der Hinterbühne aus.

Rundhorizont	Logistik	598

Der Rundhorizont ist eine Projektionswand, die hauptsächlich in größeren Opernhäusern eingesetzt wird. Er reicht vom Bühnenboden bis unter den Rollenboden und läuft in einem Schienensystem in einem Halbrund um den ganzen Bühnenbereich. Er wird vor allem für Großbildprojektionen eingesetzt.

Runner	Logistik	599

Ein Runner ist ein Event-Mitarbeiter, der sich mit einem Fahrzeug zur Verfügung hält, um kurzfristig benötigte Teile, Waren und Güter zu beschaffen. Je nach Produktionsgröße gibt es bei Events mehrere Runner, wie z. B. Produktions-Runner, Catering-Runner usw.

S

Sampling-Aktion	Strategie	600

Sampling ist ein Fachausdruck aus der Verkaufsförderung [⇒ 683] und meint geplante Verteilaktionen von Produkt- und Warenproben. Meist finden Sampling-Aktionen am Point of Sale [⇒ 534] statt. Viele Events bieten eine Erfolg versprechende Plattform für diese Art von Promotionmaßnahme.

Sanitäreinrichtungen	Logistik	601

Gerade bei Open-Air-Veranstaltungen [⇒ 515] ist auf die ausreichende Bereitstellung von Sanitäranlagen und Toiletten zu achten.
Es gibt diverse mobile Systeme:
- Toilettenwagen
- Toilettencontainer
- Toilettenkabinen
- Sanitärcontainer

Die Systeme können tageweise von Vermietungsunternehmen [⇒ 685] gemietet werden.
Für Crew [⇒ 184] und Künstler [⇒ 425] sind auch Duschmöglichkeiten zu schaffen.

Sanitätsorganisation	Logistik	602

Bei allen größeren Veranstaltungen wird meist von der Ordnungsbehörde die Auflage erteilt, genügend Sanitätspersonal und -material zur Verfügung zu stellen. Diese Angaben werden auch oft in Hallen- oder Geländemietverträgen festgeschrieben.
Angaben über die erforderliche Anzahl von Sanitätspersonal erfährt man in Veröffentlichungen des Arbeiter- und Samariterbundes.

Scanner	Logistik	603

Als Scanner werden spiegelbewegte Moving-Lights [⇒ 500] bezeichnet. Sie lenken das durch ein Leuchtmittel erzeugte Licht mithilfe eines beweglich montierten Spiegels ab.

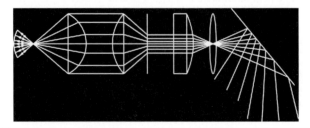

Schankerlaubnis	Verwaltung	604

Zum Ausschank von Speisen und alkoholischen Getränken ist eine Schankerlaubnis erforderlich (Gaststättengesetz § 2 Abs. 1).

Aus besonderem Anlass (z. B. eine Veranstaltung) kann der Betrieb eines erlaubnisbedürftigen Gaststättengewerbes unter erleichterten Voraussetzungen vorübergehend auf Widerruf gestattet werden (Gaststättengesetz § 12). Diese Gestattung ist vor der Veranstaltung beim Ordnungsamt, in dessen Bereich die Veranstaltung stattfinden soll, zu beantragen.

Scheinwerfer	Logistik	605

Scheinwerfer sind Lampen, die in einem Gehäuse eingebaut sind. Hinter der Lampe ist ein Reflektor oder Spiegel angeordnet mit dessen Hilfe das nach hinten abgestrahlte Licht der Lampe wieder zur Austrittsöffnung des Scheinwerfers reflektiert wird. Durch weitere Einrichtungen im Gehäuse kann das erzeugte Licht verändert werden.

Es wird zwischen folgenden Scheinwerfertypen unterschieden:
- Linsenscheinwerfer [⇒ 452]
- Flächenleuchten [⇒ 278]
- Spotleuchten (Verfolger [⇒ 682])
- Profilscheinwerfer [⇒ 555]
- Fluter [⇒ 286]
- PAR-Scheinwerfer [⇒ 525]

Grundsätzlich wird zwischen Tageslicht- und Kunstlichtscheinwerfern unterschieden.

Schwanenhals	Logistik	606

Der Schwanenhals ist ein flexibler Gelenkarm von 20 cm bis 50 cm Länge zur Befestigung von leichten Leuchten, Mikrofonen oder kleinen Abdeckblechen.

Scout	Logistik	607

Ein Scout ist ein Dienstleister, der im Auftrag eines Kunden neue, gesellschaftliche Trends aufspürt und definiert. Diese Trends werden in der Marketingstrategie umgesetzt, um eine zielgruppengerechte Werbewirkung zu erzielen.

Im Event- und Filmbereich wird die Bezeichnung Scout auch für den so genannten Locationscout verwendet, der im Auftrag seiner Kunden die passenden Räumlichkeiten für deren Veranstaltungen und Produktionen sucht und findet.

Sealed-Beam-Lampen	Logistik	608

Sealed-Beam-Lampen sind geschlossene Reflektorlampen, bei denen Reflektor, Brenner oder Wendel und das Frontglas zu einer Einheit zusammengefasst sind. Aktuellste Form ist die PAR-Lampe.

Security	Logistik	609

Insbesondere bei größeren öffentlichen Veranstaltungen und VIP-Events ist die Erstellung und Umsetzung eines Sicherheitskonzeptes notwendig. Ein im Planungsprozess erstelltes Sicherheitskonzept unterstützt die präventive Gefahrenabwehr. Es gibt spezialisierte Security-Unternehmen, die sowohl in der Planung wie auch der Umsetzung (Bereitstellung von Ordnern) tätig sind.

Zu den Aufgaben des Security-Personals gehören die Parkplatzeinweisung und -überwachung [⇒ 524], Einlasskontrollen [⇒ 241], Kontrolle der Fluchtwege [⇒ 284], Zugangskontrollen zum Backstage-Bereich [⇒ 081] und die Betreuung von VIPs [⇒ 691].

Beim Einsatz von Ordnungspersonal ist das Versammlungsrecht [⇒ 686] zu berücksichtigen und mit den Ordnungsbehörden zusammenzuarbeiten.

Selbstfinanzierung	Verwaltung	610

Die Selbstfinanzierung ist eine Finanzierungsart [⇒ 277], bei der sich die Eventmaßnahme aus den eigenen Einnahmen finanzieren kann. Kommerzielle Veranstaltungen wie Konzerte [⇒ 414], Theaterproduktionen oder Seminare [⇒ 611] finanzieren sich selbst aus:

- Eintrittsgeldern oder Teilnahmegebühren
- Zuschüsse von öffentlichen Trägern
- Gastronomieumsatz
- Merchandising [⇒ 485]

Seminar	Strategie	611

Seminare sind Lehrveranstaltungen, die zur Vertiefung von Wissen dienen. Sie werden von einem Referenten bzw. Dozenten geleitet und in kleinen Gruppen (meist bis zu 25 Teilnehmer) durchgeführt. Seminare zeichnen sich durch hohe Interaktivität von Dozent und Teilnehmern aus. Oft haben Seminare auch Workshop-Charakter [⇒ 706]. Unternehmen delegieren ihre Mitarbeiter zur Weiterbildung zu externen Seminaranbietern oder veranstalten eigene Seminare (Inhouse-Seminare).

Service-Fee	Verwaltung	612

Service-Fee ist eine Abrechnungsvariante [⇒ 030] zwischen einer Werbe-/Eventagentur und dem Auftraggeber. Die Agentur stellt dem Auftraggeber alle Fremdleistungen mit dem Original-Betrag zuzüglich eines prozentualen Agenturaufschlags (Service-Fee) in Rechnung. Der Agenturaufschlag (in der Regel 15 %) wird für das Handling und die Abwicklung berechnet.

Servicepersonal	Logistik	613

Das Servicepersonal übernimmt im Catering [⇒ 161] die gastronomische Betreuung der Eventgäste. Hierzu gehört das Bedienen an den Tischen, das Abräumen von Geschirr und die Buffetbetreuung [⇒ 149].

Servicekräfte sind meist Aushilfen [⇒ 069] oder werden von Personalagenturen [⇒ 528] ausgeliehen. Sie sind dem Oberkellner unterstellt, der meist die Ausbildung zur Restaurantfachkraft absolviert hat.

Die Anzahl der benötigten Servicekräfte variiert je Veranstaltung nach der Form des Caterings, dem Veranstaltungsniveau oder den örtlichen Gegebenheiten. Caterer arbeiten mit einem Servicekraft-Gast-Schlüssel, der das Verhältnis zwischen dem eingesetzten Servicepersonal zu der Gästeanzahl festlegt (z. B. eine Servicekraft je 20 Gäste).

Skonto	Verwaltung	614

Beim Skonto handelt es sich um einen prozentual berechneten Preisnachlass bei sofortiger Zahlung einer Rechnung oder bei Zahlung innerhalb gestaffelter Zeiträume.

Die in der Praxis anzutreffenden Zahlungsbedingungen [⇒ 707] sind sehr unterschiedlich. In den meisten Fällen wird 3 % Skonto bei Zahlung innerhalb von 10 Tagen und ohne jeden Abzug bei 4 Wochen vereinbart (Lieferantenkredit).

Das Ausnutzen von Skonti ist meist eine sehr profitable Vorgehensweise im Finanzmanagement.

Skybeamer	Logistik	615

Skybeamer sind sehr helle Strahler, die einen gebündelten Lichtstrahl in Richtung Himmel abgeben. Der Lichtstrahl kann noch in kilometerweiter Entfernung gesehen werden. Ein Skybeamer wird meist eingesetzt, um mögliche Besucher zum Ausgangspunkt des Veranstaltungsortes zu lotsen.

SMPTE-Code	Logistik	616

Der SMPTE-Code ist ein Zeitcode-Standard der **S**ociety of **M**otion **P**icture and **T**elevision **E**ngineers (Gesellschaft der Film- und Fernsehingenieure, Abkürzung: SMPTE), der ursprünglich im professionellen Videobereich zur Sychronisierung von Bandmaschinen entstand. Mittlerweile wird er jedoch auch zur Synchronisierung von Abläufen in Lichtstellanlagen und Multimedia-Applikationen verwendet. Der SMPTE-Code wird üblicherweise als Video-, Audio- oder MIDI-Signal übertragen.

Sofitte	Logistik	617

Eine im noch sichtbaren oberen Bereich der Bühne hängende Stoffbahn wird Sofitte genannt. Die Sofitte verhindert die Einsicht in die Obermaschinerie und kann, zusammen mit seitlichen senkrechten so genannten „Schenkeln", auch einen optischen Rahmen bilden.

LEXIKON EVENTMANAGEMENT

Soft-Edge-Verfahren	Logistik	618

Beim Soft-Edge-Verfahren wird ein Gesamtbild durch mehreren Projektoren dargestellt, z. B. stellen zwei Projektoren je zur Hälfte ein Bild dar. So kann ein höheres bzw. breiteres Bild in optimaler Qualität visualisiert werden. Für die Berechnung der Überlappung bedarf es eines leistungsstarken Computers.

Softkeys	Logistik	619

Als Softkeys werden Bedientasten mit variabler Funktion bezeichnet. Die Funktion ist jeweils von der aktuellen Bediensituation abhängig und wird entweder am Bildschirm oder auf direkt zugeordneten Anzeigeelementen (Displays) kenntlich gemacht.

Sondernutzungsgenehmigung	Verwaltung	620

Wenn Veranstaltungen auf öffentlichen Wegen und Plätzen stattfinden sollen, ist eine Sondernutzungsgenehmigung bei der zuständigen Straßenbaubehörde einzuholen. Die Gebühren und Regelungen der Sondernutzungsgenehmigung werden kommunal festgelegt.

Sonn- und Feiertagsgesetz	Verwaltung	621

Entsprechenden den landesspezifischen Gesetzen über Sonn- und Feiertage ist rechtzeitig vor Beginn der Veranstaltung eine Ausnahmegenehmigung bei den zuständigen Ordnungsbehörden zu beantragen.

Jedes Bundesland hat eine eigene Gesetzgebung, die zu beachten ist.

Soundcheck	Logistik	622

Der Soundcheck findet vor einem Auftritt statt. Die Musiker und Tontechniker richten die Einstellungen der PA [⇒ 523] sowie der Monitoranlage [⇒ 496] auf den jeweiligen Raum aus, stellen die Mischpulte [⇒ 493] ein und überprüfen den Klang der Instrumente.
Bei manchen Künstlern übernehmen Roadies [⇒ 592] den Soundcheck.

Sperrstunde	Verwaltung	623

Bei der Verabreichung von Speisen und Getränken und dem Betrieb von öffentlichen Vergnügungsstätten ist die von der Landesregierung festgelegte Sperrzeit (Sperrstunde) einzuhalten.

Dieses gilt grundsätzlich auch für Veranstaltungen. Jedoch ist es möglich, bei Vorliegen eines öffentlichen Bedürfnisses oder besonderer örtlicher Verhältnisse diese Sperrzeit aufzuheben.

| Spiegelkugel | Logistik | 624 |

Die Spiegelkugel ist eine Kugel mit unterschiedlich großem Durchmesser, auf der kleine Spiegel befestigt sind, und die über einen Motor langsam bewegt wird. Wenn sie aus unterschiedlichen Richtungen mit mehreren Punktscheinwerfern angestrahlt wird, werden viele kleine Spiegeleffekte in den Raum reflektiert. Die Spiegelkugel findet ihre Anwendung meist in Diskotheken.

| Splittwand | Logistik | 625 |

Die Splittwand besteht aus übereinander gestapelten Rückproboxen [⇒ 596] oder LED-Bildschirmen [⇒ 279], auf denen Bildaufzeichnungen abgespielt werden. Durch einen Splittrechner wird das Gesamtbild in einzelne Bildausschnitte zerlegt und auf die einzelnen Rückproboxen verteilt.

| Sponsoring | Strategie | 626 |

Unternehmen (Sponsoren) stellen Geld, Sachmittel oder Dienstleistungen für kulturelle, sportliche oder soziale Projekte zur Verfügung, um die Ziele der Unternehmenskommunikation zu erreichen. Die Gesponserten (Personen oder Organisationen) stellen dem Sponsor als Gegenleistung unterschiedliche Beiträge zur Erreichung seiner Marketingziele innerhalb ihres Projektes zur Verfügung.

Das Sponsoring versteht sich als übergreifendes Kommunikationsinstrument [⇒ 399], gleichzusetzen mit dem Eventmarketing [⇒ 258]. Unternehmen erzielen mit einem strategischen Sponsoring die Untermauerung ihrer Kommunikationsinstrumente, wie Werbung [⇒ 701], Öffentlichkeitsarbeit [⇒ 570], Verkaufsförderung [⇒ 683] und Persönlicher Verkauf.

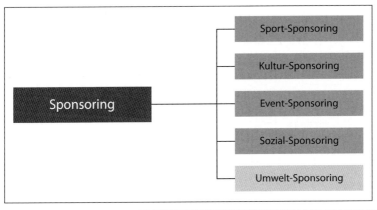

| Sport-Sponsoring | Strategie | 627 |

Sport-Sponsoring ist eine Art des Sponsorings [⇒ 626], die auf die Förderung von Sportarten, Sportveranstaltungen, Mannschaften und Einzelsportlern zielt. Das Sport-Sponsoring ist derzeit noch die häufigste Form des Sponsorings. Insbesondere die Vermarktung von Fußballspielen, Formel-1-Rennen und sportlichen Turnieren hat zu hochfrequentierten Sponsoring-Aktivitäten geführt. Die Sponsoren profitieren von der hohen Aufmerksamkeit und der breiten Zielgruppe [⇒ 708] der Sportveranstaltungen, die sie für ihre Kommunikationsmaßnahmen nutzen.

| Sportstadion | Logistik | 628 |

Sportstadien sind Versammlungsstätten mit Tribünen [⇒ 667] und nicht überdachten Sportflächen.

Sportstadien sind für sportliche Wettkämpfe und Open-Air-Veranstaltungen [⇒ 515] wie Konzerte [⇒ 414] und Festivals [⇒ 273] geeignet.

| Sportveranstaltung | Verwaltung | 629 |

Bei der Organisation von Sportveranstaltungen ist zu beachten, dass neben den behördlichen Genehmigungen auch kostenpflichtige Genehmigungen bei den jeweiligen Sportverbänden einzuholen sind.

Turniere, Wettkämpfe und Breitensportveranstaltungen müssen beim jeweiligen Fach- oder Spitzenverband angemeldet werden. Dadurch werden die sportlichen Leistungen anerkannt, und für alle teilnehmenden Sportler besteht Versicherungsschutz während der Veranstaltung.

Für die Veranstaltung muss ein Veranstaltungsleiter benannt werden und ein Turnierplan abgegeben werden. Es müssen offizielle Schieds- bzw. Kampfrichter eingesetzt werden.

| Spotlight | Logistik | 630 |

Das Spotlight ist ein Punktlicht-Scheinwerfer mit konzentriertem, punktförmigen Licht.

| Stagebox | Logistik | 631 |

In die Stagebox werden alle Signale aus Instrumenten, Verstärkern, Mikrofonen [⇒ 491] usw. eingesteckt, um sie zum Mischpult zu übertragen. Meistens handelt es sich um eine Metallbox mit 16 bis 56 XLR-Buchsen. Über die Stagebox können vom Mischpult [⇒ 493] aus auch Signale für die Monitore übertragen werden.

| Standsicherheitsnachweis | Verwaltung/Logistik | 632 |

Der Standsicherheitsnachweis ist ein Bestandteil des Baurechts [⇒ 092] und meint eine qualifizierte Statik der gesamten Konstruktion, z. B. einer Bühne [⇒ 144]. Er gilt für die Sicherheit gegen (Um-)Kippen, Abheben, Gleiten und Abrutschen. Der Standsicherheitsnachweis wird für alle Baumaßnahmen benötigt.

| Stativ | Logistik | 633 |

Als Stativ wird ein Gestell bezeichnet, das zum Aufstellen von Scheinwerfern [⇒ 605], Lautsprechern [⇒ 435] und Mikrofonen [⇒ 491] verwendet wird.

| Stellwand | Logistik | 634 |

Stellwand ist ein Begriff aus dem Dekorationsbau und beschreibt eine Lattenkonstruktion, die mit Stoff bespannt oder mit Werkstoffplatten belegt ist. Die Stellwand wird zu optischen und räumlichen Trennungen innerhalb von Locations [⇒ 457] verwendet.

| Stellwerk | Logistik | 635 |

Das Stellwerk ist der Ort, an dem alle Bedienelemente zur Steuerung des Bühnenlichts zusammengefasst werden, auch als Lichtstellanlage bezeichnet.

| Stolperkante | Logistik | 636 |

Als Stolperkante wird bei Podesten und Bühnen [⇒ 144] unter einem Meter Höhe die äußere Begrenzung der Fläche bezeichnet. Sie dient zur Wahrnehmung des Endes von Podesten für Akteure, Kameraleute und Techniker.

| Straßenverkehrsordnung | Verwaltung/Logistik | 637 |

Bei der Organisation von Veranstaltungen sind straßenverkehrsrechtliche Vorschriften einzuhalten. So bedürfen Veranstaltungen, für die Straßen mehr als verkehrsüblich in Anspruch genommen werden, einer Erlaubnis. Das ist der Fall, wenn die Benutzung der Straße für den Verkehr wegen der Zahl oder des Verhaltens der Teilnehmer oder der Fahrweise der beteiligten Fahrzeuge eingeschränkt wird. Der Veranstalter hat dafür zu sorgen, dass die Verkehrsvorschriften sowie etwaige Bedingungen und Auflagen befolgt werden (§ 29 Abs. 2 StVO).

Streuverlust	Strategie	638

Als Streuverlust werden die zusätzlichen Kosten bezeichnet, die durch die Streuung von Werbemitteln [⇒ 699] an Personen, die nicht zur Zielgruppe [⇒ 708] des Unternehmens gehören, entstehen. Bei Kommunikationsmaßnahmen, die ein breites Publikum ansprechen, erreicht der Werbetreibende nur eine geringe Anzahl der gewünschten Adressaten. Als Beispiel sind Werbeanzeigen in Tageszeitungen zu nennen. Tageszeitungen haben zwar eine hohe Auflage, doch zählt meist nur ein geringer Teil der Leserschaft zur anzusprechenden Zielgruppe. Um den Streuverlust zu minimieren, sind eine eindeutige Zielgruppendefinition, die Auswahl der passenden Werbemedien und die zielgruppenorientierte Umsetzung aller Kommunikationsmaßnahmen notwendig.

Stroboskop	Logistik	639

Mit dem Stroboskop wird schnell und kurz grell aufleuchtendes Licht erzeugt. In seiner einfachsten Ausführung besteht ein Stroboskop aus einer Lichtquelle und einer Drehscheibe mit einem oder mehreren Schlitzen.

In der Veranstaltungstechnik wird das Stroboskop als Lichteffekt genutzt und ist oft in Diskotheken anzufinden.

Stromaggregat	Logistik	640

Stromaggregate sind Stromerzeuger für den netzunabhängigen Betrieb von Beleuchtungs- und Beschallungstechnik [⇒ 111] sowie die Catering-Einrichtungen [⇒ 161].

Stromkreis	Logistik	641

In einem geschlossenen Stromkreis sind Stromquelle, Leitungen und beliebige elektrische Schaltelemente in einer solchen Weise miteinander verbunden, dass ein Ladungstransport ermöglicht wird. Es kann elektrischer Strom fließen.

Durch einen geöffneten Schalter wird ein geschlossener Stromkreis zu einem offenen Stromkreis. Unterbrochen werden geschlossene Stromkreise auch z. B. durch Wackelkontakte oder fehlende Kabel.

Bei Veranstaltungen mit einer Vielzahl von elektronischen Geräten ist auf mehrere voneinander unabhängige Stromkreise zu achten.

Studio	Logistik	642

Das Studio ist eine Produktionsstätte für Film- und Fernsehaufnahmen. Im Fernsehstudio sind Besucherplätze vorhanden, um TV-Shows mit Zuschauern zu produzieren.

Als Studio werden auch Produktionsstätten für Hörfunk-, Musik- und Fotoaufnahmen bezeichnet.

Svoboda-Rampen	Logistik	643

Als Svoboda-Rampen bezeichnet man die nach ihrem Erfinder Josef Svoboda benannte Kombination von neun Parabolspiegeln mit kuppenverspiegelten 250-Watt/24-Volt-Niedervoltlampen, die eine Art Lichtvorhang erzeugen. Sie sind in Reihe geschaltet und dadurch mit 230 Volt (Haushaltsstrom) zu betreiben.

SWOT-Analyse	Strategie	644

Die SWOT-Analyse ist eine sehr gebräuchliche Situationsanalyse, die als Basis für einen Marketingplan dient. Sie berücksichtigt sowohl Stärken (**S**trengths) und Schwächen (**W**eakness) als auch Chancen (**O**pportunities) und Risiken (**T**hreats).

Auf Basis der Analyse wird die so genannte SWOT-Matrix angefertigt, die einen Überblick über alle Einflussfaktoren bietet und eine Strategieempfehlung zulässt. Aufgrund der Information gewinnenden und verdichtenden Wirkung spielt die SWOT-Analyse eine große Rolle bei strategischen Planungsprozessen.

Symposium	Strategie	645

Ein Symposium ist eine wissenschaftliche, themengebundene Tagung von Spezialisten mit Vorträgen und Diskussionen. Symposien werden vor einem Fachpublikum durchgeführt.

Synergieeffekt	Strategie	646

Als Synergieeffekt werden die positiven Wirkungen aus dem Zusammenschluss von verschiedenen Teilbereichen bezeichnet. Im Marketingbereich gilt: Ein Synergieeffekt tritt ein, wenn die Gesamtwirkung aller Marketingmaßnahmen größer ist als die Summe aller Einzelmaßnahmen. Der Synergieeffekt spricht für eine integrierte Marketingstrategie, bei der alle Funktionen eines Unternehmens auf den Absatzmarkt ausgerichtet sind und alle Marketingmaßnahmen aufeinander abgestimmt sind.

Szenenlicht	Logistik	647

Mit dem Szenenlicht werden einzelne Aktionen bzw. Dekorationsteile auf der Bühne beleuchtet, z. B. das Rednerpult bei Ansprachen.

T

Tagung	Strategie	648
Bei einer Tagung handelt es sich um ein organisiertes Treffen von einer kleineren Anzahl von Personen, die in einem speziellen Themenbereich arbeiten. Ziel einer Tagung ist es, dass sich die Teilnehmer auf dem aktuellen Informationsstand halten, ein Erfahrungsaustausch stattfindet und Kontakte aufgebaut bzw. gepflegt werden. Eine Tagung beinhaltet folgende Programmpunkte bzw. Rahmenprogramme: <ul><li>Vorträge zu aktuellen Forschungen, Weiter- bzw. Neuentwicklungen</li><li>Workshops [⇒ 706]</li><li>Posterpräsentationen</li><li>Get-together-Abende [⇒ 332]</li></ul> Tagungen werden oft in Tagungshotels veranstaltet, da sie meist über mehrere Tage gehen. Größere Tagungen werden als Kongress [⇒ 404] bezeichnet.		

Tagungsbüro	Logistik	649
Bei größeren Tagungen [⇒ 648] und Kongressen [⇒ 404] ist die Einrichtung eines Tagungsbüros üblich. Das Tagungsbüro ist vor, während und nach der Veranstaltung geöffnet, um eine Betreuung der Teilnehmer zu ermöglichen. Die allgemeinen Aufgaben eines Tagungsbüros sind: <ul><li>Teilnehmerregistrierung</li><li>Ausgabe von Namensschildern</li><li>Ausgabe von Informations- und Veranstaltungsunterlagen</li><li>Betreuung von Referenten und Pressevertretern</li><li>Ortservice für Teilnehmer (Hotel, Taxi, Buchung von abendlichen Freizeitaktivitäten)</li><li>Bereitstellung einer Büro-Infrastruktur für Teilnehmer/-innen und Pressevertreter/-innen</li><li>Organisation von Feedback-Aktionen</li></ul> Mitarbeiter eines Tagungsbüros sollten eine gute Umgangsform, Allgemeinbildung und bei internationalen Veranstaltungen die nötigen Fremdsprachenkenntnisse besitzen.		

Tagungshotel	Logistik	650
Neben dem Übernachtungsgeschäft haben einige Hotels ihren Schwerpunkt auf das Tagungsgeschäft gelegt. Sie verkaufen so genannte Tagungs-Packages, die Tagungsräume mit Ausstattung, Tagungsverpflegung und Unterbringung der Teilnehmer beinhalten. Tagungshotels werden sehr gerne für Seminare [⇒ 611], Workshops und kleinere Kongresse [⇒ 404] gebucht.		

Tagungssekretariat	Logistik	651

Das Tagungssekretariat übernimmt die Vorbereitung und die Organisation von Tagungen und betreut die Teilnehmer. Hier wird meist das gesamte Teilnehmerhandling [⇒ 655] abgewickelt.

Tanzteppich	Logistik	652

Aus Sicherheitsgründen werden bei Veranstaltungen, auf denen die Gäste tanzen sollen, so genannte Tanzteppiche verlegt. Tanzteppiche sind meist aus PVC und zeichnen sich durch eine große Rutschfestigkeit aus. Der Tanzteppich wird in Bahnen ausgeliefert, die mittels Klebeband zu beliebig großen Tanzflächen zusammengefügt werden können. Es gibt diverse Ausführungen und Farben des Tanzteppichs.

Tausenderkontaktpreis (TKP)	Strategie	653

Der Tausenderkontaktpreis (TKP) stellt die Werbekosten für eintausend Kontakte dar und ist somit eine Kennzahl für den Kostenvergleich bei Werbebuchungen. Er wird beim Above-the-Line-Advertising [⇒ 010] verwendet, d. h. bei Anzeigenschaltungen in Print-, TV-, Radio- und Onlinemedien. Um den TKP errechnen zu können, werden die tatsächlichen Kontakte des jeweiligen Mediums benötigt, die in den Mediadaten veröffentlicht werden. Die Berechnung des TKP erfolgt auf Basis folgender Formel:

$$TKP = \frac{Schaltungskosten \times 1000}{Summe\ der\ Kontakte}$$

Teaser	Strategie	654

Teaser (engl. für Anreißer) nennt man eine Schlagzeile, die besonders hohe Aufmerksamkeit erregt. Ein Teaser wird z. B. häufig auf Umschläge gedruckt, um den Empfänger zum Lesen des Inhaltes zu animieren.

Teilnehmerhandling	Logistik	655

Unter Teilnehmerhandling werden alle Tätigkeiten geführt, die mit der Verwaltung und Koordinierung der Teilnehmer zu tun haben.

Das Teilnehmerhandling umfasst folgende Aufgaben:
- Einladungsmanagement [⇒ 239]
- Registrierung [⇒ 656]
- Abrechnung eventueller Teilnahmegebühren
- Koordinierung der Anreise und Übernachtung
- Veranstaltungsunterlagen vorbereiten
- Vorort-Registrierung
- Service am Counter [⇒ 182]

Das Teilnehmerhandling ist insbesondere bei Tagungen [⇒ 648], Kongressen [⇒ 404], Seminaren [⇒ 611] und Hauptversammlungen [⇒ 354] eine arbeitsintensive und wichtige Tätigkeit. Es entscheidet über den ersten Eindruck, den ein Teilnehmer von der Veranstaltung hat.

Für das Teilnehmerhandling gibt es immer mehr webbasierte Softwarelösungen, die viele Arbeitsschritte automatisieren.

Teilnehmerregistrierung	Logistik	656

Die Teilnehmerregistrierung ist eine komplexe Aufgabe beim Teilnehmerhandling bei Kongressen [⇒ 404], Tagungen [⇒ 648] und Seminaren [⇒ 611]. Der Registrierungsvorgang beginnt nach dem Versand der Einladungen [⇒ 239] und endet erst nach der Veranstaltung.

Zu den Aufgaben im Vorfeld gehören:

- Annahme, Erfassung und Verarbeitung von Teilnehmeranmeldungen
- Verwaltung der Rückläufe, Zusagen, Absagen, Umbuchungen
- Teilnehmer-Service am Telefon
- Hotelzimmer- und Flugkontingentverwaltung [⇒ 709]
- Koordinierung und Zusammenarbeit mit anderen Dienstleistern, z. B. Reisebüros, Agenturen und Hotels
- Überwachung des Zahlungsverkehrs: Abrechnung, Fakturierung, Rechnungsversand und Forderungsmanagement von Teilnahmegebühren

Registrierungsaufgaben am Veranstaltungstag/vor Ort:

- Teilnehmerregistrierung & Inkasso vor Ort
- Verteilung der Teilnehmerunterlagen und Namensschilder
- Serviceleistungen vor Ort am Counter [⇒ 182]
- Aktualisierung der Gästedaten, Nachdruck von Namensschildern usw.
- Zutritts- und Anwesenheitskontrolle

Teleprompter	Logistik	657

Der Teleprompter ist ein Monitor, der an einer Kamera befestigt ist, sodass ein Akteur auf der Bühne beim Blick in die Kamera den auf dem Monitor herunter scrollenden Text lesen kann. So muss der Akteur seinen Text nicht einstudieren. Der Teleprompter findet u. a. bei Fernsehaufzeichnungen seine Anwendung.

Testimonial	Strategie	658

Als Testimonial wird ein Verbraucherzeuge bezeichnet. Der Verbraucherzeuge ist ein zufriedener Kunde, mit dem das Produkt beworben wird. In den meisten Fällen handelt es sich bei dem Verbraucherzeugen um eine bekannte Persönlichkeit, deren Beliebtheitsgrad und Image für die erfolgreiche Produktvermarktung verwendet werden.

Tonality (Tonalität)	Strategie	659

Als Tonality wird der Stil bzw. der Grundton einer Kommunikationsaktivität bezeichnet. Mit dem Stil der Ansprache wird die werbliche Atmosphäre geschaffen, um Personen zielgruppengerecht anzusprechen. Die Tonalität setzt wichtige Signale, die über die Werbewirkung einer Kampagne entscheiden.

Tonmeister	Logistik	660

Der Tonmeister ist für die Audioübertragung bei Events verantwortlich. Er sorgt für die Realisierung einer hochwertigen Beschallung [⇒ 111]. Zuständig ist er auch für die Gerätewartung und -installation. Neben technischen Kenntnissen benötigen Tonmeister umfassende musikalische Kenntnisse und Fähigkeiten. Dem Tonmeister sind bei größeren Veranstaltungen Tontechniker [⇒ 661] unterstellt. Bei Studioaufnahmen fungieren Tonmeister als Aufnahmeleiter.

Im Gegensatz zu handwerklichen Meister-Berufen ist die Berufsbezeichnung „Tonmeister" als solche nicht geschützt. Den akademischen Grad „Diplom-Tonmeister" hingegen darf nur tragen, wer über eine diesbezüglich anerkannte Hochschulausbildung verfügt.

Tontechniker	Logistik	661

Der Tontechniker ist für die Bedienung und Wartung aller tontechnischen Anlagen [⇒ 111] zuständig. Er ist dem Tonmeister [⇒ 660] unterstellt. Tontechniker ist kein staatlich anerkannter Ausbildungsberuf. Wie in der Eventbranche üblich, erlernen Tontechniker ihre Fähigkeiten in der Praxis („Learning by Doing"). Eine vorhergehende Ausbildung in einem artverwandten Beruf ist allerdings empfehlenswert.

Tournee	Logistik	662

Eine Tournee (Kurzform: Tour) umfasst mehrere Live-Auftritte eines Künstlers in verschiedenen Städten bzw. Ländern. Der Künstler [⇒ 425] und seine Crew [⇒ 184] reisen von Veranstaltungsort zu Veranstaltungsort und präsentieren somit innerhalb kurzer Zeit einer hohen Anzahl von Zuschauern ein Programm. Tourneen werden durchgeführt, um z. B. ein neues Musikalbum, ein Buch oder ein Theaterstück vorzustellen und zu promoten.

Trailerbühne	Logistik	663

Eine Trailerbühne ist ein Anhänger, der am Veranstaltungsort aufgestellt und ausgeklappt wird. Der ausgeklappte Trailer dient als Bühnenfläche mit dazugehörigem Bühnendach und wird deshalb bei Open-Air-Veranstaltungen [⇒ 515] genutzt. Der Trailer gilt als kostengünstigere und unkompliziertere Bühnenvariante im Vergleich zur Ground-Support-Bühne [⇒ 346]. Allerdings ist die Größe der Bühne durch den Trailer festgelegt. Sie ist meist relativ klein.

Training	Strategie	664

Ein Training ist eine Seminarveranstaltung [⇒ 611] zur Leistungssteigerung der Teilnehmer durch praktische Übungen, Fallstudien und Gruppenarbeiten. Das Training hat eine höhere Interaktion als ein herkömmliches Seminar. Es wird von Trainern oder Coachs geleitet.

Transfer	Logistik	665

Der Transfer von Teilnehmern ist bei größeren Veranstaltungen eine logistische Herausforderung für Eventmanager. Es gilt, die Teilnehmer bequem und ohne Verspätungen z. B. vom Flughafen zum Hotel oder zum Veranstaltungsort zu befördern. Insbesondere die verschiedenen Ankunftszeiten der Teilnehmer sowie Verschiebungen in der Zeitplanung (z. B. durch Zugverspätungen) erfordern vom Transfer-Verantwortlichen ein hohes Koordinationsgeschick.

Der Transfer kann in verschiedenen Formen organisiert werden:

Shuttle-Bus

Ein oder mehrere Busse pendeln in kurzen, regelmäßigen Abständen zwischen zwei Orten (z. B. Flughafen – Hotel) hin und her.

Chauffeurdienst

Es wird eine Vielzahl von Limousinen mit Fahrern eingesetzt, die auf Abruf die entsprechenden Orte anfahren. Bei VIP-Veranstaltungen [⇒ 691] werden die Fahrzeuge oft von Sponsoren [⇒ 626] leihweise zur Verfügung gestellt.

Bei der Personenbeförderung ist zu beachten, dass jeder Fahrer einen so genannten P-Schein (Personenbeförderungsschein – amtliche Voraussetzung und Legitimation zur Personenbeförderung) besitzt.

Traverse	Logistik	666

Als Traversen werden Träger aus Aluminium bezeichnet. Sie bestehen aus Hauptrohren, welche mit dünneren Rohren verstrebt werden, und haben eine Gitterstruktur. Die Verbindung mehrerer Traversen erfolgt meistens über konische Verbinder mit Bolzen oder über Rohrverbinder mit Schrauben. An die Traversen werden Lautsprecher, Beleuchtung, Videotechnik oder Dekorationen gehängt.

Tribüne	Logistik	667

Tribünen sind bauliche Anlagen mit ansteigenden Steh- oder Sitzplatzreihen (Stufenreihen) für Besucher.

Trockeneismaschine	Logistik	668

Bei Trockeneismaschinen wird Kohlendioxid in fester Form in ein heißes Wasserbad gelegt. Dadurch wandelt sich das Kohlendioxid in seinen ursprünglichen gasförmigen Zustand zurück. Es entsteht Nebel. Mit Trockeneismaschinen kann dieser Effekt gezielt gesteuert werden.
Eine weitere Möglichkeit zur Erzeugung von Nebel bieten so genannte Nebelmaschinen [⇒ 507].

Tubelight	Logistik	669

Tubelight ist ein Dekorationslicht und zum Teil auch ein wichtiger Bestandteil der Sicherheitsbeleuchtung. Das Tubelight besteht aus Niedervoltlämpchen, die fest mit einer lackierten Kupferleitung verbunden sind und einem (Kunststoff-)Rohr, in welches das Tubelight eingeführt wird.

U

| Übererfolg einer Werbemaßnahme | Verwaltung | 670 |

Mit einer Spezialversicherung [⇒ 688] ist es möglich, den Übererfolg einer Werbekampagne oder Veranstaltung abzusichern. Durch den nicht geplanten überdurchschnittlichen Erfolg einer Werbemaßnahme kann dem Versicherungsnehmer ein Vermögensschaden entstehen. Diese Spezialversicherung deckt die Verluste, die dem Versicherungsnehmer durch erhöhte Aufwendungen entstehen.

| Überschlagskalkulation | Verwaltung | 671 |

Die Überschlagskalkulation ist eine grobe Berechnung der anfallenden Kosten eines Events. Sie basiert auf Erfahrungswerten und Schätzungen.

Bei der Kalkulation einer Eventmaßnahme müssen folgende Kostenblöcke berücksichtigt werden:

- Recherche, Ideenfindung, Konzeption
- Vorbereitung, Planung und Projektmanagement
- Realisierung der Veranstaltung
- Rückbau und Entsorgung
- Nachbereitungsphase

Alle Leistungen der einzelnen Gewerke müssen bei einer kompletten Event-Berechnung einkalkuliert sein.

Die Überschlagskalkulation dient nur der ersten Einschätzung der Kosten. Eine detaillierte Kalkulation [⇒ 390] mit den recherchierten Kosten ist unerlässlich.

| Uraufführung | Strategie/Logistik | 672 |

Als Uraufführung wird die erste Aufführung eines Veranstaltungsprogramms/Bühnenwerkes bezeichnet. Handelt es sich um die erste Aufführung in einem Land oder in einer bestimmten Sprache, spricht man von Erstaufführung.

| Urheberrecht | Verwaltung | 673 |

Das Urheberrecht schützt die Urheber von Werken der Literatur, Wissenschaft und Kunst, deren Erben bzw. Nutzungsberechtigte bis 70 Jahre nach dem Tod des Schöpfers. Es werden nur persönliche geistige Schöpfungen geschützt. Dieser Schutz entsteht per Gesetz (Urhebergesetz). Eine Eintragung des Werkes ist nicht erforderlich.

Die Rechte des Urhebers an seinem Werk können in zwei Kategorien eingeteilt werden – das Urheberpersönlichkeitsrecht und das Verwertungsrecht.

1. Urheberpersönlichkeitsrecht:

Das Urheberpersönlichkeitsrecht gewährt dem Urheber den Anspruch, darüber zu bestimmen, ob, wann und wie sein Werk erstmals veröffentlicht wird. Daneben kann er fordern, von Jedermann als Urheber seines Werkes anerkannt zu werden. Der Urheber hat auch das Recht zu bestimmen, ob bei einer Verwertung seines Werkes sein Name angegeben werden muss. Weiterhin ist der Urheber dagegen geschützt, dass andere sein Werk verändern oder gar entstellen oder in einen Zusammenhang bringen, der die persönlichen und geistigen Interessen des Urhebers beeinträchtigt.

2. Verwertungsrecht:

Der Urheber hat das ausschließliche Recht, sein Werk zu verwerten. Dazu zählen beispielsweise das Vervielfältigungsrecht, das Verbreitungsrecht und das Ausstellungsrecht. Wer ein urheberrechtlich geschütztes Werk verwerten möchte, braucht hierfür, von wenigen Ausnahmen abgesehen, eine vom Urheber abgeleitete Berechtigung. In der Regel erwirbt, wer ein fremdes urheberrechtlich geschütztes Werk verwerten will, vom Urheber ein Nutzungsrecht, das oft auch als Lizenz bezeichnet wird.

USP (Unique Selling Proposition)	Strategie	674

Zur optimalen Positionierung auf dem Markt sollte das Produkt/die Dienstleistung ein „einzigartiges Verkaufsargument" besitzen. Dieses einzigartige Verkaufsargument (häufig USP genannt) ermöglicht eine Abgrenzung des Produktes zu den Mitbewerbern. Formuliert wurde der Gedanke des „Unique Selling Proposition" vom amerikanischen Werbefachmann Rosser Reeves. Er unterscheidet zwischen einem natürlichen und einem künstlichen USP. Der natürliche USP ergibt sich aus der Struktur, der Beschaffenheit und den Eigenschaften des Produktes. Im Gegensatz hierzu wird der künstliche USP eines Produktes erst durch Werbemaßnahmen geschaffen.

Das „einzigartige Verkaufsargument" sollte in der gesamten Kommunikationsstrategie Anwendung finden und hervorgehoben werden.

V

Veranstalterhaftpflicht	Verwaltung	675

Die Veranstalterhaftpflicht-Versicherung deckt Schäden ab, die im Rahmen einer Veranstaltung Dritten zugefügt werden.

Versichert ist die gesetzliche Haftpflicht aus der Durchführung der Veranstaltung, insbesondere auch:

- aus dem Auf- und Abbau von zur Veranstaltung erforderlichen Einrichtungen, Technik und dergleichen
- aus Verkehrssicherungspflichten im Hinblick auf die Veranstaltung
- aus Bewachung und Sicherung der Veranstaltung
- aus der Beauftragung fremder Unternehmen mit der Ausführung von Aufgaben/Arbeiten im Interesse des Veranstalters
- aus dem Besitz oder der Verwendung von Hebezeugen, z. B. Kränen, Feldbahnen zur Beförderung von Sachen
- aus Werbeveranstaltungen, dem Vorhandensein von Werbeeinrichtungen (Transparenten, Leuchtröhren, Werbetafeln usw.)

Individuell können weitere Deckungsvarianten mit dem Versicherer vereinbart werden.

Veranstaltung	Strategie	676

Übersetzt bedeutet der Begriff „Event" = „Ereignis". Sämtliche Veranstaltungen, ob privater, kultureller oder kommerzieller Natur, können als Ereignis bezeichnet werden. In der wirtschaftlichen Praxis wird zwischen den Veranstaltungsformaten jedoch unterschieden. Es gibt Marketing-Events, kulturelle Veranstaltungen und private Festlichkeiten. Die Unterscheidungen liegen in der Zielsetzung und strategischen Ausrichtung.

Bei privaten Feierlichkeiten steht die gemeinsame Unterhaltung im Vordergrund. Sie haben meist keine strategischen Ziele und verfolgen keine kommerziellen Zielsetzungen.

Kulturelle Veranstaltungen zielen auf die „Unterhaltung der Teilnehmer" ab. Sie können zwar von kommerzieller Natur sein, durch Eintrittsgelder und Verkauf von Merchandising, Gastronomie-Produkten oder Kunstobjekten, verfolgen jedoch keine langfristigen strategischen Ziele.

Bei Marketing-Events werden betriebswirtschaftliche, strategische Ergebnisse angestrebt. Die Faktoren „Unterhaltung" und „Spaß" dienen hierbei lediglich als Werkzeuge.

Eine Einteilung von Events kann unter drei Gesichtspunkten erfolgen:

Information: Kongress [⇒ 404], Tagung [⇒ 648], Konferenz [⇒ 402], Workshop [⇒ 706], Hauptversammlung [⇒ 354], Investoren-Roadshow [⇒ 593]

Kommunikation: Event am Point of Sale [⇒ 534], Medien-Event [⇒ 479], Produktpräsentation [⇒ 554], Messe-Event [⇒ 486], Jubiläum

Motivation: Incentive [⇒ 373], Get-together [⇒ 332], Kick-off-Event, Händlermeeting

Weiterhin wird unterschieden zwischen Public Event [⇒ 569], Corporate Event [⇒ 179], Promotion Event [⇒ 565], Incentives [⇒ 373] und Exhibition Event [⇒ 259].

Veranstaltungsausfallversicherung	Verwaltung	677

Der Versicherer gewährt dem Versicherungsnehmer (Veranstalter) Schutz, wenn eine Veranstaltung infolge eines vom Veranstalter nicht zu vertretenden Umstandes ausfällt, abgebrochen oder in der Durchführung geändert wird. Dieses gilt für die in der Versicherungspolice bezeichnete Veranstaltung und bis zur Höhe der vereinbarten Versicherungssumme.

Folgende Umstände sind üblicherweise im Versicherungsschutz enthalten:
- Ausfall der öffentlichen Stromversorgung
- Krankheit, Unfall oder Tod eines Künstlers oder anderer Akteure
- Verhinderung von Künstlern oder anderen Akteuren durch unvorhersehbare Ereignisse
- Unbenutzbarkeit der Veranstaltungsstätte

Folgende Ursachen deckt eine Veranstaltungsausfallversicherung in der Regel nicht ab:
- Krieg oder kriegsähnliche Ereignisse
- Streik, Arbeitsunruhen
- Terrorismus
- Attentatsdrohungen
- Ausbleiben des Publikums
- Witterungseinflüsse

Versichert werden können die Produktionskosten, Gewinne, Sponsorengelder und örtliche Kosten.

Veranstaltungsfachwirt/-in	Verwaltung	678

Veranstaltungsfachwirt/-in ist eine kaufmännische Aufstiegsfortbildung und schließt mit einer Abschlussprüfung vor der Industrie- und Handelskammer ab. Der/die Veranstaltungsfachwirt/-in plant, steuert und kontrolliert Veranstaltungen verschiedener Genres in organisatorischer, technischer, kaufmännischer und rechtlicher Hinsicht.

Die Prüfung besteht aus zwei Teilen: Die wirtschaftsbezogene Qualifikation und die handlungsspezifische Qualifikation.

Zur Prüfung kann zugelassen werden, wer
- einen Abschluss im anerkannten Ausbildungsberuf zum/zur Veranstaltungskaufmann/ -frau oder
- eine mit Erfolg abgelegte Abschlussprüfung in einem anerkannten kaufmännischen oder verwaltenden Ausbildungsberuf und danach eine mindestens einjährige Berufspraxis oder
- einen Abschluss in einem sonstigen anerkannten Ausbildungsberuf und danach eine mindestens zweijährige Berufspraxis oder
- eine mindestens vierjährige Berufspraxis nachweist.

Die Aufstiegsfortbildung „Veranstaltungsfachwirt/-in" löst den Vorgänger „Fachwirt für die Tagungs-, Kongress- und Messewirtschaft" ab.

Veranstaltungskalender	Strategie/Logistik	679

Unternehmen und Organisationen, die regelmäßig Veranstaltungen anbieten, veröffentlichen einen so genannten Veranstaltungskalender. Dieser Veranstaltungskalender beinhaltet alle angebotenen Veranstaltungen innerhalb eines bestimmten Zeitraumes (z. B. Jahresprogramm). Der Veranstaltungskalender wird an die relevante Zielgruppe [⇒ 708] versendet und meist auf der hauseigenen Internetseite veröffentlicht.

Zeitungen und Zeitschriften (insbesondere regionale Printmedien) und Internetpublikationen bieten oft einen unabhängigen Veranstaltungskalender an. Hier bietet sich für Eventmanager die Möglichkeit, ihre Veranstaltungsinformationen kostengünstig (oder kostenlos) zu verbreiten.

Veranstaltungskauffrau/-mann	Logistik	680

Das Berufsbild Veranstaltungskauffrau/-mann ist seit dem 01. 08. 2001 offizieller Ausbildungsberuf. Die Ausbildung dauert in der Regel drei Jahre und findet in einem Ausbildungsbetrieb sowie in der Berufsschule statt. Veranstaltungskaufleute sind vorwiegend in der Messe-, Kongress- und Unterhaltungsbranche sowie in der kommunalen Verwaltung tätig, z. B. bei Konzertveranstaltern, Künstleragenturen, Marketing- und Eventagenturen, Messe-, Kongress- und Ausstellungsveranstaltern, Veranstaltern von Seminaren, in Kultur- und Jugendämtern.

Zu den Tätigkeiten der/des Veranstaltungskauffrau/-manns gehören insbesondere:
- das Entwickeln zielgruppengerechter Konzepte für Veranstaltungen
- die Kundenbetreuung
- das Kalkulieren von Veranstaltungen und Veranstaltungsrisiken
- das Erstellen von Ablauf- und Regieplänen
- die Zusammenarbeit mit Künstlern, Architekten, Designern, Technikern, Produzenten und Agenturen
- das Koordinieren von Organisationsabläufen
- das Bearbeiten kaufmännischer Geschäftsvorgänge
- die betriebswirtschaftliche Planung und Kontrolle

Veranstaltungsmeister	Logistik	681

Der Veranstaltungsmeister plant und überwacht den Einsatz von technischen Anlagen (Tontechnik, Lichttechnik, Aufbau von Bühnen, Zuschauerpodesten, Dekorationen) und delegiert Mitarbeiter. Neben der termingerechten, technischen Durchführung einer Veranstaltung sorgt er dafür, dass betriebswirtschaftlich optimal gearbeitet wird. Er ist für alle erforderlichen Maßnahmen für den Arbeitsschutz, die Unfallverhütung und den Brandschutz zuständig.

Als Ausbildungsberuf für diesen Bereich ist die Fachkraft für Veranstaltungstechnik [⇒ 263] zu empfehlen. Seit 1997 gibt es den Meister für Veranstaltungstechnik. Entsprechend den Einsatzgebieten erfolgt diese Fortbildung in den drei Fachrichtungen Bühne/Studio [⇒ 144], Beleuchtung und Halle.

Verfolger	Logistik	682

Als Verfolger wird ein Scheinwerfertyp [⇒ 605] mit einer besonders langen Brennweite bezeichnet. Der Verfolger dient dazu, aus großer Entfernung einen Gegenstand oder eine Person zu beleuchten. Auf Veranstaltungen wird dieser Scheinwerfertyp zur „Verfolgung" eines Darstellers bei seinen Bühnenaktionen genutzt.

Verkaufsförderung (Promotion)	Strategie	683

„Verkaufsförderung dient der Unterstützung, Information und Motivation aller am Absatzprozess beteiligten Organe, um den Verkauf zu fördern." *Weis, Marketing, 11. Auflage von 1999.*

Im Gegensatz zur Werbung wendet sich die Verkaufsförderung nicht vorrangig an Endverbraucher, sondern informiert und motiviert auch den Verkaufs- und Händlerbereich.

Die Verkaufsförderung ist in drei Aufgabengebiete eingeteilt:

Verkaufspromotion: Der Vertriebsinnen- und außendienst wird informiert, geschult, unterstützt und motiviert durch Verkaufstraining, Produktkataloge, Verkaufstagungen, Incentives, Verkaufshandbücher, Auszeichnungen usw.

Handelspromotion: Der Groß- und Einzelhandel wird informiert, geschult, unterstützt und motiviert durch Händlerschulungen, Produktpräsentationen, Warenplatzierungen, Displays, Schaufenstergestaltungen, POS-Radio, Werbegeschenke, Preisaktionen, Regalmieten usw.

Verbraucherpromotion: Verbraucher sollen auf ein bestimmtes Produkt aufmerksam gemacht werden, es kennen lernen und sich damit auseinander setzen. Häufige Maßnahmen der Verbraucherpromotion sind Displays, Produktproben, Preisausschreiben, Befragungen, Sonderpreisaktionen und Coupons.

Verkaufsstand	Logistik	684

Bei öffentlichen Veranstaltungen, insbesondere bei Straßenfesten und Volksfesten, finanzieren Veranstalter ihre Organisationsleistungen teilweise über die Vermietung von Verkaufsflächen. Händler haben die Möglichkeit, ihre Waren auf der Veranstaltung den Besuchern anzubieten. Die Standmiete berechnet sich nach laufenden Standmetern und nach der zu erwartenden Besucherzahl.

Händler, die Speisen und Getränke ausschenken möchten, benötigen eine Ausschankgenehmigung [⇒ 604].

Verleihservice	Logistik	685

Events benötigen kurzfristig viele Ausstattungsgegenstände, Equipment, Fahrzeuge und Kleinmaterialien. Bei seltenem oder unregelmäßigem Einsatz der Gegenstände ist eine Anschaffung der benötigten Materialien nicht sinnvoll. Es gibt eine Vielzahl von Unternehmen, die auf die Vermietung dieser Gegenstände spezialisiert sind.

Folgende Gegenstände und Güter können bei Verleihfirmen speziell für Veranstaltungen gemietet werden:

- Lkws, Limousinen und Kühlfahrzeuge
- Veranstaltungstechnik
- Messe- und Veranstaltungsmobiliar
- Geschirr und Küchenausstattung
- Dekorationsmaterialien und Requisiten
- Kleidung und Kostüme
- Pflanzen

Versammlungsrecht	Verwaltung	686

Das Gesetz über Versammlungen und Aufzüge (kurz: Versammlungsgesetz 1978) sieht das Grundrecht jedes Bürgers vor, öffentliche Versammlungen und Aufzüge zu veranstalten und an solchen Veranstaltungen teilzunehmen, solange diese nicht gegen das Grundgesetz verstoßen (VersG § 1).

Da Events [⇒ 676] auch mit der Ansammlung einer unbestimmten Zahl von Menschen verbunden sind, findet auch hier das Versammlungsgesetz seine Anwendung.

Das Versammlungsgesetz unterscheidet zwischen zwei Versammlungsarten: Öffentliche Versammlungen in geschlossenen Räumen (VersG §§ 5 bis 13) und Öffentliche Versammlungen unter freiem Himmel (VersG §§ 14 bis 20).

Öffentliche Versammlungen in geschlossenen Räumen: Nach dem Versammlungsgesetz besteht grundsätzlich keine Anmeldepflicht der Veranstaltung. Es ist ein Veranstaltungsleiter (Veranstalter) zu stellen, der das Hausrecht ausübt. Ordnerpersonal (Security [⇒ 609]) darf eingesetzt werden.

Öffentliche Versammlungen unter freiem Himmel und Aufzüge: Eine öffentliche Versammlung unter freiem Himmel ist bis spätestens 48 Stunden vor Bekanntgabe bei der zuständigen Behörde anzumelden. Die zuständige Behörde kann die Veranstaltung verbieten oder von bestimmten Auflagen abhängig machen. Der Einsatz von Ordnern (Security [⇒ 609]) bedarf einer polizeilichen Genehmigung.

Versammlungsstättenverordnung	Verwaltung	687

Die Versammlungsstättenverordnung (VStättVO) definiert die bauaufsichtlichen Vorschriften für Theater, Versammlungsstätten und ähnliche bauliche Anlagen. Gemäß der VStättVO sind bei allen Veranstaltungen zur Abwendung von Gefahren für die öffentliche Sicherheit gewisse Mindestanforderungen zu beachten. Die Versammlungsstättenverordnung wird in den einzelnen Bundesländern in Anlehnung an die Landesbauordnung geregelt. Um eine bundesweite Vereinheitlichung der Regelungen herbeizuführen, wurde von der ARGEBAU die so genannte Muster-Versammlungsstättenverordnung [⇒ 503] veröffentlicht.

Die Versammlungsstättenverordnung regelt u. a. folgende Bereiche:
- Bauvorschriften zur Errichtung einer Versammlungsstätte
- Einsatz von technischen Fachkräften
- Rettungswege
- Notausgänge
- Brandsicherheit
- Sicherheitsstromversorgung
- Sicherheitsbeleuchtungen
- Bestuhlungspläne

Versicherungen	Verwaltung	688

Um die Haftung und das Risiko des Veranstalters [⇒ 348] abzusichern, ist es möglich, vor der Veranstaltung verschiedene Versicherungen abzuschließen. Bevor Versicherungen abgeschlossen werden, ist jedoch eine genaue Risikoanalyse vorzunehmen.

Der Abschluss von Versicherungen für Kleinrisiken ist in der Regel nicht zu empfehlen, da die Versicherungsprämie über dem eventuellen Schadensvolumen liegen kann. Je nach Art und Umfang der Veranstaltung gibt es verschiedene Schadensrisiken und somit unterschiedliche Risikoklassifizierungen. Immer gilt: Je höher das Risiko, desto höher die Versicherungsprämie.

In der Veranstaltungsabsicherung gibt es grundsätzlich folgende Versicherungen:
- Veranstalter-Haftpflicht [⇒ 675]
- Veranstaltungsausfall-Versicherung [⇒ 677]
- Wetterversicherung [⇒ 704]
- Übererfolg einer Werbemaßnahme [⇒ 670]
- Prize-Indemnity (Gewinnspiel-Versicherung) [⇒ 549]

Es gibt die Möglichkeit, Versicherungen für jede Veranstaltung individuell zu vereinbaren oder Jahres-Policen für Veranstaltungen abzuschließen. Bei mehreren gleichartigen Veranstaltungen im Jahr ist eine Jahres-Police preisgünstiger.

Versorgungsbereich	Logistik	689

Der Versorgungsbereich bezeichnet den Bereich, in dem sich öffentliche Versorgungseinrichtungen befinden. Hierzu gehören Toiletteneinrichtungen, Sanitäterbereiche, Gastronomie, Souvenirläden einschließlich der Gänge, Treppen und Rampen zwischen dem Zuschauerbereich und dem Ausgang der Zuschaueranlage [⇒ 712].

Vertrag	Verwaltung	690

Ein Vertrag ist das Zustandekommen von zwei mit Bezug aufeinander abgegebenen, empfangsbedürftigen Willenserklärungen. Diese Willenserklärungen (Angebot und Annahme) können sowohl schriftlich, mündlich als auch durch eindeutiges Verhalten erfolgen.

Für den Eventmanager ist das Verhandeln und Abschließen von Verträgen eine der Primäraufgaben. Folgende Verträge werden im Eventbereich regelmäßig geschlossen:

- Arbeitsverträge [⇒ 053]
- Mietverträge
- Gastspiel- und Künstlerverträge [⇒ 429]
- Dienstverträge [⇒ 208]
- Sponsoringverträge

Oftmals werden Verträge in der Eventbranche mündlich geschlossen. Dieses sollte jedoch vermieden werden, da die Vertragsinhalte bei evtl. Rechtsstreiten schwer zu belegen sind. Eine besondere Beachtung muss den Allgemeinen Geschäftsbedingungen [⇒ 040] der einzelnen Gewerke [⇒ 334] beigemessen werden.

Hinweis: Im Anhang befinden sich Muster von Beratungsvertrag (Dienstvertrag), Sponsoringvertrag und Gastspielvertrag.

LEXIKON

VIP	Logistik	691

Ein **VIP** (very important person) ist eine bekannte bzw. berühmte Persönlichkeit aus Politik, Wirtschaft, Sport oder Kultur. Auf Veranstaltungen ist neben der persönlichen Betreuung der VIPs auf eine erhöhte Sicherheit zu achten. Bei großen Events werden gesonderte VIP-Lounges [⇒ 692] eingerichtet, um eine optimale Betreuung dieser Gäste zu gewährleisten.

VIP-Lounge	Logistik	692

Bei Veranstaltungen mit einer größeren Anzahl von VIPs [⇒ 691] werden in der Regel eigene, abgesperrte VIP-Bereiche (VIP-Lounges) eingerichtet. Hier bleiben die Ehrengäste unter sich und genießen meist besondere Vorzüge, wie z. b. eine bessere Sicht zur Bühne [⇒ 144], gehobenes Eventcatering [⇒ 161] und eine erhöhte Sicherheit [⇒ 609].

Die VIP-Lounge soll auch verhindern, dass bekannte Persönlichkeiten von der Presse und von Schaulustigen angesprochen bzw. beobachtet werden. Die Ausstattung von VIP-Lounges wird oft durch Sponsoren [⇒ 626] übernommen, die sich hierdurch einen hohen Imagetransfer [⇒ 372] versprechen.

Volksfest	Strategie/Logistik	693

Volksfeste sind im Brauchtum verankerte regional typische Feste, die oft eine lange Tradition besitzen. Auf Volksfesten bieten Schausteller ihre Waren an und Fahrgeschäfte sorgen für die Unterhaltung der Besucher.

Vorbereitung der Kalkulation	Verwaltung	694

Bevor die Kalkulation [⇒ 390] für ein Event angefertigt werden kann, müssen im Vorfeld alle Kostenblöcke erfasst und definiert werden. Das Konzept [⇒ 257] ist die Basis. Alle Leistungen, die darin beschrieben sind, müssen auch kalkuliert werden. Hierzu wird das Gesamtprojekt in Teilprojekte untergliedert. Die jeweiligen Lieferanten und Leistungen werden recherchiert, und Ausschreibungen [⇒ 072] für die Teilprojekte werden durchgeführt.

Sobald die Vorbereitungsphase der Kalkulation abgeschlossen ist, kann der Eventmanager an die Vorkalkulation des Projektes [⇒ 557] gehen.

Vorkalkulation	Verwaltung	695

In der Vorkalkulation arbeitet der Eventmanager mit einer Überschlagskalkulation [⇒ 671]. Alle Kostenblöcke des Events werden aufgelistet und mit Richtpreisen versehen. Die Preise werden anhand von Erfahrungswerten und Mittelwerten der unterschiedlichen Anbieter definiert.

Aus der Vorkalkulation ergibt sich der Kostenrahmen [⇒ 417], der als erster Kostenüberblick dient.

Vorverkauf	Logistik	696

Der Vorverkauf von Tickets [⇒ 243] ist eine bedeutende Aufgabe im Vorfeld einer Veranstaltung. Anhand des Ticketvorverkaufs können Bestellungen (z. B. das Catering [⇒ 161]) genauer geplant werden, da sich eine Tendenz über die Höhe der zu erwartenden Besucher abzeichnet. Durch die Vorverkaufs-Erlöse wird die Liquidität [⇒ 453] des Veranstalters verbessert.

Der Vorverkauf kann sowohl im Eigenvertrieb als auch im Fremdvertrieb erfolgen. Beim Fremdvertrieb (Vorverkaufsstellen) sind Provisionen an den Vermittler (Ticketverkäufer) zu zahlen. Diese müssen bei der Kalkulation des Eintrittspreises berücksichtigt werden. Zusätzlich finanzieren sich Ticketverkäufer über die Vorverkaufsgebühren.

Das Internet wird für den Ticketvertrieb zunehmender ein bedeutender Absatzkanal. Eine weitere Möglichkeit des Vorverkaufs ist der Direktvertrieb durch ein Call-Center.

W

| Werbeagentur | Strategie | 697 |

Werbeagenturen sind Unternehmen, die sich mit der Planung, Gestaltung, Durchführung und Kontrolle von Werbemaßnahmen für Unternehmen und Institutionen befassen. Sie entwickeln Werbekampagnen [⇒ 392], planen Werbemaßnahmen, gestalten Print- und Onlinemedien und beraten ihre Kunden im Bereich der Kommunikationspolitik [⇒ 400].

Zur Gruppe der Werbeagenturen gehören auch Unternehmen, die lediglich Teilbereiche des Aufgabenspektrums einer Full-Service-Agentur [⇒ 308] bearbeiten, wie z. B. Werbemittler, Werbeberater und Werbemittelgestalter.

Viele Werbeagenturen bieten ihren Kunden auch Beratung im Bereich Event-Marketing an.

| Werbegeschenke | Strategie | 698 |

Unternehmen setzen Werbegeschenke ein, um die Beziehung zu einer bestimmten Zielgruppe [⇒ 708] aufzubauen bzw. zu festigen. Oftmals tragen die Werbegeschenke eine Kernbotschaft [⇒ 395] und das Logo [⇒ 458] als Aufdruck, damit sich der Empfänger bei jeder Verwendung des Werbegeschenkes an das Unternehmen erinnert. Im Gegensatz zu Give-aways [⇒ 308], die breit gestreut werden, handelt es sich bei Werbegeschenken meist um Produkte, die gezielt an spezielle Zielgruppen vergeben werden.

Bei der Beschaffung von Werbegeschenken sind steuerliche Aspekte zu beachten. So dürfen je Empfänger derzeit nur 40,00 € je Kalenderjahr für Werbegeschenke aufgewendet werden, damit die Kosten als Betriebsausgaben voll abgesetzt werden können.

| Werbemittel | Strategie | 699 |

Das Werbemittel transportiert eine Werbebotschaft [⇒ 395] zur Zielgruppe [⇒ 708], die durch einen Werbeträger [⇒ 700] verbreitet wird. Als Werbemittel werden alle Instrumente der Werbung bezeichnet. Zu den Werbemitteln zählen beispielsweise Anzeigen und Beilagen in Druckmedien, Werbespots, Prospekte, Displays, Kataloge, Broschüren, Flugblätter, Handzettel und Plakate.

| Werbeträger | Strategie | 700 |

Werbeträger sind Medien, auf denen Werbung geschaltet oder gedruckt werden kann. Werbeträger sind beispielsweise Zeitungen, TV, Zeitschriften, Hörfunk, Branchenbücher, Plakatwände usw.

Werbeträger und Werbemittel [⇒ 699] sind voneinander abhängig. Werbemittel benötigen passende Werbeträger, um ihre Botschaft zu verbreiten. Umgekehrt finanzieren Werbeträger ihr Geschäft über Werbemittel.

Bei der Auswahl des passenden Werbeträgers ist insbesondere auf die Zielgruppe [⇒ 703], Reichweite und die Schaltungskosten zu achten.

Werbung	Strategie	701

Werbung ist die Übermittlung von Werbebotschaften an eine oder mehrere Zielgruppen [⇒ 708]. Hierfür werden verschiedene Werbemittel [⇒ 699] genutzt, um die Zielgruppe zu aktivieren, das jeweilige Produkt oder eine Dienstleistung zu erwerben, oder um andere gezielte Reaktionen auszulösen. Werbung ist ein Kommunikationsinstrument [⇒ 399], das innerhalb des Kommunikationsmix angewandt wird. Werbung zeigt sich auf dem Markt in diversen Formen.

Ziele der Werbung	• **Einführungswerbung** ein Produkt wird bekannt gemacht • **Expansionswerbung** soll eine Umsatzsteigerung bewirken • **Erhaltungswerbung** soll den bisherigen Umsatz sichern • **Reduktionswerbung** soll Umsätze zeitlich verlagern
Zahl der Werbenden	• **Einzelwerbung** ein Anbieter wirbt für seine Produkte • **Gemeinschaftswerbung** mehrere Anbieter werben für ihre Produkte gemeinsam
Art der Werbegeber	• **Herstellerwerbung** der Produzent wirbt für seine hergestellten Güter • **Handelswerbung** der Groß- und Einzelhandel bewirbt sein Angebot
Zahl der Umworbenen	• **Direktwerbung** die Werbung zielt auf den einzelnen Umworbenen (z. B. Werbemailing) • **Mengenumwerbung** die Werbung spricht eine oder mehrere Zielgruppen an (z. B. Fernsehspots, Anzeigenwerbung)
Werbewirkung	• **Informationswerbung** objektive Informationen stehen im Vordergrund (Preise, Leistungen, ...) • **Suggestivwerbung** subjektive Informationen stehen im Vordergrund (Prestige, Vertrauen, Image, ...)
Werbepsychologie	• **überschwellige Werbung** wird bewusst wahrgenommen • **unterschwellige Werbung** wird unbewusst wahrgenommen
Werbeobjekte	• **Produktwerbung** bewirbt Sachgüter • **Dienstleistungswerbung** bewirbt Dienstleistungen • **Firmenwerbung** bewirbt Unternehmen

| Werkliefervertrag | Verwaltung | 702 |

Im Unterschied zu einem Werkvertrag [⇒ 703] verpflichtet sich der Auftragnehmer mit einem Werkliefervertrag, eine Sache (Werk) aus einem von ihm zu beschaffenden Material herzustellen.

| Werkvertrag | Verwaltung | 703 |

Beim Werkvertrag (§§ 631 ff. BGB) schuldet der Unternehmer dem Besteller die Herstellung eines Werkes, d. h. die Herbeiführung eines bestimmten Erfolges körperlicher oder nicht körperlicher Art, und der Besteller als Gegenleistung dem Unternehmer den Werklohn. Gegenstand typischer Werkverträge sind Bauarbeiten, Reparaturarbeiten, handwerkliche Tätigkeiten, Transportleistungen oder die Erstellung von Gutachten und Plänen. Abzugrenzen ist der Werkvertrag vom Werkliefervertrag [⇒ 702], Dienst- und Kaufvertrag [⇒ 208].

| Wetter-Versicherung | Verwaltung | 704 |

Die Wetter-Versicherung deckt Vermögensschäden ab, die aus witterungsbedingten Gründen entstehen. Sie versichert das Risiko, dass eine Veranstaltung oder Filmproduktion abgesagt, abgebrochen, unterbrochen, verlegt, verschoben oder in der Durchführung geändert wird und/oder aufgrund widriger Witterungsumstände geringere Einnahmen erzielt werden. Dabei erstattet der Versicherer den finanziellen Verlust, der in Form von aufgewendeten Kosten, entgangenem Gewinn, Mehrkosten oder Schadenminderungsaufwendungen entstanden ist.

| Windmaschine | Logistik | 705 |

Die Windmaschine ist ein Effektgerät zur Erzeugung von Wind. Die Windmaschine wird oft bei Film- und Fernsehproduktionen eingesetzt sowie bei Bühnenperformances aller Art (z. B. Theater, Konzerte u. v. m.). Man kann Stürme simulieren aber auch Nebel bei Veranstaltungen und Shows verteilen.

| Workshop | Strategie | 706 |

Ein Workshop ist eine Veranstaltung, bei der sich eine kleine Gruppe intensiv mit einem bestimmten Thema auseinandersetzt. Oftmals sind Workshops Bestandteile größerer Veranstaltungen, wie Messen [⇒ 486], Tagungen [⇒ 648] oder Kongresse [⇒ 404]. Workshops werden von einem Moderator [⇒ 495] begleitet, der den Erfahrungsaustausch zwischen den Teilnehmern professionell anleitet. Ziel eines Workshops ist es, neben dem Erfahrungsaustausch Lösungen für bestimmte Problemansätze zu finden.

Z

| Zahlungsbedingungen | Verwaltung | 707 |

Bei der Gestaltung von Verträgen zwischen dem Auftraggeber und dem Auftragnehmer ist neben der Festlegung der zu erstellenden Leistungen und der Vergütungshöhe die Definition der Zahlungsbedingungen elementar. Die Zahlungsbedingungen regeln die Form der Übermittlung einer Vergütung bzw. des Honorars.

Folgende Zahlungsmodalitäten sollten in einem Vertrag geregelt werden:
- Zeitpunkte der Zahlungen
- Zahlungsfristen
- Festlegung der Verzugszinsen, Mahngebühren und Konventionalstrafen
- Art der Zahlung (z. B. Überweisung, Barzahlung, Scheck, Wechsel usw.)

Zahlungen des Auftraggebers erfolgen in der Regel erst nach der erfolgten und abgenommenen Leistungserbringung des Auftragnehmers. Bei größeren und längeren Projekten sind Akontozahlungen (Anzahlungen) bzw. Teilzahlungen [⇒ 036] üblich. Diese erfolgen nach vorher festgelegten Meilensteinen.

Eine weitere Möglichkeit zur Risikominimierung für den Auftragnehmer ist die Zahlungsabwicklung über ein Treuhandkonto, das unabhängig z. B. von einem Notar verwaltet wird. Hier zahlt der Auftraggeber im Vorfeld des Projekts die Vergütung ein, die jedoch erst nach der erfolgten und abgenommenen Leistungserbringung an den Auftragnehmer ausgezahlt wird.

| Zielgruppe | Strategie | 708 |

Ein möglichst genau definierter Teil eines Personen- und/oder Firmenkreises, auch der Gesamtbevölkerung, der mit einer bestimmten Information oder Werbebotschaft [⇒ 395] über das zweckmäßige Werbe- oder Kommunikationsmittel erreicht bzw. angesprochen werden soll, ist eine Zielgruppe.

Aufgabe eines Events ist die emotionale Ansprache der Eventteilnehmer (die Zielgruppe). Deshalb muss schon vor der Konzeptphase eine eindeutige Zielgruppendefinition stattfinden.

Bei der Zielgruppendefinition sind weit reichende Aspekte zu berücksichtigen:
- Wer sind die Teilnehmer? (Geschlecht, Alter, sozialer Status, Berufsbild)
- Woher kommen sie? (Land, Region, Unternehmen, Arbeitsbereich, Kultur, Szene)
- Welche Sprachen sprechen sie?
- Worauf legt die Zielgruppe Wert?
- Warum kommt der Teilnehmer zur Veranstaltung? Was erwartet er?
- Wie viele Teilnehmer werden kommen?

Das Kennen und Verstehen der Zielgruppe ist der Erfolgsfaktor für ein gelungenes Event.

Zimmerkontingent	Logistik	709

Bei Veranstaltungen mit Teilnehmern, die für das Event von auswärts anreisen, werden so genannte Zimmerkontingente in den jeweiligen Hotels optioniert. Hotels stellen für das Event eine beliebige Zahl von Zimmern zur Verfügung, die vom Teilnehmer direkt gebucht werden können. Bei größeren Veranstaltungen (z. B. Kongressen [⇒ 404]) räumen Hotels meist Sonderkonditionen ein, die entweder an die Teilnehmer weitergegeben werden oder als Handling-Fee [⇒ 612] für den Eventmanager bleiben.

Zug	Logistik	710

Der Zug ist eine Konstruktion, um Dekorationsstoffe [⇒ 199] bzw. einen Prospekt [⇒ 566] auf der Bühne [⇒ 144] zu bewegen. Er besteht aus einer Laststange in Bühnenbreite, die an mehreren Drahtseilen von oben abgehangen ist. Diese Seile führen über Einzelrollen auf dem Schnür- oder Rollenboden zu einer an der Bühnenseitenwand angebrachten Sammelrolle und von dort wieder hinunter zu einem auf- und abzufahrenden Gegengewicht. Mit diesem wird die an die Laststange jeweils angebundene Last (Prospekt, Soffitte oder andere Dekorationsteile) ausgeglichen.

Es gibt auch hydraulische und elektrische Züge, bei denen kein ständig zu veränderndes Gegengewicht nötig ist.

Zugangskontrolle	Logistik	711

Jede Veranstaltung hat verschiedene Zonen, die nicht für alle Besucher zugänglich sein sollen. Insbesondere sind hier VIP-Lounge [⇒ 692] und der Backstage-Bereich [⇒ 081] zu nennen.

Zur Kennzeichnung von Personen, die Zutritt zu den jeweiligen Bereichen haben sollen, gibt es unterschiedlichen Möglichkeiten:

- Crew-Pass [⇒ 186]
- Armband
- Einlassstempel [⇒ 241]
- Chipkartensystem

Die jeweilige Kennzeichnung wird von Sicherheitspersonal [⇒ 609] an den Zugängen kontrolliert.

Zuschaueranlage	Logistik	712

Als Zuschaueranlage wird eine Versammlungsstätte bezeichnet, die aus einem Aktionsbereich (Innenbereich, in dem das Ereignis stattfindet), einem Zuschauerbereich und einem Versorgungsbereich [⇒ 689] besteht. Sie umfasst alle Bereiche, in denen sich das Publikum ständig oder vorübergehend aufhält.

Zuschauerbereich	Logistik	713

Der Zuschauerbereich ist der Bereich, von dem aus die Zuschauer ein Ereignis betrachten. Dazu gehören Sitz-, Stehplätze und Plätze für Rollstuhlbenutzer sowie die unmittelbar dazugehörigen Zugänge.

(Allgemeine Anforderungen/Technische Ausstattung siehe DIN EN 13200-1 [⇒ 213].)

Zuständigkeitsmatrix	Logistik	714

Die Zuständigkeitsmatrix bildet die Aufgaben und die damit verbundenen verantwortlichen Projektbeteiligten ab. Die Matrix besteht üblicherweise aus einer Tabelle. Die zu erledigenden Aufgaben stehen untereinander in den Zeilen, die Namen der Verantwortlichen jeweils in einer Spalte. Die Zuordnung erfolgt über eine Markierung im entsprechenden Feld. Eine eindeutige Zuständigkeitsmatrix fördert eine klare Definition der Verantwortlichkeiten und die Kommunikation zwischen den Beteiligten. Als erweiterte Form der Zuständigkeitsmatrix können in die Zuordnung Codes eingebaut werden. Dadurch kann die Art der Zuständigkeit (z. B. Durchführung, Beratung, Abnahme) definiert werden.

Insbesondere bei größeren und andauernden Projekten ist die Erstellung einer Zuständigkeitsmatrix unerlässlich, um eine reibungslose Realisierung zu gewährleisten.

Zwischenkalkulation	Verwaltung	715

In der Vorbereitungs- und Durchführungsphase eines Events ist eine Zwischenkalkulation aller Kosten unerlässlich. Hierbei werden die Sollkosten aus der Detailkalkulation [⇒ 203] mit den tatsächlich anfallenden Kosten (IST-Kosten) kontinuierlich verglichen.

Etwaige Änderungen sollten möglichst zeitnah mit dem Auftraggeber abgesprochen werden, sodass es zu keinen Missverständnissen bei der Abrechnung [⇒ 011] kommt.

Stichwortverzeichnis

Stichwortverzeichnis

110-Euro-Grenze	322	After-Sales-Marketing	027
6-3-5-Methode	001	AGB	040
4-Bank	396	Agenda Setting	028
6-Hut-Methode	002	Agentur	029
		Agenturarten	029
Abbildungsmaske	341	Agenturaufschlag	612
Abbrennplatz	003	Agenturgeld	429
ABC-Analyse	004	Agenturhonorar	030
Abdecken von Streulicht	283	Agenturnetzwerk	438
Abdeckfahne	283	Agenturpräsentation	031
Aberration	005	Agenturverträge	429
Abfallentsorgung	006	AIDA-Formel	032
Ablauf eines Prozesses	165	Aircraft landing Light	033
Ablaufplan	007	AKM	323
Ablaufstruktur	008	Akontozahlung	036
Ablöse	416	Akteur- und Hintergrundbeleuchtung	321
Abmahnung	009	Aktiengesellschaft	354
Above-the-Line	010	Aktionäre	354
Abrechnung	011	Aktionsbereich	712
Abrechnungssystem	030	Aktionsgeräte	034
Abrechnungsverfahren	030	Aktionswerbung	035
Abschöpfungspreisstrategie	540	Akustik	532
Absperrungen und Abdeckungen	014	akustische Schwingungen	435
Abstimmanlage	012	À la carte	037
Abstrahlverhalten	013	Alleinstellungsmerkmal	038
Absturzsicherung	014	Allensbacher Werbeträger-Analyse	039
A cappella	015	Allgemeine Geschäftsbedingungen	040
Achromatische Farben	016	Aluminiumfolie	120
ACL-Lampe	033	Aluminiumreflektor	248
AC-Nielsen-Gebiete	017	Ameise	041
Activity Report	018	American National Standards Institute	046
ADAM	019	Amphitheater	042
Adapt	519	Amplifier	043
Additive Farbmischung	020	Amuse-Gueule	044
Adressaten	504, 521, 638	Analogdimmer	211
Adressverlag	021	Anbieterwechsel	424
Adressverwaltung	022	Angebot	045
Advertorial	023	Anhänger	329
AE-Provision	024	Annoncen-Expedition	024
Affiche	025	Anreizsysteme	373
Affinität	026	ANSI	046
After-Event	261, 380	Antipasti	047

201

Antwortcoupon	048	AÜG	528
Anzeigen	010, 475, 478, 570, 587	Aushilfen	069
Aperitif	049	Ausländersteuer	070
Appetithäppchen	044	Ausschnittdienst	071
Arbeitgeber	052, 054, 069, 322	Ausschreibung	072
Arbeitnehmer	054, 069, 322, 373, 428	Außenbereich	073
Arbeitsboden	050	Außenübertragung	074
Arbeitsgalerie	050	Außenwerbung	010, 025, 088
Arbeitslicht	051	Ausstattungen	075
Arbeitslohn	322	Avalkredit	076
Arbeitsnachweis	018		
Arbeitsschutz	052	Baby Spot	077
Arbeitsvertrag	053	Backdrop	078
Archivierung von Adressbeständen	022	Backline	079
Arcstage	055	Backoffice	080
Art-Buying	056	Backstage	081
Art-Direktor	057	Backup	082
ASCII-Lichtstimmung	058	Badge	083
Assoziationstechnik	132	Bain-Marie	084
asymmetrische Übertragung	061	Balanced Scorecard	085
Athener Kodex	382	Balkendiagramm	086
Attention Value	059	Ballonlicht	087
Audience Blinder	122	Banane	450
Audiodesigner	060	Bandenwerbung	088
Audioequipment	232	Bankett	089
Audiopegel	493	Bankettbestuhlung	112
Audiosignal	061, 235, 493	Banner	088
Audiotechnik	204	Barter/Bartering	090
Audioübertragung	061	Bass-, Mitten- und Hochton-	
Audioübertragung	362, 660	lautsprecher	435
audiovisuelle Speichermedien	511	Baubesprechung	091
Aufbauhelfer	062	Baurecht	092
Aufhelllicht	063	Bauzeitenplan	093
Auflagenhöhe	064	Beamer	094
Aufmerksamkeitswert	059	Befestigungstechnik	590
Aufnahmeleiter	065	Begleitschutz	095
Aufnahmeleitung	551	Behälter	162
Aufprojektion	066	Behördliche Genehmigung	096
Aufsichtsrat	354	Bekanntheitsgrad	097
Auftrag	067	Beleg	011, 067, 576
Auftragnehmer	067, 072, 161, 707	Belegexemplar	098
Aufzeichnung	068	Beleuchter	099

Stichwortverzeichnis

Beleuchtungsbrücke	100	Blue-Screen	124
Beleuchtungsmeister	101	Bodenstativ	125
Beleuchtungsplan	102	Body Copy	126
Beleuchtungsposition	103	Bodyguard	095
Beleuchtungsprobe	104	**Boilerplate**	127
Beleuchtungsschablonen	102	Boilerplate	540
Beleuchtungsstärke	105	Bonusprogramme	373
Beleuchtungsturm	106	**Booking**	128
Beleuchtungszug	107	**Booklet**	129
Below-the-Line	108	**Booster**	130
Benefit	109	Botschaften	701
Beratungsunternehmen	405	**Bottom-Line**	131
Berichterstattung	023, 028, 320, 479	Brailleschrift	401
berufsethische Richtlinie	382	**Brainstorming**	132
Beschallung	110	Branchenpreis	019
Beschallung	111, 247, 450, 523	**Brand Loyalty**	134
Beschallungstechnik	111	**Branding**	133
Beschlussorgan	354	**Brandschutz**	135
Bespannung	112	**Break-even-Point**	136
Bestimmungsfaktoren	552	**Brenner**	137
Bestuhlungsarten	113	**Brennpunkt**	138
Besucherfrequenz	486	**Brennstellung**	139
Betriebsausgaben	698	**Brennweite**	140
Betriebsbesichtigung	114	**Brennweitenveränderung**	141
Betriebsspannung	115	**Briefing**	142
Betriebsveranstaltung	322, 368, 380	Broschüren	129, 292, 699
Bewegungsparameter	522	Bruttoumsatz	344
Beziehungspflege	260, 455	**B-to-B (Business-to-Business)**	152
BGV C1	116	**Budget**	143
Bild- und/oder Wortmarke	458	Budgetüberschreitung	143
Bildmischungen	480	**Buffet**	149
Bildmischverfahren	168	**Bühne**	144
Billboard	117	Bühne/Szene	566
Biplan	118	Bühnenbau	092, 093, 148, 196, 334
Black-out	119	**Bühnenbildner**	145
Black-out-Verschluss	119	Bühnenklebeband	313
Black-Wrap	120	**Bühnenmaler/-in**	146
Blendenschieber	121	**Bühnenmeister**	147
Blickfang	262	Bühnenpodeste	144, 148, 433
Blinder (Audience Blinder)	122	Bühnenrücken	321
Blindtext	436	Bühnenshow	366, 507
Blondi	123	**BüTec-Bühne**	148

Bumerangeffekt	150	**Corporate Identity (CI)**	180
Bundesseuchengesetz	096, 331	**Co-Sponsoring**	181
Bürgschaftskredit	076	**Counter**	182
Business-Catering	161	**Creative-Director**	183
Businesstheater	151	**Crew**	184
Business-to-Consumer (B-to-C)	153	**Crew-Catering**	185
Button	083	**Crew-Pass**	186
Buyout	154	**Crossmedia**	187
Buzz-Session (Diskussion 66)	155	**Cross-Selling**	188
		C-Stand	189
CAD	156	**Cutter**	190
Canapé	157		
Candela	158	Dachkonstruktion	144
Care-Catering	161	**Dark Vader**	191
Case	159	Darsteller	151, 160, 167, 325, 682
Casting	160	**Database-Marketing**	192
Catering	161	**Datenschutz**	193
Catering-Rechte	416	**Datenübertragung**	194
Chafing-Dish	162	Deckungsvarianten	675
charakteristische Farbe	356	**Dedolight**	195
Charlybar	163	Degeneration	552
Chaser	164	**Dekorateur**	196
Checkliste	165	**Dekoration**	197
Checklistenbuch	165	Dekorationsbau	197
Checklistensystem	165	**Dekorationslicht**	198
Cherry-Picker	166	**Dekorationsstoffe**	199
Choreograf/-in	167	**Delay**	200
Chromakey-Verfahren	168	**Delay Line**	201
CIE	169	**Delegiertenanlage**	202
Cine Par	170	**Detailkalkulation**	203
Claim	171	Deutsches Institut für Normung	213
Clipping	172	**Dezibel (dB)**	204
Cluster-Analyse	173	**Dia**	205
Co-Branding	174	Dialoggruppe	260, 276, 368
Cocolores	175	Diapositiv	205
Combine	519	**Diaprojektor**	206
Computer Aided Design	156	**Dichroitische Farbfilter**	207
Computer Aided Selling	192	**Dienstvertrag**	208
Corporate Behaviour	176	**Diffusionsfilter**	209
Corporate Communication (CC)	177	**Diffusor**	210
Corporate Design (CD)	178	Digital Multiplexing	219
Corporate Events	179	Digitaldimmer	211

Stichwortverzeichnis

dimmbares Licht	396	Effektvorsatz	237
Dimmer	211	Eigenfinanzierung	238
Dimmerraum	212	Einladung	022, 239
Dimmer-Shutter	191	Einladungsmanagement	239
DIN	213	Einlass	240
Dinolight	215	Einlassstempel	241
DIN-Stecker	214	Einleuchten von Scheinwerfern	242
Direktmarketing	216	Einsatzfrequenz	362
Diskjockey (DJ)	217	Eintrittskarte	243
Diskussion 66	155	Einweggeschirr	244
Diskussionsführung	489	Einzelkosten	245
Disposition	091, 588	Einzugsgebiet	246
Distributionspolitik	218	elektroakustische Verstärkung	110
Divergenzphase	516	elektroakustische Wandlung	491
DJ 217		**Elektronik-Versicherung**	247
DMX 512	219	Ellipsenspiegel	555
Dolly	220	**Ellipsenspiegelscheinwerfer**	248
Dolmetscher	221	**Empfang**	249
Dolmetscheranlage	222	empirische Untersuchung	473
Dolmetscherpult	222	Endkonsument	569
Dramaturgie	223	Endlosdrehgeber	522
Drehbanden	088	Energiequellen	422
Drehbühne	224	Entertainment	376
dreidimensionales Bild	363	**Entladungslampe**	250
Drei-Punkt-Ausleuchtung	225	Entscheidungsbefugnis	463
Drum Fill	226	**Equalizer**	251
Drumroadies	592	Erfahrungsaustausch	332, 382, 509, 648, 706
DTP-Desktop-Publishing	227		
Duftmarketing	228	**Erfolgskontrolle**	252
Dulling Spray	229	Erfüllungsgehilfen	348
Dummy	230	**Etat**	253
Duplex	398	Ethernet	254
Durchlasskapazität	231	**EVA**	255
DVD	511	Event	676
Dynamikumfang	232	**Eventagentur**	256
dynamisches Mikrofon	491	Eventausstattung	199
		Eventcatering	161
Easy-Lift	233	**Eventkonzept**	257
E-Commerce	234	Eventmanagement	256, 376, 467, 561
Effektgerät	235	**Eventmarketing**	258
Effektgestaltung	493	**Exhibition-Events**	259
Effektlaufwerk	236	Existenzerhaltungsfunktion	570

Exposés	275	Fluter	286
External Relations	260	Fluxlight	287
Extranet	261	Flyer	288
Eyecatcher	262	FME	289
		FOH (Front of House)	290
Face-to-Face-Kommunikation	264	Fokussieren	291
Fachkraft für Veranstaltungstechnik	263	Folder	292
Fahrlässigkeit	348	Follow-up	293
Fakturierung	580	Forum Marketing-Eventagenturen	255, 289
FAMAB	265	Fotoaufnahmen	294
Farbfilter	266	Fotograf	294
Farbfolienrahmen	268	Foyer	295
Farbkassettensystem	459	Fragenkaskade	296
Farbkassettenwechsel	459	Franchising	297
Farbrad	267	Freebies	298
Farbrahmen	268	Freelancer	299
Farbscroller	269	Free-ride-Offer	300
Farbtemperatur	270	Freizeichnung	348
Farbwechsler	271	Fremdfinanzierung	301
Feedback	264, 649	Fremdleistung	505
Fehlerstrom-Schutz-Schalter	272	Frequenzbereich	310, 435
Festival	273	Fresnellinse (Stufenlinse)	302
Festkörperlampe	555	Fresnel-Scheinwerfer	303
Feuerwehrzufahrt	274	Front of House	290
Fill-in	307	Frost	304
Film- und Videoeditor	275	Frostrahmen	305
Filmrechte- und Produktionshandel	090	Führungslicht	306
Financial Relations	276	Fülllicht	307
Finanzierung	277	Full-Service-Agency	308
Finanzierungs-Mix	277	Fundraising	309
Fi-Schalter	272	Funkgerät	310
Flachbandkabel	353	Fußrampe	311
Flachbildschirm	444	FX-Gerät	312
Flächenleuchte	278		
Flatscreen (TFT-Monitor)	279	Gabelstapler	041
Flickern	280	Gaffers Tape	313
Fliegen	281	Gaffa	313
Fliegende Bauten	282	Gage	314
Floppi Flag	283	Gala	315
Fluchtweg	284	Garderobe	316
Fluoreszenzlicht	285	Garderobiere	317
Flüsterdolmetschen	221	Gasentladungslampe	250, 444

STICHWORTVERZEICHNIS

Gastspielprüfbuch	318	GVL		347
Gastspielvertrag	589			
Gaststättengesetz	604	**Haftung des Veranstalters**		348
Gatekeeper	319	Haftungspflicht		348
Gebärdensprach-Dolmetschen	221	Haftungsrisiko		348
Gegendarstellung	320	Halogenglühlampe		211
Gegenlicht	321	**Halogenlampe**		349
Geldwerter Vorteil	322	Halogenstab		278
GEMA	323	Handout		350
Gemeinkosten	324	Hands		062
Gemeinschaftsfinanzierung	181	**Hängepunkt**		351
Generalprobe	325	**Hard Facts**		352
Generics	326	**Hauckscher Korb**		353
Generische Informationskampagne	327	**Hauptversammlung**		354
Genie	328	**Hausagentur**		355
Genny	329	**Hausfarbe**		356
Geräuschpassagen	385	**Hausmesse**		357
German Convention Bureau e. V.	330	**Headline**		358
Gestattung	604	**Healthcare Relations**		359
Gesundheitsamt	331	High-Involvement Product		381
Gesundheitszeugnis	331	Hintergrundgestaltung		124
Get-together	332	**HMI-Brenner**		360
Gewerbeordnung	333	**Hochdrucklampen**		361
Gewerk	334	**Hochpassfilter**		362
Gewinnschwelle	136	Hologramm		363
Gewinnspiele	335	**Holografie**		363
Gig	336	Honorar		314
Gimmick	337	Honorarsätze		030
Gitterraster	541	Hör- und Sprechverbindungssystem		378
Give-away	338	**Host/Hostessen**		364
Glasfarbscheibe	339	**Hot Shot**		365
Globalmarketing	340	Hub-Arbeitsbühne		166
Glühlampe	250	**Hubbühne**		366
Gobo	341	**Hubdachbühne**		367
Goboarm	341	**Human Relations**		368
Grafischer Equalizer	342	Hygienebestimmung		595
Grafiker	057, 299	Hygienevorschrift		422
Graukeil	343			
Green-Room	185	Idee		369
Gross Billings	344	**Ideenfindung**		369
Gross Income	345	**Image**		370
Ground-Support	346	**Imageanalyse**		371

Imagetransfer	372	Knallgeräte		431
Incentive	373	Kommunikation		397
Incentive-Agentur	374	Kommunikationsform		398
indirekte Kosten	324	Kommunikationsinstrument		399
Indoor-Bühne	144	Kommunikationsmittel		403
Industrieausstellung	404, 406	Kommunikationsmix		399
Industriestandard	577	Kommunikationspolitik		400
In-Ear-Monitoring	375	Kommunikationssystem		401
Infotainment	376	Kondensatormikrofon		491
Infrarotanlage	222	Konferenz		402
Inkie Dinki	490	Konferenzmethode		516
In-Store-Promotion	377	Konferenztechnik		403
Interaktionsgeräte	034	Kongress		404
Intercom	378	Kongressagenturen		405
International Public Relations		Kongresskonzeption		404
Association	382	Kongressmesse		406
Interview	379	Kongresszentrum		407
Intranet	380	Konsekutivdolmetschen		221
Involvement	381	Konsument		408
IPRA	382	Konsumgewohnheiten		039
Irisblende	383	Konsumgüter		409
		Kontakter		410
Jane Beam	384	Konturenlicht		411
Jingle	385	Konvektomat		412
Joint Venture	386	Konventionalstrafe		413
Journalist	514	Konvergenzphase		516
Junior	387	Konzeption	019, 031, 255,	308
		Konzert		414
Kabelschuh	388	Konzertdirektion		415
Kabuki	389	Konzertdirektionsvertrag		413
Kalkulation	390	Korkengeld		416
Kaltlichtspiegel	391	Kostenrahmen		417
Kamerafahrzeuge	220	Kostenstelle		418
Kameramann	513	Kostenübernahme		419
Kampagne	392	Kran		166
Kaufleute für audiovisuelle Medien	393	Kreativdirektor		183
Kaufmann/Kauffrau für		Kreativitätsmethode		420
Marketingkommunikation	394	Kreativitätstechnik		420
Kernbotschaft	395	Krisen-PR		421
Kino Flo (Mini Flo)	396	Kühlfahrzeug		422
Klasseneffekt	327	Kühltechnik		422
klassische Werbemittel	010	Kulisse	146,	197

Stichwortverzeichnis

Kultursponsoring	423	Lieferschein	448
Kundenbindung	424	Light Amplification by Stimulated	
Kundenveranstaltungen	027	Emission	432
Kundenzeitschrift	298	Light Grid	449
Künstler	425	Line Array	450
Künstleragentur	426	Linnebach-Projektor	451
Künstlermanagement	427	Linsenscheinwerfer	452
Künstlersozialkasse	428	Liquiditätsplanung	453
Künstlersozialversicherung	428	Listbroking	454
Künstlervertrag	429	Lizenzhandel	393
Kuppenverspiegelte Lampe	430	Lobbying	455
Kurbelstativ	233	Local-Production	456
		Location	457
Label-Codes	347	Logo	458
Ladenschlussgesetz	333	lokales Netzwerk	254
Landesimmissionsschutzgesetz	431	Low-Involvement Product	381
Laser	432		
Lastenheft	072, 559	Mag-Max	459
Lastenlift	328	Magnify	519
Lauflichteffekt	164	Mailing	460
Laufsteg	433	Mail-Order-Advertising	461
Laufzeitverzögerung	200	Major-Act	462
Launch	434	Majorlabel	462
Lautsprecher	435	Management by Delegation	463
Lautsprechersystem	450	Management by Exception	464
Layout	436	Management by Objectives	465
Lead	437	Management by Results	466
Leadagentur	438	Managementmethoden	467
Leads	439	Marke	468
Leaflet	440	Markentreue	134
LED	441	Marketing	469
Leistungsschutzrecht	347	Marketing Communications	470
Leistungsverzeichnis	072	Marketing-Event	255, 256, 258
Leitbild	442	Marketing-Mix	471
Leonardo	443	Marketingorganisation	330
Leuchtstofflampe	444	Marktanalyse	472
Lichtatmosphäre	198	Markteinführung	552
Lichtbox	445	Marktforschung	473
Lichtgestalter (Lichtdesigner)	446	Marktforschungsinstitut	473
Lichtposition	311	Maskenbildner	474
Lichtstellanlage	447	Massenkommunikation	475
Lichtvorhang	643	Matrix	714

209

mechanisches Dimmen	343	Monitorlautsprecher	226
Mediaagentur	476	**Morphologischer Kasten**	498
Mediaforschung	478	**Moving Head**	499
Media-Mix	477	**Moving Light**	500
Mediaplan	478	**Multicore**	501
Mediaplanung	478	**Multimedia**	502
Medienausschnitte	172	Musikalbum	662
Mediendesign	481	Musikgenre	415
Medien-Event	479	Musikuntermalung	060
Mediengestalter/-in für Bild und Ton	480	Musikverleger	323
Mediengestalter/-in für Digital- und Printmedien	481	Muster-Versammlungsstätten-verordnung	503
Medienkosten	345	Mutteragentur	438
Medienlandschaft	547		
Medienmitteilung	358	**Nachfassaktion**	504
Medienoperating	481	**Nachkalkulation**	505
Medienpartner	482	**Nachrichtenagentur**	506
Medientechnik	481	Nebelfluid	507
Mehrgangmenü	483	**Nebelmaschine**	507
Mehrzweckhalle	484	**Nebenlicht**	508
Merchandising	485	Nettoumsatz	345
Messe	486	**Networking**	509
Messebau	487	Netzfrequenz	280
Messe-Catering	161	**Netzplan**	510
Messegastronomie	488	**Neue Medien**	511
Metallogenlampen	360	Newsletter	027, 424
Metaplan-Technik	489	Nielsen-Gebiete	017
Microlight	490	**Noise-Gate**	512
Mikrofon	491	Normen	213
Mikrofoncharakteristik	491	Notausgang	284
Mindmapping	492	Nutzungsrechte	323
Minify	519		
Mini-Job	069	**Oberbeleuchter**	513
Mischpult	493	Oberkellner	613
Mission Statement	494	Oberlichter	353
Mittlerprovision	024	Obermaschinerie	617
mobile Stromgeneratoren	329	**Off-Records**	514
Moderator	495	Ohrhöreraugänge	202
Modify	519	Onlinemarketing	234
Monitorbox	496	**Open-Air**	515
Monitoring	496	**Open-Space**	516
Monitoring	497	Open-Space-Technology	516

Stichwortverzeichnis

Opinionleader	517	PR-Agenturen	319
Orchestergraben	518	**Praktikabel**	539
Orchesterpodium	518	Pre-Event	239
Organigramm	563	Preisnachlass	614
Organisationsentwicklung	151, 373	**Preispolitik**	540
Organisationswerkzeug	562	Preisstrategie	540
Organische Abfälle	006	**Prerigg**	541
Osborn-Checkliste	519	**Presseausweis**	542
Outdoor-Bühne	144	Pressedienst	506
Overhead-Projektor	520	**Pressekonferenz**	543
		Presselunch	544
PA (Public Address)	523	**Pressemappe**	545
Pan/Tilt	522	**Pressemitteilung**	546
Panel	521	Presserecht	320
Parabolscheinwerfer	430	**Pressesprecher**	547
Parabolspiegel-Leuchte	490	primäre und sekundäre Markt-	
Par-Bars	526	forschung	473
Parkplatz	524	**Printmedien**	548
Parlamentsbestuhlung	113	**Prize-Indemnity**	549
PAR-Lampe	525	**Product Placement**	550
PAR-Truss	526	**Produktionsassistent**	551
Pauschalpreis	030	Produktionsbüro	081
Pause	527	Produktionsleitung	551
PA-Wings	367	Produktionsrunner	599
Pegelorientiertes Effektgerät	235	**Produktlebenszyklus**	552
Penetrationspreisstrategie	540	Produktplanung und -realisierung	553
Personalagentur	528	**Produktpolitik**	553
Personalinstruktion	529	**Produktpräsentation**	554
Personenschützer	095	**Profilscheinwerfer**	555
Pfandbon	530	**Programmheft**	556
Pfandsystem	530	**Projekt**	557
Pitch	531	**Projektassistenz**	558
Planungstool	510	Projektbesprechung	567
Playback	532	Projektbeteiligte	563
Podest	533	Projektdokument	563
Point of Sale (POS)	534	**Projekthandbuch**	559
Polarisationsfilter	536	Projektionsfläche	066, 597
Pole Cat	535	Projektionswand	597
Polfilter	536	**Projektleiter**	560
Posterpräsentation	648	**Projektmanagement**	561
Poster-Session	537	Projektor	520
Postwurfsendungen	538	Projektordner	562

Projektsekretariat	558	Repertoire	583
Projektstrukturplan	563	Requisiten	584
Promoter	564	Requisiteur	585
Promotion	683	Responseelement	586
Promotion Events	564	Responsequote	587
Promotionagentur	565	Ressourcenplanung	588
Propylenglykol	507	Rettungsfahrzeug	274
Prospekt	566	Reverse	519
Protokoll	567	Rider	589
Provision	024	Rigger	590
Public Affairs	568	Riggingtower	591
Public Events	569	Rinnenreflektor	581
Public Relations	570	Rinnenspiegel	286
Publizisten	428	Roadie	592
Puffer	571	Roadshow	593
Pufferzeiten	510	Röhrensegmente	444
Punktlicht-Scheinwerfer	630	Rollenfarbwechsler	267
Punktscheinwerfer	624	**Rückkoppelung**	594
Punktstrahler	572	**Rücklauf**	595
Pyrotechnik	573	**Rückprobox**	596
Pyrotechniker	574	**Rückprojektion**	597
		Rundbogenbühne	055
Qualitätsmanagement	575	**Rundhorizont**	598
Qualitätssicherung	575	**Runner**	599
Querschnittseinheiten	324		
Quittung	576	Sachbezüge	322
		Sachwerte	322
Rabatte	424	**Sampling-Aktion**	600
Rack	577	**Sanitäreinrichtungen**	601
Rampenleuchte	578	**Sanitätsorganisation**	602
Rearrange	519	**Scanner**	603
Rebriefing	142	Schaltungskosten	700
Recherche	579	**Schankerlaubnis**	604
Rechnung	580	Schattenspiele	175
Rednerpult	647	Schauwerbegestalter	196
Reflektor	581	**Scheinwerfer**	605
Reflektorleuchte	123, 384	Schlagzeile	654
Regie	104, 290	Schleusenwärter	319
Regieplatz	290	Schlüssellicht	306
Regisseur/Dramaturg	223	**Schwanenhals**	606
Reihenbestuhlung	113	Schweizer Gesellschaft	
Reminder	582	für die Rechte ...	323

Schwellwert	512	Spotlight	630
Scout	607	Sprengstoffgesetz	003
Sealed-Beam-Lampen	608	Sprühwachs	229
Security	609	Staff	184
Seitenschutz	014	Stagebox	631
Selbstfinanzierung	610	Stagehands	062
Seminare	611	Standkühlung	422
Seminarteilnehmer	509	Standsicherheitsnachweis	632
Service-Fee	612	Statik	590
Servicepersonal	613	Stativ	633
Shutterfunktion	499	Stehempfänge	157, 332
Shuttle-Bus	665	Stellwand	634
Sicherheitsabstände	003	Stellwerk	635
Sicherheitsbereich	003	Stolperkante	636
Sicherheitsrisiko	240	Strahler	094
Signalverstärker	130	Straßenverkehrsordnung	637
Simultandolmetschen	221	Streulicht	120
Sitzplatzreihe	667	Streuverlust	638
Skonto	614	Stroboskop	639
Skybeamer	615	Stromaggregat	640
Sleeve Blöcke	346	Stromerzeuger	640
SMPTE-Code	616	Stromkreis	641
Society of Motion Picture	616	Stromquelle	641
Sofitte	617	Studio	642
soft-edge Verfahren	618	Stufenlinse	302
Softkeys	619	Stufenlinsenscheinwerfer	605
Softwarefader	342	Svoboda-Rampen	643
Sondernutzungsgenehmigung	620	SWOT-Analyse	644
Sonn- und Feiertagsgesetz	621	symmetrische Übertragung	061
Soundcheck	622	Symposium	645
Spektralmodifizierte Effektgeräte	235	Synergieeffekt	646
Spendengala	315	Szenenbildner	145
Sperrstunde	623	Szenenlicht	647
Spezialversicherung	670		
Spiegelkugel	624	Tag der offenen Tür	114
Spitzmarke	546	Tages- bzw. Stundenhonorare	030
Splittwand	625	Tageslichtprojektoren	343
Sponsoring	626	Tagung	648
Sponsoringvertrag	690	Tagungsbüro	649
Sport-Sponsoring	627	Tagungshotel	650
Sportstadion	628	Tagungssekretariat	651
Sportveranstaltung	629	Tanzteppich	652

Tausenderkontaktpreis (TKP)	653	Veranstalterhaftpflicht	675
Teaser	654	Veranstaltung	676
Teilnahmegebühren	655	Veranstaltungsausfallsversicherung	677
Teilnehmerhandling	655	Veranstaltungsfachwirt/-in	678
Teilnehmerregistrierung	656	Veranstaltungskalender	679
Teleskopsystem	535	Veranstaltungskauffrau/-mann	680
Teleprompter	657	Veranstaltungsmeister	681
Testimonial	658	Veranstaltungsproduktion	334
TFT-Monitor	279	Verdunklungsblende	191, 343
Tischmikrofone	202	Verfolger	682
Tonality (Tonalität)	659	Verkaufsförderung (Promotion)	683
Tonmeister	660	Verkaufsstand	684
Tonpegel	512	Verkehrs-Catering	161
Tonquellen	493	Verleihservice	685
Tontechniker	661	Versammlungsrecht	686
Tonträgerfirmen	347	Versammlungsstättenverordnung	687
Tonträgerhersteller	347	Versicherungen	688
Tonwiedergabegeräte	431	Versicherungspolice	688
Total-Quality-Management	575	Versorgungsbereich	689
Tournee	662	Versorgungseinrichtung	689
Trackball	522	Verstärker	061, 435
Trailerbühne	663	Vertrag	690
Training	664	Vertragsstrafe	009
Transfer	665	Vervielfältigungsrechte	323
Traverse	666	very important person	691
Traversenkonstruktion	346	Verzerrende Effektgeräte	235
Treatments	275	Verzögerungszeitorientierte	
Treppenbeinstativ	189	Effektgeräte	235
Tribüne	667	VIP	691
Trickmischverfahren	124	VIP-Lounge	692
Trockeneismaschine	668	Volksfest	693
Truss	526	Vorbereitung der Kalkulation	694
Tubelight	669	Vorkalkulation	695
Tubus	141	Vorsteuerabzug	580
		Vorverkauf	696
Übererfolg einer Werbemaßnahme	670		
Überschlagskalkulation	671	Walkie-Talkies	310
Urheberpersönlichkeitsrecht	673	Wechselspannung	280, 491
unverzinsliche Darlehen	322	Werbeagentur	697
Uraufführung	672	Werbebrief	586
Urheberrecht	673	Werbeeinblendung	550
USP (Unique Selling Proposition)	674	Werbegeschenke	698

Stichwortverzeichnis

Werbekampagne	477	Zahlungsbedingungen	707
Werbemittel	699	Zeitorientierte Effektgeräte	235
Werbesendung	337	**Zielgruppe**	708
Werbeslogan	385	**Zimmerkontingent**	709
Werbeträger	700	Zoomcharakter	141
Werbung	701	Zoomobjektiv	141
Werklieferungsvertrag	702	Zoomoptik	141
Werkvertrag	703	**Zug**	710
Wettbewerbspräsentation	531	**Zugangskontrolle**	711
Wettbewerbsrecht	009	**Zuschaueranlage**	712
Wettbewerbsvorteil	133	**Zuschauerbereich**	713
Wetter-Versicherung	704	**Zuständigkeitsmatrix**	714
Willenserklärung	690	Zutrittsrechte	186
Windmaschine	705	Zuwendung	322
Workshop	706	Zweitverwertungsrechte	347
		Zwischenkalkulation	715
Xenonlampen	361		

215

Verzeichnis relevanter Normen und Norm-Entwürfe

Verzeichnis relevanter Normen und Norm-Entwürfe (Auswahl)

Dokument	Ausgabe	Titel
DIN		
DIN 1045-1	2008-08	Tragwerke aus Beton, Stahlbeton und Spannbeton – Teil 1: Bemessung und Konstruktion
DIN 1045-2	2008-08	Tragwerke aus Beton, Stahlbeton und Spannbeton – Teil 2: Beton – Festlegung, Eigenschaften, Herstellung und Konformität – Anwendungsregeln zu DIN EN 206-1
DIN 1045-3	2008-08	Tragwerke aus Beton, Stahlbeton und Spannbeton – Teil 3: Bauausführung
DIN 1045-4	2001-07	Tragwerke aus Beton, Stahlbeton und Spannbeton – Teil 4: Ergänzende Regeln für die Herstellung und die Konformität von Fertigteilen
DIN 1053-1	1996-11	Mauerwerk – Teil 1: Berechnung und Ausführung
DIN 1054	2005-01	Baugrund – Sicherheitsnachweise im Erd- und Grundbau
DIN 1055-1	2002-06	Einwirkungen auf Tragwerke – Teil 1: Wichten und Flächenlasten von Baustoffen, Bauteilen und Lagerstoffen
DIN 1055-3	2006-03	Einwirkungen auf Tragwerke – Teil 3: Eigen- und Nutzlasten für Hochbauten
DIN 1055-4	2005-03	Einwirkungen auf Tragwerke – Teil 4: Windlasten
DIN 1055-5	2005-07	Einwirkungen auf Tragwerke – Teil 5: Schnee- und Eislasten
DIN 1480	2005-09	Spannschlossmuttern, geschmiedet (offene Form)
DIN 3089-2	1984-04	Drahtseile aus Stahldrähten – Spleiße – Langspleiß
DIN 4102-1	1998-05	Brandverhalten von Baustoffen und Bauteilen – Teil 1: Baustoffe – Begriffe, Anforderungen und Prüfungen
DIN 4102-5	1977-09	Brandverhalten von Baustoffen und Bauteilen – Feuerschutzabschlüsse, Abschlüsse in Fahrschachtwänden und gegen Feuer widerstandsfähige Verglasungen, Begriffe, Anforderungen und Prüfungen
DIN 4108-10	2008-06	Wärmeschutz und Energie-Einsparung in Gebäuden – Teil 10: Anwendungsbezogene Anforderungen an Wärmedämmstoffe – Werkmäßig hergestellte Wärmedämmstoffe
DIN 4109	1989-11	Schallschutz im Hochbau – Anforderungen und Nachweise
DIN 4113-1	1980-05	Aluminiumkonstruktionen unter vorwiegend ruhender Belastung – Berechnung und bauliche Durchbildung
DIN 4113-2	2002-09	Aluminiumkonstruktionen unter vorwiegend ruhender Belastung – Teil 2: Berechnung geschweißter Aluminiumkonstruktionen

Dokument	Ausgabe	Titel
DIN 4844-1	2005-05	Graphische Symbole – Sicherheitsfarben und Sicherheitszeichen – Teil 1: Gestaltungsgrundlagen für Sicherheitszeichen zur Anwendung in Arbeitsstätten und in öffentlichen Bereichen (ISO 3864-1:2002 modifiziert)
DIN 4844-2	2001-02	Sicherheitskennzeichnung – Teil 2: Darstellung von Sicherheitszeichen
DIN 4844-3	2003-09	Sicherheitskennzeichnung – Teil 3: Flucht- und Rettungspläne
DIN 5299	1980-10	Karabinerhaken aus Halbrunddraht, Runddraht und geschmiedet
DIN 5687-1	1996-04	Rundstahlketten – Teil 1: Güteklasse 5, mittel toleriert, geprüft
DIN 5688-1	1986-07	Anschlagketten – Hakenketten, Ringketten, Einzelteile – Güteklasse 5
DIN 5688-3	2007-04	Anschlagketten – Teil 3: Einzelglieder, Güteklasse 8
DIN 6280-13	1994-12	Stromerzeugungsaggregate – Stromerzeugungsaggregate mit Hubkolben-Verbrennungsmotoren – Teil 13: Für Sicherheitsstromversorgung in Krankenhäusern und in baulichen Anlagen für Menschenansammlungen
DIN 6899	1988-01	Kauschen aus Stahl für Faserseile
DIN 14095	2007-05	Feuerwehrpläne für bauliche Anlagen
DIN 14096-1	2000-01	Brandschutzordnung – Teil 1: Allgemeines und Teil A (Aushang) – Regeln für das Erstellen und das Aushängen
DIN 14096-2	2000-01	Brandschutzordnung – Teil 2: Teil B (für Personen ohne besondere Brandschutzaufgaben) – Regeln für das Erstellen
DIN 14096-3	2000-01	Brandschutzordnung – Teil 3: Teil C (für Personen mit besonderen Brandschutzaufgaben) – Regeln für das Erstellen
DIN 14494	1979-03	Sprühwasser-Löschanlagen, ortsfest, mit offenen Düsen
DIN 14675	2003-11	Brandmeldeanlagen – Aufbau und Betrieb
DIN 15020-1	1974-02	Hebezeuge – Grundsätze für Seiltriebe, Berechnung und Ausführung
DIN 15020-2	1974-04	Hebezeuge – Grundsätze für Seiltriebe, Überwachung im Gebrauch
DIN 15061-1	1977-08	Hebezeuge – Rillenprofile für Seilrollen
DIN 15061-2	1977-08	Krane – Rillenprofile für Seiltrommeln
DIN 15560-1	2003-08	Scheinwerfer für Film, Fernsehen, Bühne und Photographie – Teil 1: Beleuchtungsgeräte (vorzugsweise Scheinwerfer) für Glühlampen von 0,25 kW bis 20 kW und Halogen-Metalldampflampen von 0,125 kW bis 18 kW – Optische Systeme, Ausrüstung

Verzeichnis relevanter Normen und Norm-Entwürfe

Dokument	Ausgabe	Titel
DIN 15560-2	1996-06	Scheinwerfer für Film, Fernsehen, Bühne und Photographie – Teil 2: Stufenlinsen (Fresnellinsen)
DIN 15560-6	1984-12	Scheinwerfer für Film, Fernsehen, Bühne und Photographie – Graphische Symbole für Studioleuchten, Studioscheinwerfer, Bühnenleuchten und Bühnenscheinwerfer auf Beleuchtungsplänen und Beleuchtungsschablone
DIN 15560-24	1996-12	Scheinwerfer für Fernsehen, Bühne und Photographie – Teil 24: Scheinwerfer- und Leuchtenbefestigungselemente, Scheinwerfergrundplatte, -rohrschelle und -zapfen, Leuchtenhülse für Photoleuchten und Reportageleuchten
DIN 15560-25	1987-01	Scheinwerfer für Film, Fernsehen, Bühne und Photographie – Verbindungselemente und Übergangsstücke
DIN 15560-26	1987-01	Scheinwerfer für Film, Fernsehen, Bühne und Photographie – Befestigungsstellen für Scheinwerfer
DIN 15560-27	2006-01	Scheinwerfer für Film, Fernsehen, Bühne und Fotografie – Teil 27: Handbetriebene Stative, sicherheitstechnische Anforderungen und Prüfung
DIN 15560-38	1988-12	Scheinwerfer für Film, Fernsehen, Bühne und Photographie – Einschiebevorrichtungen, Farbscheiben, Farbfolien, Farbscheibenrahmen, Farbfolienrahmen
DIN 15560-45	1992-12	Scheinwerfer für Film, Fernsehen, Bühne und Photographie – Tragkonstruktionen, bewegliche Leuchtenhänger und Bauelemente – Begriffe
DIN 15560-46	2008-10	Scheinwerfer für Film, Fernsehen, Bühne und Fotografie – Teil 46: Bewegliche Leuchtenhänger – Konstruktive und sicherheitstechnische Anforderungen
DIN 15560-47	1985-07	Scheinwerfer für Film, Fernsehen, Bühne und Photographie – Sicherheitstechnische Festlegungen für Grid-Decken
DIN 15560-100	2007-09	Scheinwerfer für Film, Fernsehen, Bühne und Fotografie – Teil 100: Sondernetze und Sondersteckverbinder 250/400 V
DIN 15560-104	2003-04	Scheinwerfer für Film, Fernsehen, Bühne und Photographie – Teil 104: Tageslichtscheinwerfersysteme bis 4 000 W Bemessungsleistung und dazugehörige Sondersteckverbinder
DIN 15563-3	1994-07	Sondersteckdosen für Film- und Fernsehstudios – Teil 3: Einpolige Sondersteckdosen ohne Schutzleiter für Außen- und Neutralleiter, ~ 400/230 V 315 A
DIN 15563-4	1993-11	Sondersteckdosen für Film- und Fernsehstudios – Einpolige Sondersteckdosen für den Schutzleiter
DIN 15564-3	1994-07	Sonderstecker für Film- und Fernsehstudios – Teil 3: Einpolige Sonderstecker ohne Schutzleiter für Außen- und Neutralleiter, ~ 400/230 V 315 A

Dokument	Ausgabe	Titel
DIN 15564-4	1993-11	Sonderstecker für Film- und Fernsehstudios – Einpolige Sonderstecker für den Schutzleiter
DIN 15565-1	2000-07	Elektrisches Energieverteilungssystem für Film- und Fernsehproduktionsstätten – Teil 1: Gehäuse, Kabel und Steckvorrichtungen
DIN 15565-2	2000-07	Elektrisches Energieverteilungssystem für Film- und Fernsehproduktionsstätten – Teil 2: Zählerverteilung ZK
DIN 15565-3	2000-07	Elektrisches Energieverteilungssystem für Film- und Fernsehproduktionsstätten – Teil 3: Zwischenverteilung TK und Schaltverteilung SV
DIN 15565-4	2000-07	Elektrisches Energieverteilungssystem für Film- und Fernsehproduktionsstätten – Teil 4: Hauptverteilung HV
DIN 15565-5	2000-07	Elektrisches Energieverteilungssystem für Film- und Fernsehproduktionsstätten – Teil 5: Endverteilung EV und Lichtstellverteilungen LSV
DIN 15565-6	2000-07	Elektrisches Energieverteilungssystem für Film- und Fernsehproduktionsstätten – Teil 6: Übertragungswagenverteilung ÜV
DIN 15571-1	1981-10	Bildwandausleuchtung bei Filmprojektion – Anforderungen an die Leuchtdichte und Richtwerte
DIN 15750	2005-08	Technische Dienstleistungen in der Veranstaltungstechnik – Leitlinien
DIN 15765	2010-04	Veranstaltungstechnik – Multicore-Systeme für die mobile Produktions- und Veranstaltungstechnik
E DIN 15766	2009-06	Veranstaltungstechnik – Einzelleiter Stecksysteme für Niederspannungsnetze AC 400/230 V für die mobile Produktions- und Veranstaltungstechnik – Anforderungen
DIN 15905-1	2010-07	Veranstaltungstechnik – Audio-, Video- und Kommunikations-Tontechnik in Veranstaltungsstätten und Mehrzweckhallen – Teil 1: Anforderungen bei Eigen-, Co- und Fremdproduktionen
DIN 15905-5	2007-11	Veranstaltungstechnik – Tontechnik – Teil 5: Maßnahmen zum Vermeiden einer Gehörgefährdung des Publikums durch hohe Schallemissionen elektroakustischer Beschallungstechnik
DIN 15906	2009-06	Tagungsstätten
DIN 15920-1	1975-01	Bühnen- und Studioaufbauten – Podestarten – Gerade Podeste (Praktikabel), Eckpodeste, Schrägen, Eckschrägen
E DIN 15920-1	2010-08	Veranstaltungstechnik – Podestarten – Gerade Podeste (Praktikabel), Eckpodeste, Schrägen, Eckschrägen aus Holz
DIN 15920-2	1975-01	Bühnen- und Studioaufbauten – Podestarten – Stufen und Treppen

VERZEICHNIS RELEVANTER NORMEN UND NORM-ENTWÜRFE

Dokument	Ausgabe	Titel
E DIN 15920-2	2010-08	Veranstaltungstechnik – Podestarten – Stufen und Treppen aus Holz
DIN 15920-4	1978-11	Bühnen- und Studioaufbauten – Podestarten – Bühnenwagen, frei verfahrbar
E DIN 15920-4	2010-01	Veranstaltungstechnik – Podestarten – Bühnenwagen, frei verfahrbar
DIN 15920-11	1978-08	Bühnen- und Studioaufbauten – Podestarten – Sicherheitstechnische Festlegungen für Podeste (Praktikabel), Schrägen, Stufen, Treppen und Bühnengeländer
E DIN 15920-11	2009-06	Veranstaltungstechnik – Podestarten – Teil 11: Sicherheitstechnische Festlegungen für Podeste (Praktikabel), Schrägen, Stufen, Treppen und Bühnengeländer
DIN 15920-14	1978-12	Bühnen- und Studioaufbauten – Podestarten – Bühnenwagen, frei verfahrbar – Sicherheitstechnische Anforderungen
DIN 15995-1	1983-09	Lampenhäuser für Bildwerfer – Sicherheitstechnische Festlegungen für die Gestaltung der Lampenhäuser mit Hochdruck-Entladungslampen und für Schutzausrüstungen
DIN 15996	2008-05	Bild- und Tonbearbeitung in Film-, Video- und Rundfunkbetrieben – Grundsätze und Festlegungen für den Arbeitsplatz
DIN 15999	2002-06	Kamerakrane – Einsatz von Kamerakranen in Veranstaltungs- und Produktionsstätten
DIN 16271	2004-07	Absperrventile PN 250 und PN 400 mit Prüfanschluss für Druckmessgeräte
DIN 18024-1	1998-01	Barrierefreies Bauen – Teil 1: Straßen, Plätze, Wege, öffentliche Verkehrs- und Grünanlagen sowie Spielplätze – Planungsgrundlagen
DIN 18024-2	1996-11	Barrierefreies Bauen – Teil 2: Öffentlich zugängige Gebäude und Arbeitsstätten, Planungsgrundlagen
DIN 18032-5	2002-08	Sporthallen – Hallen für Turnen, Spiele und Mehrzwecknutzung – Teil 5: Ausziehbare Tribünen
DIN 18041	2004-05	Hörsamkeit in kleinen bis mittelgroßen Räumen
DIN 18065	2000-01	Gebäudetreppen – Definitionen, Meßregeln, Hauptmaße
E DIN 18065	2009-09	Gebäudetreppen – Begriffe, Messregeln, Hauptmaße
DIN 18095-1	1988-10	Türen – Rauchschutztüren – Begriffe und Anforderungen
DIN 18095-2	1991-03	Türen – Rauchschutztüren – Bauartprüfung der Dauerfunktionstüchtigkeit und Dichtheit
DIN 18095-3	1999-06	Rauchschutzabschlüsse – Teil 3: Anwendung von Prüfergebnissen
E DIN 18095-3	2009-05	Rauchschutzabschlüsse – Teil 3: Anwendung von Prüfergebnissen

Dokument	Ausgabe	Titel
DIN 18232-1	2002-02	Rauch- und Wärmefreihaltung – Teil 1: Begriffe, Aufgabenstellung
DIN 18232-2	2007-11	Rauch- und Wärmefreihaltung – Teil 2: Natürliche Rauchabzugsanlagen (NRA) – Bemessung, Anforderungen und Einbau
DIN 18232-4	2003-04	Rauch- und Wärmefreihaltung – Teil 4: Wärmeabzüge (WA) – Prüfverfahren
DIN 18232-5	2003-04	Rauch- und Wärmefreihaltung – Teil 5: Maschinelle Rauchabzugsanlagen (MRA) – Anforderungen, Bemessung
DIN 18234-1	2003-09	Baulicher Brandschutz großflächiger Dächer – Brandbeanspruchung von unten – Teil 1: Begriffe, Anforderungen und Prüfungen – Geschlossene Dachflächen
DIN 18234-2	2003-09	Baulicher Brandschutz großflächiger Dächer – Brandbeanspruchung von unten – Teil 2: Verzeichnis von Dächern, welche die Anforderungen nach DIN 18234-1 erfüllen – Geschlossene Dachflächen
DIN 18234-3	2003-09	Baulicher Brandschutz großflächiger Dächer – Brandbeanspruchung von unten – Teil 3: Begriffe, Anforderungen und Prüfungen, Durchdringungen, Anschlüsse und Abschlüsse von Dachflächen
DIN 18234-4	2003-09	Baulicher Brandschutz großflächiger Dächer – Brandbeanspruchung von unten – Teil 4: Verzeichnis von Durchdringungen, Anschlüssen und Abschlüssen von Dachflächen, welche die Anforderungen nach DIN 18234-3 erfüllen
DIN 18317	2010-04	VOB Vergabe- und Vertragsordnung für Bauleistungen – Teil C: Allgemeine Technische Vertragsbedingungen für Bauleistungen (ATV) – Verkehrswegebauarbeiten – Oberbauschichten aus Asphalt
DIN 18558	1985-01	Kunstharzputze – Begriffe, Anforderungen, Ausführung
DIN 18560-1	2009-09	Estriche im Bauwesen – Teil 1: Allgemeine Anforderungen, Prüfung und Ausführung
DIN 18800-1	2008-11	Stahlbauten – Teil 1: Bemessung und Konstruktion
DIN 18800-2	2008-11	Stahlbauten – Teil 2: Stabilitätsfälle – Knicken von Stäben und Stabwerken
DIN 18800-3	2008-11	Stahlbauten – Teil 3: Stabilitätsfälle – Plattenbeulen
DIN 18800-7	2008-11	Stahlbauten – Teil 7: Ausführung und Herstellerqualifikation
DIN 19012	1990-04	Blitzlampen – Blitzlampenanordnungen mit fest zugeordneten Reflektoren – Lichttechnische Daten
DIN 19045-1	1997-05	Projektion von Steh- und Laufbild – Teil 1: Projektions- und Betrachtungsbedingungen für alle Projektionsarten

Verzeichnis relevanter Normen und Norm-Entwürfe

Dokument	Ausgabe	Titel
DIN 19045-2	1998-12	Projektion von Steh- und Laufbild – Teil 2: Konfektionierte Bildwände
DIN 19045-5	1984-01	Lehr- und Heimprojektion für Steh- und Laufbild – Sicherheitstechnische Anforderungen an konfektionierte Bildwände
DIN 19046-1	1976-08	Projektionstechnik, Bühnen- oder Theaterprojektion – Allgemeines
DIN 19046-2	1977-05	Bühnen- und Theaterprojektion für Steh-, Wander- und Laufbild – Schrägprojektion auf ebene Bildwände, Projektionseinrichtungen und Projektionsvorlagen
DIN 19046-2 Bbl 1	1977-05	Bühnen- und Theaterprojektion für Steh-, Wander- und Laufbild – Schrägprojektion auf ebene Bildwände, Arbeitsunterlagen für den praktischen Gebrauch
DIN 19046-2 Bbl 3	1981-12	Bühnen- und Theaterprojektion für Steh-, Wander- und Laufbild – DIN-Einstelldia A zum Ausrichten der Bildbühne, Nenngröße 18 × 18
DIN 19046-2 Bbl 4	1981-12	Bühnen- und Theaterprojektion für Steh-, Wander- und Laufbild – DIN-Einstelldia B zum Anwenden der Projektion
DIN 19046-3	1981-07	Bühnen- und Theaterprojektion für Steh-, Wander- und Laufbild – Bühnenbeleuchtung und Projektion des Bühnenabschlusses
DIN 19560-10	1999-03	Rohre und Formstücke aus Polypropylen (PP) für heißwasserbeständige Abwasserleitungen (HT) innerhalb von Gebäuden – Teil 10: Brandverhalten, Güteüberwachung und Verlegehinweise
DIN 31051	2003-06	Grundlagen der Instandhaltung
DIN 40041	1990-12	Zuverlässigkeit – Begriffe
DIN 40050-9	1993-05	Straßenfahrzeuge – IP-Schutzarten – Schutz gegen Fremdkörper, Wasser und Berühren – Elektrische Ausrüstung
DIN 43148	1986-11	Keil-Endklemmen für Bahnleitungen
DIN 45641	1990-06	Mittelung von Schallpegeln
DIN 45645-1	1996-07	Ermittlung von Beurteilungspegeln aus Messungen – Teil 1: Geräuschimmissionen in der Nachbarschaft
DIN 45681	2005-03	Akustik – Bestimmung der Tonhaltigkeit von Geräuschen und Ermittlung eines Tonzuschlages für die Beurteilung von Geräuschimmissionen
DIN 49440-1	2006-01	Zweipolige Steckdosen mit Schutzkontakt, AC 16 A 250 V – Teil 1: Hauptmaße
DIN 49440-3	1989-12	Zweipolige Steckdosen mit Schutzkontakt, DC 10 A 250 V, AC 16 A 250 V, zweipolige Kupplungsdosen, spritzwassergeschützt

Dokument	Ausgabe	Titel
DIN 49440-5	1989-12	Zweipolige Steckdosen mit Schutzkontakt, DC 10 A 250 V, AC 16 A 250 V für Einbau in Gerätedosen – Maße
DIN 49440-6	1989-12	Zweipolige Steckdosen mit Schutzkontakt DC 10 A 250 V, AC 16 A 250 V für Verwendung auf Montageflächen, für Kupplungsdosen und für ortsveränderliche Steckdosen – Maße
DIN 49441	1972-06	Zweipolige Stecker mit Schutzkontakt, 10 A, 250 V $\cong$ und 10 A, 250 V –, 16 A, 250 V ~
DIN 49441-2	1989-12	Zweipolige Stecker mit Schutzkontakt DC 10 A 250 V, AC 16 A 250 V, spritzwassergeschützt
DIN 49442	1969-03	Zweipolige Steckdosen mit Schutzkontakt, druckwasserdicht, 10 A, 250 V $\cong$ und 10 A, 250 V –, 16 A, 250 V ~ – Hauptmaße
DIN 51900-2	2003-05	Prüfung fester und flüssiger Brennstoffe – Bestimmung des Brennwertes mit dem Bomben-Kalorimeter und Berechnung des Heizwertes – Teil 2: Verfahren mit isoperibolem oder static-jacket Kalorimeter
DIN 51900-3	2005-01	Prüfung fester und flüssiger Brennstoffe – Bestimmung des Brennwertes mit dem Bomben-Kalorimeter und Berechnung des Heizwertes – Teil 3: Verfahren mit adiabatischem Mantel
DIN 55350-11	2008-05	Begriffe zum Qualitätsmanagement – Teil 11: Ergänzung zu DIN EN ISO 9000:2005
DIN 56905	2005-08	Veranstaltungstechnik, Bühnenbeleuchtung – Zweipolige Bühnensteckvorrichtungen 63 A, ~ 250 V, 50/60 Hz
DIN 56912	1999-04	Showlaser und Showlaseranlagen – Sicherheitsanforderungen und Prüfung
DIN 56920-1	1970-07	Theatertechnik – Begriffe für Theater- und Bühnenarten
DIN 56920-2	1970-07	Theatertechnik – Begriffe für Theatergebäude
DIN 56920-3	1970-07	Theatertechnik – Begriffe für bühnentechnische Einrichtungen
DIN 56920-4	1974-06	Theatertechnik – Begriffe für beleuchtungstechnische Einrichtungen
E DIN 56920-4	2009-01	Veranstaltungstechnik – Teil 4: Begriffe für beleuchtungstechnische Einrichtungen
DIN 56921-1	2010-03	Veranstaltungstechnik – Prospektzüge – Teil 1: Handkonterzüge mit einer Tragfähigkeit bis 500 kg
DIN 56922	2009-10	Veranstaltungstechnik – Bühnenbetrieb – Theater-Bohrer (Bühnenbohrer)
DIN 56923	1989-11	Theatertechnik, Bühnenbetrieb – Geschlagene Steckscharniere
DIN 56924-1	1991-06	Kabinen für Simultanübertragung, ortsfest

Verzeichnis relevanter Normen und Norm-Entwürfe

Dokument	Ausgabe	Titel
DIN 56924-2	1991-06	Kabinen für Simultanübertragung, transportabel
DIN 56927	2009-03	Veranstaltungstechnik – Sicherungsseil für zu sichernde Gegenstände bis 60 kg Eigengewicht – Maße, sicherheitstechnische Anforderungen und Prüfung
DIN 56930-1	2000-03	Bühnentechnik – Bühnenlichtstellsysteme – Teil 1: Begriffe, Anforderungen
DIN 56930-2	2000-03	Bühnentechnik – Bühnenlichtstellsysteme – Teil 2: Steuersignale
DIN 56930-3	2010-03	Veranstaltungstechnik – Lichtstellsysteme – Teil 3: Begriffe und Anforderungen an die Vernetzung von Lichtstellsystemen über EtherNet
DIN 56932	1974-10	Theatertechnik, Bühnenbeleuchtung – Bezeichnungsschild von Leuchten für die Sicherheitsbeleuchtung
DIN 56938	2010-07	Veranstaltungstechnik – Versatzklappe – Allgemeine Konstruktionsmerkmale
DIN 56950	2005-04	Veranstaltungstechnik – Maschinentechnische Einrichtungen – Sicherheitstechnische Anforderungen und Prüfung
DIN 56955	2005-12	Veranstaltungstechnik – Lastannahmen für Einbauten in Bühnen und Nebenbereichen – Verkehrslasten
DIN 66080	1988-11	Klassifizierung des Brennverhaltens textiler Erzeugnisse – Grundsätze
DIN 66084	2003-07	Klassifizierung des Brennverhaltens von Polsterverbunden
DIN 66090-1	1980-03	Textile Fußbodenbeläge – Anforderungen an den Aufbau, Brandverhalten
DIN 68702	2009-10	Holzpflaster
DIN 69900	2009-01	Projektmanagement – Netzplantechnik – Beschreibungen und Begriffe
DIN 69901-1	2009-01	Projektmanagement – Projektmanagementsysteme – Teil 1: Grundlagen
DIN 69901-5	2009-01	Projektmanagement – Projektmanagementsysteme – Teil 5: Begriffe
DIN 82101	2005-09	Einzelteile zum Heben, Schleppen, Zurren – Schäkel, gerade – Unlegierter Qualitätsstahl
DIN 83307	1999-04	Schiffe und Meerestechnik – Rund- und spiralgeflochtene Chemiefaser-Seile
DIN 83319	1999-06	Faserseile – Spleiße – Begriffe, Sicherheitstechnische Anforderungen, Prüfung
DIN 83329	1998-10	Schiffe und Meerestechnik – Polypropylen-Faserseile aus Garnen nach dem Bastfaserspinnverfahren

Dokument	Ausgabe	Titel
DIN EN		
DIN EN 54-3	2006-08	Brandmeldeanlagen – Teil 3: Feueralarmeinrichtungen – Akustische Signalgeber
E DIN EN 54-3	2009-04	Brandmeldeanlagen – Teil 3: Feueralarmeinrichtungen – Akustische Signalgeber
DIN EN 54-7	2006-09	Brandmeldeanlagen – Teil 7: Rauchmelder – Punktförmige Melder nach dem Streulicht-, Durchlicht- oder Ionisationsprinzip
DIN EN 54-20	2009-02	Brandmeldeanlagen – Teil 20: Ansaugrauchmelder
DIN EN 54-21	2006-08	Brandmeldeanlagen – Teil 21: Übertragungseinrichtungen für Brand- und Störungsmeldungen
DIN EN 131-1	2007-08	Leitern – Teil 1: Benennungen, Bauarten, Funktionsmaße
DIN EN 131-2	1993-04	Leitern – Anforderungen, Prüfung, Kennzeichnung
E DIN EN 131-2	2009-12	Leitern – Teil 2: Anforderungen, Prüfung, Kennzeichnung
DIN EN 131-3	2007-08	Leitern – Teil 3: Benutzerinformation
E DIN EN 131-3	2010-01	Leitern – Teil 3: Sicherheitshinweise und Benutzerinformation
DIN EN 131-4	2007-08	Leitern – Teil 4: Ein- oder Mehrgelenkleitern
DIN EN 206-1	2001-07	Beton – Teil 1: Festlegung, Eigenschaften, Herstellung und Konformität
DIN EN 207	2010-04	Persönlicher Augenschutz – Filter und Augenschutzgeräte gegen Laserstrahlung (Laserschutzbrillen)
DIN EN 208	2010-04	Persönlicher Augenschutz – Augenschutzgeräte für Justierarbeiten an Lasern und Laseraufbauten (Laser-Justierbrillen)
DIN EN 280	2010-02	Fahrbare Hubarbeitsbühnen – Berechnung – Standsicherheit – Bau – Sicherheit – Prüfungen
E DIN EN 280	2009-06	Fahrbare Hubarbeitsbühnen – Berechnung – Standsicherheit – Bau – Sicherheit – Prüfungen
DIN EN 349	2008-09	Sicherheit von Maschinen – Mindestabstände zur Vermeidung des Quetschens von Körperteilen
DIN EN 654	2004-01	Elastische Bodenbeläge – Polyvinylchlorid-Flex-Platten – Spezifikation
DIN EN 726-2	1996-08	Identifikationskartensysteme – Chipkarten und Endgeräte für Telekommunikationszwecke – Teil 2: Sicherheitsgrundgerüst
DIN EN 795	1996-08	Schutz gegen Absturz – Anschlageinrichtungen – Anforderungen und Prüfverfahren
E DIN EN 795	2009-06	Persönliche Absturzschutzausrüstung – Anschlageinrichtungen

Verzeichnis relevanter Normen und Norm-Entwürfe

Dokument	Ausgabe	Titel
DIN EN 818-1	2008-12	Kurzgliedrige Rundstahlketten für Hebezwecke – Sicherheit – Teil 1: Allgemeine Abnahmebedingungen
DIN EN 818-2	2008-12	Kurzgliedrige Rundstahlketten für Hebezwecke – Sicherheit – Teil 2: Mitteltolerierte Rundstahlketten für Anschlagketten – Güteklasse 8
DIN EN 818-4	2008-12	Kurzgliedrige Rundstahlketten für Hebezwecke – Sicherheit – Teil 4: Anschlagketten – Güteklasse 8
DIN EN 842	2009-01	Sicherheit von Maschinen – Optische Gefahrensignale – Allgemeine Anforderungen, Gestaltung und Prüfung
DIN EN 998-1	2003-09	Festlegungen für Mörtel im Mauerwerksbau – Teil 1: Putzmörtel
E DIN EN 998-1	2010-03	Festlegungen für Mörtel im Mauerwerksbau – Teil 1: Putzmörtel
DIN EN 1021-1	2006-04	Möbel – Bewertung der Entzündbarkeit von Polstermöbeln – Teil 1: Glimmende Zigarette als Zündquelle
DIN EN 1021-2	2006-04	Möbel – Bewertung der Entzündbarkeit von Polstermöbeln – Teil 2: Eine einem Streichholz vergleichbare Gasflamme als Zündquelle
DIN EN 1261	1995-10	Faserseile für allgemeine Verwendung – Hanf
DIN EN 1624	1999-10	Textilien und textile Erzeugnisse – Brennverhalten industrieller und technische Textilien – Verfahren zur Bestimmung der Flammenausbreitung vertikal angeordneter Meßproben
DIN EN 1625	1999-10	Textilien und textile Erzeugnisse – Brennverhalten industrieller und technischer Textilien – Verfahren zur Bestimmung der Entzündbarkeit vertikal angeordneter Meßproben
DIN EN 1868	1997-08	Persönliche Schutzausrüstung gegen Absturz – Liste gleichlautender Benennungen
DIN EN 10204	2005-01	Metallische Erzeugnisse – Arten von Prüfbescheinigungen
DIN EN 10208-1	2009-07	Stahlrohre für Rohrleitungen für brennbare Medien – Technische Lieferbedingungen – Teil 1: Rohre der Anforderungsklasse A
DIN EN 10216-1	2004-07	Nahtlose Stahlrohre für Druckbeanspruchungen – Technische Lieferbedingungen – Teil 1: Rohre aus unlegierten Stählen mit festgelegten Eigenschaften bei Raumtemperatur
E DIN EN 10216-1	2009-11	Nahtlose Stahlrohre für Druckbeanspruchungen – Technische Lieferbedingungen – Teil 1: Rohre aus unlegierten Stählen mit festgelegten Eigenschaften bei Raumtemperatur
DIN EN 10220	2003-03	Nahtlose und geschweißte Stahlrohre – Allgemeine Tabellen für Maße und längenbezogene Masse

Dokument	Ausgabe	Titel
DIN EN 10224	2005-12	Rohre und Fittings aus unlegiertem Stahl für den Transport von Wasser und anderen wässrigen Flüssigkeiten – Technische Lieferbedingungen
DIN EN 10297-1	2003-06	Nahtlose kreisförmige Stahlrohre für den Maschinenbau und allgemeine technische Anwendungen – Technische Lieferbedingungen – Teil 1: Rohre aus unlegierten und legierten Stählen
DIN EN 12254	2010-07	Abschirmungen an Laserarbeitsplätzen – Sicherheitstechnische Anforderungen und Prüfung
DIN EN 12385-1	2009-01	Drahtseile aus Stahldraht – Sicherheit – Teil 1: Allgemeine Anforderungen
DIN EN 12385-2	2008-06	Stahldrahtseile – Sicherheit – Teil 2: Begriffe, Bezeichnung und Klassifizierung
DIN EN 12385-4	2008-06	Drahtseile aus Stahldraht – Sicherheit – Teil 4: Litzenseile für allgemeine Hebezwecke
DIN EN 12792	2004-01	Lüftung von Gebäuden – Symbole, Terminologie und graphische Symbole
DIN EN 13168	2009-02	Wärmedämmstoffe für Gebäude – Werkmäßig hergestellte Produkte aus Holzwolle (WW) – Spezifikation
E DIN EN 13168	2010-05	Wärmedämmstoffe für Gebäude – Werkmäßig hergestellte Produkte aus Holzwolle (WW) – Spezifikation
DIN EN 13200-1	2004-05	Zuschaueranlagen – Teil 1: Kriterien für die räumliche Anordnung von Zuschauerplätzen – Anforderungen
DIN EN 13200-3	2006-03	Zuschaueranlagen – Teil 3: Abschrankungen – Anforderungen
DIN EN 13200-4	2006-12	Zuschaueranlagen – Teil 4: Sitze – Produktmerkmale
DIN EN 13200-5	2006-10	Zuschaueranlagen – Teil 5: Ausfahrbare (ausziehbare) Tribünen
DIN EN 13200-6	2006-10	Zuschaueranlagen – Teil 6: Demontierbare (provisorische) Tribünen
DIN EN 13411-2	2009-02	Endverbindungen für Drahtseile aus Stahldraht – Sicherheit – Teil 2: Spleißen von Seilschlaufen für Anschlagseile
DIN EN 13411-3	2009-02	Endverbindungen für Drahtseile aus Stahldraht – Sicherheit – Teil 3: Pressklemmen und Verpressen
DIN EN 13411-4	2009-02	Endverbindungen für Drahtseile aus Stahldraht – Sicherheit – Teil 4: Vergießen mit Metall und Kunstharz
E DIN EN 13411-4	2009-04	Endverbindungen für Drahtseile aus Stahldraht – Sicherheit – Teil 4: Vergießen mit Metall und Kunstharz
DIN EN 13411-5	2009-02	Endverbindungen für Drahtseile aus Stahldraht – Sicherheit – Teil 5: Drahtseilklemmen mit U-förmigem Klemmbügel

VERZEICHNIS RELEVANTER NORMEN UND NORM-ENTWÜRFE

Dokument	Ausgabe	Titel
DIN EN 13411-7	2009-04	Endverbindungen für Drahtseile aus Stahldraht – Sicherheit – Teil 7: Symmetrische Seilschlösser
DIN EN 13480-3	2002-08	Metallische industrielle Rohrleitungen – Teil 3: Konstruktion und Berechnung
DIN EN 13779	2007-09	Lüftung von Nichtwohngebäuden – Allgemeine Grundlagen und Anforderungen für Lüftungs- und Klimaanlagen und Raumkühlsysteme
DIN EN 13782	2006-05	Fliegende Bauten – Zelte – Sicherheit
DIN EN 13814	2005-06	Fliegende Bauten und Anlagen für Veranstaltungsplätze und Vergnügungsparks – Sicherheit
DIN EN 60268-4	2004-07	Elektroakustische Geräte – Teil 4: Mikrofone
DIN EN 60300-1	2004-02	Zuverlässigkeitsmanagement – Teil 1: Zuverlässigkeitsmanagementsysteme
DIN EN 60300-2	2004-10	Zuverlässigkeitsmanagement – Teil 2: Leitfaden zum Zuverlässigkeitsmanagement
DIN EN 61672-1	2003-10	Elektroakustik – Schallpegelmesser – Teil 1: Anforderungen
DIN EN 61672-2	2004-08	Elektroakustik – Schallpegelmesser – Teil 2: Baumusterprüfungen
DIN EN 300220-1	2010-08	Elektromagnetische Verträglichkeit und Funkspektrumangelegenheiten (ERM) – Funkanlagen mit geringer Reichweite (SRD) – Funkgeräte zur Verwendung im Frequenzbereich von 25 MHz bis 1 000 MHz mit Ausgangsleistungen bis 500 mW – Teil 1: Technische Kennwerte und Prüfverfahren
DIN EN (VDE)		
DIN EN 50085-1 (VDE 0604-1)	2006-03	Elektroinstallationskanalsysteme für elektrische Installationen – Teil 1: Allgemeine Anforderungen
DIN EN 50086-2-4 (VDE 0605-2-4)	2001-12	Installationsrohrsysteme zum Führen von Leitungen für elektrische Energie und für Information – Teil 2-4: Besondere Anforderungen für erdverlegte Elektroinstallationsrohrsysteme
DIN EN 50136-1-1 (VDE 0830-5-1-1)	2008-10	Alarmanlagen – Alarmübertragungsanlagen und -einrichtungen – Teil 1-1: Allgemeine Anforderungen an Alarmübertragungsanlagen
DIN EN 50136-1-2 (VDE 0830-5-1-2)	2000-04	Alarmanlagen – Alarmübertragungsanlagen und -einrichtungen – Teil 1-2: Anforderungen an Anlagen mit fest zugeordneten Alarmübertragungswegen
DIN EN 50136-1-3 (VDE 0830-5-1-3)	2000-04	Alarmanlagen – Alarmübertragungsanlagen und -einrichtungen – Teil 1-3: Anforderungen an Anlagen mit automatischen Wähl- und Übertragungsanlagen für das öffentliche Fernsprechwählnetz

Dokument	Ausgabe	Titel
DIN EN 50136-1-4 (VDE 0830-5-1-4)	2000-04	Alarmanlagen – Alarmübertragungsanlagen und -einrichtungen – Teil 1-4: Anforderungen an Anlagen mit automatischen Wähl- und Ansageanlagen für das öffentliche Fernsprechwählnetz
DIN EN 50136-2-1 (VDE 0830-5-2-1)	2002-09	Alarmanlagen – Alarmübertragungsanlagen und -einrichtungen – Teil 2-1: Allgemeine Anforderungen an Alarmübertragungseinrichtungen
DIN EN 50136-2-2 (VDE 0830-5-2-	2000-04	Alarmanlagen – Alarmübertragungsanlagen und -einrichtungen – Teil 2-2: Anforderungen an Einrichtungen für Anlagen mit fest zugeordneten Übertragungswegen
DIN EN 50136-2-3 (VDE 0830-5-2-3)	2000-04	Alarmanlagen – Alarmübertragungsanlagen und -einrichtungen – Teil 2-3: Anforderungen an Einrichtungen für Wähl- und Übertragungsanlagen für das öffentliche Fernsprechwählnetz
DIN EN 50136-2-4 (VDE 0830-5-2-4)	2000-04	Alarmanlagen – Alarmübertragungsanlagen und -einrichtungen – Teil 2-4: Anforderungen an Einrichtungen für Wähl- und Ansageanlagen für das öffentliche Fernsprechwählnetz
DIN EN 50156-1 (VDE 0116-1)	2005-03	Elektrische Ausrüstung von Feuerungsanlagen – Teil 1: Bestimmungen für die Anwendungsplanung und Errichtung
DIN EN 50172 (VDE 0108-100)	2005-01	Sicherheitsbeleuchtungsanlagen
DIN EN 60332-3-10 (VDE 0482-332-3-10)	2010-08	Prüfungen an Kabeln, isolierten Leitungen und Glasfaserkabeln im Brandfall – Teil 3-10: Prüfung der vertikalen Flammenausbreitung von vertikal angeordneten Bündeln von Kabeln und isolierten Leitungen – Prüfvorrichtung
DIN EN 60332-3-21 (VDE 0482-332-3-21)	2010-08	Prüfungen an Kabeln, isolierten Leitungen und Glasfaserkabeln im Brandfall – Teil 3-21: Prüfung der vertikalen Flammenausbreitung von vertikal angeordneten Bündeln von Kabeln und isolierten Leitungen – Prüfart A F/R
DIN EN 60332-3-22 (VDE 0482-332-3-22)	2010-08	Prüfungen an Kabeln, isolierten Leitungen und Glasfaserkabeln im Brandfall – Teil 3-22: Prüfung der vertikalen Flammenausbreitung von vertikal angeordneten Bündeln von Kabeln und isolierten Leitungen – Prüfart A
DIN EN 60332-3-23 (VDE 0482-332-3-23)	2010-08	Prüfungen an Kabeln, isolierten Leitungen und Glasfaserkabeln im Brandfall – Teil 3-23: Prüfung der vertikalen Flammenausbreitung von vertikal angeordneten Bündeln von Kabeln und isolierten Leitungen – Prüfart B
DIN EN 60332-3-24 (VDE 0482-332-3-24)	2010-08	Prüfungen an Kabeln, isolierten Leitungen und Glasfaserkabeln im Brandfall – Teil 3-24: Prüfung der vertikalen Flammenausbreitung von vertikal angeordneten Bündeln von Kabeln und isolierten Leitungen – Prüfart C

Verzeichnis relevanter Normen und Norm-Entwürfe

Dokument	Ausgabe	Titel
DIN EN 60332-3-25 (VDE 0482-332-3-25)	2010-08	Prüfungen an Kabeln, isolierten Leitungen und Glasfaserkabeln im Brandfall – Teil 3-25: Prüfung der Flammenausbreitung von vertikal angeordneten Bündeln von Kabeln und isolierten Leitungen – Prüfart D
DIN EN 60204-1 VDE 0113-1)	2007-06	Sicherheit von Maschinen – Elektrische Ausrüstung von Maschinen – Teil 1: Allgemeine Anforderungen
DIN EN 60309-1 VDE 0623-1)	2007-11	Stecker, Steckdosen und Kupplungen für industrielle Anwendungen – Teil 1: Allgemeine Anforderungen
DIN EN 60332-1-1 VDE 0482-332-1-1)	2005-06	Prüfungen an Kabeln, isolierten Leitungen und Glasfaserkabeln im Brandfall – Teil 1-1: Prüfung der vertikalen Flammenausbreitung an einer Ader, einer isolierten Leitung oder einem Kabel – Prüfgerät
DIN EN 60332-2-1 VDE 0482-332-2-1)	2005-06	Prüfungen an Kabeln, isolierten Leitungen und Glasfaserkabeln im Brandfall – Teil 2-1: Prüfung der vertikalen Flammenausbreitung an einer kleinen Ader, einer kleinen isolierten Leitung oder einem kleinen Kabel – Prüfgerät
DIN EN 60529 VDE 0470-1)	2000-09	Schutzarten durch Gehäuse (IP-Code)
DIN EN 60598-2-22 VDE 0711-2-22)	2008-10	Leuchten – Teil 2-22: Besondere Anforderungen – Leuchten für Notbeleuchtung
DIN EN 60664-1 (VDE 0110-1)	2008-01	Isolationskoordination für elektrische Betriebsmittel in Niederspannungsanlagen – Teil 1: Grundsätze, Anforderungen und Prüfungen
DIN EN 60825-2 (VDE 0837-2)	2007-11	Sicherheit von Laser-Einrichtungen – Teil 2: Sicherheit von Lichtwellenleiter-Kommunikationssystemen (LWLKS)
DIN EN 60849 (VDE 0828-1)	1999-05	Elektroakustische Notfallwarnsysteme
DIN EN 60947-2 (VDE 0660-101)	2010-04	Niederspannungsschaltgeräte – Teil 2: Leistungsschalter
DIN EN 61008-1 (VDE 0664-10)	2010-01	Fehlerstrom-/Differenzstrom-Schutzschalter ohne eingebauten Überstromschutz (RCCBs) für Hausinstallationen und für ähnliche Anwendungen – Teil 1: Allgemeine Anforderungen
DIN EN 61009-1 (VDE 0664-20)	2010-01	Fehlerstrom-/Differenzstrom-Schutzschalter mit eingebautem Überstromschutz (RCBOs) für Hausinstallationen und für ähnliche Anwendungen – Teil 1: Allgemeine Anforderungen
DIN EN 61034-1 (VDE 0482-1034-1)	2006-03	Messung der Rauchdichte von Kabeln und isolierten Leitungen beim Brennen unter definierten Bedingungen – Teil 1: Prüfeinrichtung
DIN EN 61034-2 (VDE 0482-1034-2)	2006-03	Messung der Rauchdichte von Kabeln und isolierten Leitungen beim Brennen unter definierten Bedingungen – Teil 2: Prüfverfahren und Anforderungen

Dokument	Ausgabe	Titel
DIN EN 61557-1 (VDE 0413-1)	2007-12	Elektrische Sicherheit in Niederspannungsnetzen bis AC 1 000 V und DC 1 500 V – Geräte zum Prüfen, Messen oder Überwachen von Schutzmaßnahmen – Teil 1: Allgemeine Anforderungen
DIN EN 61557-2 (VDE 0413-2)	2008-02	Elektrische Sicherheit in Niederspannungsnetzen bis AC 1 000 V und DC 1 500 V – Geräte zum Prüfen, Messen oder Überwachen von Schutzmaßnahmen – Teil 2: Isolationswiderstand
DIN EN 61557-3 (VDE 0413-3)	2008-02	Elektrische Sicherheit in Niederspannungsnetzen bis AC 1 000 V und DC 1 500 V – Geräte zum Prüfen, Messen oder Überwachen von Schutzmaßnahmen – Teil 3: Schleifenwiderstand
DIN EN 61557-4 (VDE 0413-4)	2007-12	Elektrische Sicherheit in Niederspannungsnetzen bis AC 1 000 V und DC 1 500 V – Geräte zum Prüfen, Messen oder Überwachen von Schutzmaßnahmen – Teil 4: Widerstand von Erdungsleitern, Schutzleitern und Potentialausgleichsleitern
DIN EN 61557-5 (VDE 0413-5)	2007-12	Elektrische Sicherheit in Niederspannungsnetzen bis AC 1 000 V und DC 1 500 V – Geräte zum Prüfen, Messen oder Überwachen von Schutzmaßnahmen – Teil 5: Erdungswiderstand
DIN EN 61557-6 (VDE 0413-6)	2008-05	Elektrische Sicherheit in Niederspannungsnetzen bis AC 1 000 V und DC 1 500 V – Geräte zum Prüfen, Messen oder Überwachen von Schutzmaßnahmen – Teil 6: Wirksamkeit von Fehlerstrom-Schutzeinrichtungen (RCD) in TT-, TN- und IT-Systemen
DIN EN 61557-7 (VDE 0413-7)	2008-02	Elektrische Sicherheit in Niederspannungsnetzen bis AC 1 000 V und DC 1 500 V – Geräte zum Prüfen, Messen oder Überwachen von Schutzmaßnahmen – Teil 7: Drehfeld
DIN EN 61557-8 (VDE 0413-8)	2007-12	Elektrische Sicherheit in Niederspannungsnetzen bis AC 1 000 V und DC 1 500 V – Geräte zum Prüfen, Messen oder Überwachen von Schutzmaßnahmen – Teil 8: Isolationsüberwachungsgeräte für IT-Systeme
DIN EN 61557-9 (VDE 0413-9)	2009-11	Elektrische Sicherheit in Niederspannungsnetzen bis AC 1 000 V und DC 1 500 V – Geräte zum Prüfen, Messen oder Überwachen von Schutzmaßnahmen – Teil 9: Einrichtungen zur Isolationsfehlersuche in IT-Systemen
DIN EN 61557-10 (VDE 0413-10)	2001-12	Elektrische Sicherheit in Niederspannungsnetzen bis AC 1 000 V und DC 1 500 V – Geräte zum Prüfen, Messen oder Überwachen von Schutzmaßnahmen – Teil 10: Kombinierte Messgeräte zum Prüfen, Messen oder Überwachen von Schutzmaßnahmen

VERZEICHNIS RELEVANTER NORMEN UND NORM-ENTWÜRFE

Dokument	Ausgabe	Titel
DIN EN ISO		
DIN EN ISO 1181	2005-02	Faserseile – Manila und Sisal – 3-, 4- und 8-litzige Seile
DIN EN ISO 1968	2005-08	Faserseile und Tauwerk – Begriffe
DIN EN ISO 2307	2005-05	Faserseile – Bestimmung einiger physikalischer und mechanischer Eigenschaften
E DIN EN ISO 2307	2009-06	Faserseile – Bestimmung einiger physikalischer und mechanischer Eigenschaften
DIN EN ISO 9000	2005-12	Qualitätsmanagementsysteme – Grundlagen und Begriffe
DIN EN ISO 9001	2008-12	Qualitätsmanagementsysteme – Anforderungen
DIN EN ISO 9004	2009-12	Leiten und Lenken für den nachhaltigen Erfolg einer Organisation – Ein Qualitätsmanagementansatz
DIN EN ISO 9554	2005-05	Faserseile – Allgemeine Festlegungen
E DIN EN ISO 9554	2009-06	Faserseile – Allgemeine Festlegungen
DIN EN ISO 9612	2009-09	Akustik – Bestimmung der Lärmexposition am Arbeitsplatz – Verfahren der Genauigkeitsklasse 2 (Ingenieurverfahren)
DIN EN ISO 11690-1	1997-02	Akustik – Richtlinien für die Gestaltung lärmarmer maschinenbestückter Arbeitsstätten – Teil 1: Allgemeine Grundlagen
DIN EN ISO 11690-2	1997-02	Akustik – Richtlinien für die Gestaltung lärmarmer maschinenbestückter Arbeitsstätten – Teil 2: Lärmminderungsmaßnahmen
DIN EN ISO 12100-1	2004-04	Sicherheit von Maschinen – Grundbegriffe, allgemeine Gestaltungsleitsätze – Teil 1: Grundsätzliche Terminologie, Methodologie
DIN EN ISO 12100-2	2004-04	Sicherheit von Maschinen – Grundbegriffe, allgemeine Gestaltungsleitsätze – Teil 2: Technische Leitsätze
DIN EN ISO 13857	2008-06	Sicherheit von Maschinen – Sicherheitsabstände gegen das Erreichen von Gefährdungsbereichen mit den oberen und unteren Gliedmaßen
DIN IEC		
DIN IEC 60914	1990-04	Konferenz-Anlagen – Elektrische und akustische Anforderungen
DIN ISO		
DIN ISO 9613-2	1999-10	Akustik – Dämpfung des Schalls bei der Ausbreitung im Freien – Teil 2: Allgemeines Berechnungsverfahren
DIN VDE		
DIN VDE 0100-100 ((VDE 0100-100)	2009-06	Errichten von Niederspannungsanlagen – Teil 1: Allgemeine Grundsätze, Bestimmungen allgemeiner Merkmale, Begriffe

Dokument	Ausgabe	Titel
DIN VDE 0100-410 (VDE 0100-410)	2007-06	Errichten von Niederspannungsanlagen – Teil 4-41: Schutzmaßnahmen – Schutz gegen elektrischen Schlag
DIN VDE 0100-482 (VDE 0100-482)	2003-06	Errichten von Niederspannungsanlagen – Teil 4: Schutzmaßnahmen – Kapitel 48: Auswahl von Schutzmaßnahmen – Hauptabschnitt 482: Brandschutz bei besonderen Risiken oder Gefahren
DIN VDE 0100-510 (VDE 0100-510)	2007-06	Errichten von Niederspannungsanlagen – Teil 5-51: Auswahl und Errichtung elektrischer Betriebsmittel – Allgemeine Bestimmungen
E DIN VDE 0100-510 (VDE 0100-510)	2008-10	Errichten von Niederspannungsanlagen – Teil 5-51: Auswahl und Errichtung elektrischer Betriebsmittel – Allgemeine Bestimmungen
DIN VDE 0100-537 (VDE 0100-537)	1999-06	Elektrische Anlagen von Gebäuden – Teil 5: Auswahl und Errichtung elektrischer Betriebsmittel – Kapitel 53: Schaltgeräte und Steuergeräte – Abschnitt 537: Geräte zum Trennen und Schalten
DIN VDE 0100-540 (VDE 0100-540)	2007-06	Errichten von Niederspannungsanlagen – Teil 5-54: Auswahl und Errichtung elektrischer Betriebsmittel – Erdungsanlagen, Schutzleiter und Schutzpotentialausgleichsleiter
DIN VDE 0100-560 (VDE 0100-560)	1995-07	Errichten von Starkstromanlagen mit Nennspannungen bis 1 000 V – Teil 5: Auswahl und Errichtung elektrischer Betriebsmittel – Kapitel 56: Elektrische Anlagen für Sicherheitszwecke
E DIN VDE 0100-560 (VDE 0100-560)	2007-12	Errichten von Niederspannungsanlagen – Teil 5-56: Auswahl und Errichtung elektrischer Betriebsmittel – Einrichtungen für Sicherheitszwecke
DIN VDE 0100-600 (VDE 0100-600)	2008-06	Errichten von Niederspannungsanlagen – Teil 6: Prüfungen
DIN VDE 0100-711 (VDE 0100-711)	2003-11	Errichten von Niederspannungsanlagen – Anforderungen für Betriebsstätten, Räume und Anlagen besonderer Art – Teil 711: Ausstellungen, Shows und Stände
DIN VDE 0100-717 (VDE 0100-717)	2005-06	Errichten von Niederspannungsanlagen – Teil 7-717: Anforderungen für Betriebsstätten, Räume und Anlagen besonderer Art – Elektrische Anlagen auf Fahrzeugen oder in transportablen Baueinheiten
E DIN VDE 0100-717 (VDE 0100-717)	2008-04	Errichten von Niederspannungsanlagen – Teil 7-717: Anforderungen für Betriebsstätten, Räume und Anlagen besonderer Art – Ortsveränderliche oder transportable Baueinheiten
DIN VDE 0100-718 (VDE 0100-718)	2005-10	Errichten von Niederspannungsanlagen – Anforderungen für Betriebsstätten, Räume und Anlagen besonderer Art – Teil 718: Bauliche Anlagen für Menschenansammlungen

Verzeichnis relevanter Normen und Norm-Entwürfe

Dokument	Ausgabe	Titel
DIN VDE 0100-740 (VDE 0100-740)	2007-10	Errichten von Niederspannungsanlagen – Teil 7-740: Anforderungen für Betriebsstätten, Räume und Anlagen besonderer Art – Vorübergehend errichtete elektrische Anlagen für Aufbauten, Vergnügungseinrichtungen und Buden auf Kirmesplätzen, Vergnügungsparks und für Zirkusse
DIN VDE 0281-3 (VDE 0281-3)	2001-01	Polyvinylchlorid-isolierte Leitungen mit Nennspannungen bis 450/750 V – Teil 3: Aderleitungen für feste Verlegung
DIN VDE 0281-5 (VDE 0281-5)	2002-09	Polyvinylchlorid-isolierte Leitungen mit Nennspannungen bis 450/750 V – Teil 5: Flexible Leitungen (IEC 60227-5:1979, modifiziert)
DIN VDE 0281-7 (VDE 0281-7)	2001-01	Polyvinylchlorid-isolierte Leitungen mit Nennspannungen bis 450/750 V – Teil 7: Einadrige Leitungen ohne Mantel für die innere Verdrahtung mit einer höchstzulässigen Betriebstemperatur am Leiter von 90 °C
DIN VDE 0281-8 (VDE 0281-8)	2000-09	Polyvinylchlorid-isolierte Leitungen mit Nennspannungen bis 450/750 V – Teil 8: Einadrige Leitungen ohne Mantel für Lichterketten
DIN VDE 0281-9 (VDE 0281-9)	2001-01	Polyvinylchlorid-isolierte Leitungen mit Nennspannungen bis 450/750 V – Teil 9: Einadrige Leitungen ohne Mantel zur Verlegung bei tiefen Temperaturen
DIN VDE 0281-10 (VDE 0281-10)	2003-02	Polyvinylchlorid-isolierte Starkstromleitungen mit Nennspannungen bis 450/750 V – Teil 10: Wendelleitungen
DIN VDE 0281-11 (VDE 0281-11)	2003-02	Polyvinylchlorid-isolierte Starkstromleitungen mit Nennspannungen bis 450/750 V – Teil 11: Leitungen für Leuchten
DIN VDE 0281-12 (VDE 0281-12)	2003-02	Polyvinylchlorid-isolierte Starkstromleitungen mit Nennspannungen bis 450/750 V – Teil 12: Wärmebeständige flexible Leitungen
DIN VDE 0281-13 (VDE 0281-13)	2003-02	Polyvinylchlorid-isolierte Starkstromleitungen mit Nennspannungen bis 450/750 V – Teil 13: Ölbeständige PVC-Steuerleitungen mit zwei oder mehr Adern
DIN VDE 0281-14 (VDE 0281-14)	2004-05	Leitungen mit thermoplastischer Isolierhülle für Nennspannungen bis 450/750 V – Teil 14: Flexible Leitungen, Schlauchleitung mit thermoplastischen halogenfreien Werkstoffen
DIN VDE 0282-1 (VDE 0282-1)	2003-09	Starkstromleitungen mit vernetzter Isolierhülle für Nennspannungen bis 450/750 V – Teil 1: Allgemeine Anforderungen
DIN VDE 0282-4 (VDE 0282-4)	2005-02	Starkstromleitungen mit vernetzter Isolierhülle für Nennspannungen bis 450/750 V – Teil 4: Flexible Leitungen

Dokument	Ausgabe	Titel
DIN VDE 0282-8 (VDE 0282-8)	2005-02	Starkstromleitungen mit vernetzter Isolierhülle für Nennspannungen bis 450/750 V – Teil 8: Starkstromleitungen mit einem Mantel aus Polychloropren oder gleichwertigem synthetischen Elastomer für Lichterketten
DIN VDE 0620-1 (VDE 0620-1)	2010-02	Stecker und Steckdosen für den Hausgebrauch und ähnliche Anwendungen – Teil 1: Allgemeine Anforderungen
DIN VDE 0701-0702 (VDE 0701-0702)	2008-06	Prüfung nach Instandsetzung, Änderung elektrischer Geräte – Wiederholungsprüfung elektrischer Geräte – Allgemeine Anforderungen für die elektrische Sicherheit
DIN VDE 0711-217 (VDE 0711-217)	1992-07	Leuchten – Teil 2: Besondere Anforderungen – Hauptabschnitt Siebzehn: Leuchten für Bühnen, Fernseh-, Film- und Photographie-Studios (außen und innen)
DIN VDE 0833-1 (VDE 0833-1)	2009-09	Gefahrenmeldeanlagen für Brand, Einbruch und Überfall – Teil 1: Allgemeine Festlegungen
DIN VDE 0833-2 (VDE 0833-2)	2009-06	Gefahrenmeldeanlagen für Brand, Einbruch und Überfall – Teil 2: Festlegungen für Brandmeldeanlagen
DIN VDE 0833-3 (VDE 0833-3)	2009-09	Gefahrenmeldeanlagen für Brand, Einbruch und Überfall – Teil 3: Festlegungen für Einbruch- und Überfallmeldeanlagen
DIN VDE 0833-4 (VDE 0833-4)	2007-09	Gefahrenmeldeanlagen für Brand, Einbruch und Überfall – Teil 4: Festlegungen für Anlagen zur Sprachalarmierung im Brandfall

ISO

ISO 7001	2007-11	Graphische Symbole zur Information der Öffentlichkeit

Anhang

ANHANG

ARGEBAU
Fachkommission Bauaufsicht

MVStättV
Fassung Juni 2005

Musterverordnung über den Bau und Betrieb von Versammlungsstätten (Muster-Versammlungsstättenverordnung – MVStättV)

Fassung Juni 2005[*]
(zuletzt geändert durch Beschluss der Fachkommission Bauaufsicht vom Februar 2010)

Auf Grund des § 84 Abs. 1 Nr. 1 sowie des § 85 Abs. 1 und Abs. 3 der Musterbauordnung 2002[**] verordnet der für die Bauordnung zuständige Minister:

Inhaltsverzeichnis

**Teil 1
Allgemeine Vorschriften**

§ 1 Anwendungsbereich
§ 2 Begriffe

**Teil 2
Allgemeine Bauvorschriften**

**Abschnitt 1
Bauteile und Baustoffe**

§ 3 Bauteile
§ 4 Dächer
§ 5 Dämmstoffe, Unterdecken, Bekleidungen und Bodenbeläge

**Abschnitt 2
Rettungswege**

§ 6 Führung der Rettungswege
§ 7 Bemessung der Rettungswege
§ 8 Treppen
§ 9 Türen und Tore

**Abschnitt 3
Besucherplätze und Einrichtungen für Besucher**

§ 10 Bestuhlung, Gänge und Stufengänge
§ 11 Abschrankungen und Schutzvorrichtungen
§ 12 Toilettenräume
§ 13 Stellplätze für Behinderte

---

[*] *Die Verpflichtungen aus der Richtlinie 98/34/EG des Europäischen Parlaments und des Rates vom 22. Juni 1998 über ein Informationsverfahren auf dem Gebiet der Normen und technischen Vorschriften (ABl. EG Nr. L 204 S. 37), zuletzt geändert durch die Richtlinie 98/48/EG des Europäischen Parlaments und des Rates vom 20. Juli 1998 (ABl. EG Nr. L 217 S. 18), sind beachtet worden.*

[**] *Die MVStättV 2005 bezieht sich auf die MBO Fassung - November 2002, Anpassung nach Landesrecht*

Abschnitt 4
Technische Anlagen und Einrichtungen, besondere Räume

- § 14 Sicherheitsstromversorgungsanlagen, elektrische Anlagen und Blitzschutzanlagen
- § 15 Sicherheitsbeleuchtung
- § 16 Rauchableitung
- § 17 Heizungsanlagen und Lüftungsanlagen
- § 18 Stände und Arbeitsgalerien für Licht-, Ton-, Bild- und Regieanlagen
- § 19 Feuerlöscheinrichtungen und -anlagen
- § 20 Brandmelde- und Alarmierungsanlagen, Brandmelder- und Alarmzentrale, Brandfallsteuerung der Aufzüge
- § 21 Werkstätten, Magazine und Lagerräume

Teil 3
Besondere Bauvorschriften

Abschnitt 1
Großbühnen

- § 22 Bühnenhaus
- § 23 Schutzvorhang
- § 24 Feuerlösch- und Brandmeldeanlagen
- § 25 Platz für die Brandsicherheitswache

Abschnitt 2
Versammlungsstätten mit mehr als 5 000 Besucherplätzen

- § 26 Räume für Lautsprecherzentrale, Polizei, Feuerwehr, Sanitäts- und Rettungsdienst
- § 27 Abschrankung und Blockbildung in Sportstadien mit mehr als 10 000 Besucherplätzen
- § 28 Wellenbrecher
- § 29 Abschrankung von Stehplätzen vor Szenenflächen
- § 30 Einfriedungen und Eingänge

Teil 4
Betriebsvorschriften

Abschnitt 1
Rettungswege, Besucherplätze

- § 31 Rettungswege, Flächen für die Feuerwehr
- § 32 Besucherplätze nach dem Bestuhlungs- und Rettungswegeplan

Abschnitt 2
Brandverhütung

- § 33 Vorhänge, Sitze, Ausstattungen, Requisiten und Ausschmückungen
- § 34 Aufbewahrung von Ausstattungen, Requisiten, Ausschmückungen und brennbarem Material
- § 35 Rauchen, Verwendung von offenem Feuer und pyrotechnischen Gegenständen

Abschnitt 3
Betrieb technischer Einrichtungen

- § 36 Bedienung und Wartung der technischen Einrichtungen
- § 37 Laseranlagen

Anhang

Abschnitt 4
Verantwortliche Personen, besondere Betriebsvorschriften

§ 38 Pflichten der Betreiber, Veranstalter und Beauftragten
§ 39 Verantwortliche für Veranstaltungstechnik
§ 40 Aufgaben und Pflichten der Verantwortlichen für Veranstaltungstechnik, technische Probe
§ 41 Brandsicherheitswache, Sanitäts- und Rettungsdienst
§ 42 Brandschutzordnung, Feuerwehrpläne
§ 43 Sicherheitskonzept, Ordnungsdienst

Teil 5
Zusätzliche Bauvorlagen

§ 44 Zusätzliche Bauvorlagen, Bestuhlungs- und Rettungswegeplan
§ 45 Gastspielprüfbuch

Teil 6
Bestehende Versammlungsstätten

§ 46 Anwendung der Vorschriften auf bestehende Versammlungsstätten

Teil 7
Schlussvorschriften

§ 47 Ordnungswidrigkeiten
§ 48 In-Kraft-Treten, Außer-Kraft-Treten

Teil 1
Allgemeine Vorschriften

§ 1
Anwendungsbereich

(1) ¹Die Vorschriften dieser Verordnung gelten für den Bau und Betrieb von

1. Versammlungsstätten mit Versammlungsräumen, die einzeln mehr als 200 Besucher fassen. ²Sie gelten auch für Versammlungsstätten mit mehreren Versammlungsräumen, die insgesamt mehr als 200 Besucher fassen, wenn diese Versammlungsräume gemeinsame Rettungswege haben;

2. Versammlungsstätten im Freien mit Szenenflächen, deren Besucherbereich mehr als 1 000 Besucher fasst und ganz oder teilweise aus baulichen Anlagen besteht;

3. Sportstadien, die mehr als 5 000 Besucher fassen.

(2) ¹Die Anzahl der Besucher ist wie folgt zu bemessen:

1. für Sitzplätze an Tischen: ein Besucher je m² Grundfläche des Versammlungsraumes,

2. für Sitzplätze in Reihen und für Stehplätze: zwei Besucher je m² Grundfläche des Versammlungsraumes,

3. für Stehplätze auf Stufenreihen: zwei Besucher je laufendem Meter Stufenreihe,

4. bei Ausstellungsräumen: ein Besucher je m² Grundfläche des Versammlungsraumes.

²Für Besucher nicht zugängliche Flächen werden in die Berechnung nicht einbezogen. ³Für Versammlungsstätten im Freien und für Sportstadien gelten Satz 1 Nr. 1 bis 3 und Satz 2 entsprechend.

(3) Die Vorschriften dieser Verordnung gelten nicht für

1. Räume, die dem Gottesdienst gewidmet sind,

2. Unterrichtsräume in allgemein- und berufsbildenden Schulen,

3. Ausstellungsräume in Museen,

4. Fliegende Bauten.

(4) ¹Soweit in dieser Verordnung nichts Abweichendes geregelt ist, sind auf tragende und aussteifende sowie auf raumabschließende Bauteile die Anforderungen der MBO an diese Bauteile in Gebäuden der Gebäudeklasse 5 anzuwenden. ²Die Erleichterungen des § 30 Abs. 3 Satz 2, § 31 Abs. 4 Nr. 1 und 2, § 36 Abs. 1 Satz 2 Nr. 2, § 39 Abs. 1 Nr. 4, § 40 Abs. 1 Nr. 1 und 3 sowie des § 41 Abs. 5 Nr. 1 und 3 MBO sind nicht anzuwenden.

(5) Bauprodukte, Bauarten und Prüfverfahren, die den in Vorschriften eines anderen Mitgliedstaats der Europäischen Union, der Türkei oder eines Vertragsstaats des Abkommens über den Europäischen Wirtschaftsraum genannten technischen Anforderungen entsprechen, dürfen verwendet werden, wenn das geforderte Schutzniveau in Bezug auf Sicherheit, Gesundheit und Gebrauchstauglichkeit gleichermaßen dauerhaft erreicht und die Verwendbarkeit nachgewiesen wird.

§ 2
Begriffe

(1) Versammlungsstätten sind bauliche Anlagen oder Teile baulicher Anlagen, die für die gleichzeitige Anwesenheit vieler Menschen bei Veranstaltungen, insbesondere erzieherischer, wirtschaftlicher,

geselliger, kultureller, künstlerischer, politischer, sportlicher oder unterhaltender Art, bestimmt sind sowie Schank- und Speisewirtschaften.

(2) Erdgeschossige Versammlungsstätten sind Gebäude mit nur einem Geschoss ohne Ränge oder Emporen, dessen Fußboden an keiner Stelle mehr als 1 m unter der Geländeoberfläche liegt; dabei bleiben Geschosse außer Betracht, die ausschließlich der Unterbringung technischer Anlagen und Einrichtungen dienen.

(3) [1]Versammlungsräume sind Räume für Veranstaltungen oder für den Verzehr von Speisen und Getränken. [2]Hierzu gehören auch Aulen und Foyers, Vortrags- und Hörsäle sowie Studios.

(4) Szenenflächen sind Flächen für künstlerische und andere Darbietungen; für Darbietungen bestimmte Flächen unter 20 m² gelten nicht als Szenenflächen.

(5) In Versammlungsstätten mit einem Bühnenhaus ist

1. das Zuschauerhaus der Gebäudeteil, der die Versammlungsräume und die mit ihnen in baulichem Zusammenhang stehenden Räume umfasst,

2. das Bühnenhaus der Gebäudeteil, der die Bühnen und die mit ihnen in baulichem Zusammenhang stehenden Räume umfasst,

3. die Bühnenöffnung die Öffnung in der Trennwand zwischen der Hauptbühne und dem Versammlungsraum,

4. die Bühne der hinter der Bühnenöffnung liegende Raum mit Szenenflächen; zur Bühne zählen die Hauptbühne sowie die Hinter- und Seitenbühnen einschließlich der jeweils zugehörigen Ober- und Unterbühnen,

5. eine Großbühne eine Bühne

   a) mit einer Szenenfläche hinter der Bühnenöffnung von mehr als 200 m²,

   b) mit einer Oberbühne mit einer lichten Höhe von mehr als 2,5 m über der Bühnenöffnung oder

   c) mit einer Unterbühne,

6. die Unterbühne der begehbare Teil des Bühnenraumes unter dem Bühnenboden, der zur Unterbringung einer Untermaschinerie geeignet ist,

7. die Oberbühne der Teil des Bühnenraumes über der Bühnenöffnung, der zur Unterbringung einer Obermaschinerie geeignet ist.

(6) Mehrzweckhallen sind überdachte Versammlungsstätten für verschiedene Veranstaltungsarten.

(7) Studios sind Produktionsstätten für Film, Fernsehen und Hörfunk und mit Besucherplätzen.

(8) Foyers sind Empfangs- und Pausenräume für Besucher.

(9) [1]Ausstattungen sind Bestandteile von Bühnen- oder Szenenbildern. [2]Hierzu gehören insbesondere Wand-, Fußboden- und Deckenelemente, Bildwände, Treppen und sonstige Bühnenbildteile.

(10) [1]Requisiten sind bewegliche Einrichtungsgegenstände von Bühnen- oder Szenenbildern. [2]Hierzu gehören insbesondere Möbel, Leuchten, Bilder und Geschirr.

(11) [1]Ausschmückungen sind vorübergehend eingebrachte Dekorationsgegenstände. [2]Zu den Ausschmückungen gehören insbesondere Drapierungen, Girlanden, Fahnen und künstlicher Pflanzenschmuck.

(12) Sportstadien sind Versammlungsstätten mit Tribünen für Besucher und mit nicht überdachten Sportflächen.

(13) Tribünen sind bauliche Anlagen mit ansteigenden Steh- oder Sitzplatzreihen (Stufenreihen) für Besucher.

(14) Innenbereich ist die von Tribünen umgebene Fläche für Darbietungen.

**Teil 2
Allgemeine Bauvorschriften**

**Abschnitt 1
Bauteile und Baustoffe**

**§ 3
Bauteile**

(1) [1]Tragende und aussteifende Bauteile, wie Wände, Pfeiler, Stützen und Decken, müssen feuerbeständig, in erdgeschossigen Versammlungsstätten feuerhemmend sein. [2]Satz 1 gilt nicht für erdgeschossige Versammlungsstätten mit automatischen Feuerlöschanlagen.

(2) Außenwände mehrgeschossiger Versammlungsstätten müssen aus nichtbrennbaren Baustoffen bestehen.

(3) [1]Trennwände sind erforderlich zum Abschluss von Versammlungsräumen und Bühnen. [2]Diese Trennwände müssen feuerbeständig, in erdgeschossigen Versammlungsstätten mindestens feuerhemmend sein. [3]In der Trennwand zwischen der Bühne und dem Versammlungsraum ist eine Bühnenöffnung zulässig.

(4) Werkstätten, Magazine und Lagerräume sowie Räume unter Tribünen und Podien müssen feuerbeständige Trennwände und Decken haben.

(5) [1]Der Fußboden von Szenenflächen muss fugendicht sein. [2]Betriebsbedingte Öffnungen sind zulässig. [3]Die Unterkonstruktion, mit Ausnahme der Lagerhölzer, muss aus nichtbrennbaren Baustoffen bestehen. [4]Räume unter dem Fußboden, die nicht zu einer Unterbühne gehören, müssen feuerbeständige Wände und Decken haben.

(6) Die Unterkonstruktion der Fußböden von Tribünen und Podien, die veränderbare Einbauten in Versammlungsräumen sind, muss aus nichtbrennbaren Baustoffen bestehen; dies gilt nicht für Podien mit insgesamt nicht mehr als 20 m² Fläche.

(7) Veränderbare Einbauten sind so auszubilden, dass sie in ihrer Standsicherheit nicht durch dynamische Schwingungen gefährdet werden können.

**§ 4
Dächer**

(1) [1]Tragwerke von Dächern, die den oberen Abschluss von Räumen der Versammlungsstätte bilden oder die von diesen Räumen nicht durch feuerbeständige Bauteile getrennt sind, müssen feuerhemmend sein. [2]Tragwerke von Dächern über Tribünen und Szenenflächen im Freien müssen mindestens feuerhemmend sein oder aus nichtbrennbaren Baustoffen bestehen. [3]Satz 1 gilt nicht für Versammlungsstätten mit automatischen Feuerlöschanlagen.

(2) [1]Bedachungen, ausgenommen Dachhaut und Dampfsperre, müssen bei Dächern, die den oberen Abschluss von Räumen der Versammlungsstätte bilden oder die von diesen Räumen nicht durch feuerbeständige Bauteile getrennt sind, aus nichtbrennbaren Baustoffen hergestellt werden. [2]Dies gilt nicht für Bedachungen über Versammlungsräumen mit nicht mehr als 1 000 m² Grundfläche.

(3) [1]Lichtdurchlässige Bedachungen über Versammlungsräumen müssen aus nichtbrennbaren Baustoffen bestehen. [2]Bei Versammlungsräumen mit automatischen Feuerlöschanlagen genügen schwerentflammbare Baustoffe, die nicht brennend abtropfen können.

§ 5
Dämmstoffe, Unterdecken, Bekleidungen und Bodenbeläge

(1) Dämmstoffe müssen aus nichtbrennbaren Baustoffen bestehen.

(2) ¹Bekleidungen an Wänden in Versammlungsräumen müssen aus mindestens schwerentflammbaren Baustoffen bestehen. ²In Versammlungsräumen mit nicht mehr als 1 000 m² Grundfläche genügen geschlossene nicht hinterlüftete Holzbekleidungen.

(3) ¹Unterdecken und Bekleidungen an Decken in Versammlungsräumen müssen aus nichtbrennbaren Baustoffen bestehen. ²In Versammlungsräumen mit nicht mehr als 1 000 m² Grundfläche genügen Bekleidungen aus mindestens schwerentflammbaren Baustoffen oder geschlossene nicht hinterlüftete Holzbekleidungen.

(4) In Foyers, durch die Rettungswege aus anderen Versammlungsräumen führen, in notwendigen Treppenräumen, Räumen zwischen notwendigen Treppenräumen und Ausgängen ins Freie sowie notwendigen Fluren müssen Unterdecken und Bekleidungen aus nichtbrennbaren Baustoffen bestehen.

(5) Unterdecken und Bekleidungen, die mindestens schwerentflammbar sein müssen, dürfen nicht brennend abtropfen.

(6) ¹Unterkonstruktionen, Halterungen und Befestigungen von Unterdecken und Bekleidungen nach den Absätzen 2 bis 4 müssen aus nichtbrennbaren Baustoffen bestehen; dies gilt nicht für Versammlungsräume mit nicht mehr als 100 m² Grundfläche. ²In den Hohlräumen hinter Unterdecken und Bekleidungen aus brennbaren Baustoffen dürfen Kabel und Leitungen nur in Installationsschächten oder Installationskanälen aus nichtbrennbaren Baustoffen verlegt werden.

(7) ¹In notwendigen Treppenräumen, Räumen zwischen notwendigen Treppenräumen und Ausgängen ins Freie müssen Bodenbeläge nichtbrennbar sein. ²In notwendigen Fluren sowie in Foyers, durch die Rettungswege aus anderen Versammlungsräumen führen, müssen Bodenbeläge mindestens schwerentflammbar sein.

Abschnitt 2
Rettungswege

§ 6
Führung der Rettungswege

(1) ¹Rettungswege müssen ins Freie zu öffentlichen Verkehrsflächen führen. ²Zu den Rettungswegen von Versammlungsstätten gehören insbesondere die frei zu haltenden Gänge und Stufengänge, die Ausgänge aus Versammlungsräumen, die notwendigen Flure und notwendigen Treppen, die Ausgänge ins Freie, die als Rettungsweg dienenden Balkone, Dachterrassen und Außentreppen sowie die Rettungswege im Freien auf dem Grundstück.

(2) ¹Versammlungsstätten müssen in jedem Geschoss mit Aufenthaltsräumen mindestens zwei voneinander unabhängige bauliche Rettungswege haben; dies gilt für Tribünen entsprechend. ²Die Führung beider Rettungswege innerhalb eines Geschosses durch einen gemeinsamen notwendigen Flur ist zulässig. ³Rettungswege dürfen über Balkone, Dachterrassen und Außentreppen auf das Grundstück führen, wenn sie im Brandfall sicher begehbar sind.

(3) Rettungswege dürfen über Gänge und Treppen durch Foyers oder Hallen zu Ausgängen ins Freie geführt werden, soweit mindestens ein weiterer von dem Foyer oder der Halle unabhängiger baulicher Rettungsweg vorhanden ist.

(4) Versammlungsstätten müssen für Geschosse mit jeweils mehr als 800 Besucherplätzen nur diesen Geschossen zugeordnete Rettungswege haben.

(5) Versammlungsräume und sonstige Aufenthaltsräume mit mehr als 100 m² Grundfläche müssen jeweils mindestens zwei möglichst weit auseinander und entgegengesetzt liegende Ausgänge ins Freie oder zu Rettungswegen haben.

(6) Ausgänge und Rettungswege müssen durch Sicherheitszeichen dauerhaft und gut sichtbar gekennzeichnet sein.

§ 7
Bemessung der Rettungswege

(1) [1]Die Entfernung von jedem Besucherplatz bis zum nächsten Ausgang aus dem Versammlungsraum oder von der Tribüne darf nicht länger als 30 m sein. [2]Bei mehr als 5 m lichter Höhe ist je 2,5 m zusätzlicher lichter Höhe über der zu entrauchenden Ebene für diesen Bereich eine Verlängerung der Entfernung um 5 m zulässig. [3]Die Entfernung von 60 m bis zum nächsten Ausgang darf nicht überschritten werden.

(2) [1]Die Entfernung von jeder Stelle einer Bühne bis zum nächsten Ausgang darf nicht länger als 30 m sein. [2]Gänge zwischen den Wänden der Bühne und dem Rundhorizont oder den Dekorationen müssen eine lichte Breite von 1,20 m haben; in Großbühnen müssen diese Gänge vorhanden sein.

(3) Die Entfernung von jeder Stelle eines notwendigen Flures oder eines Foyers bis zum Ausgang ins Freie oder zu einem notwendigen Treppenraum darf nicht länger als 30 m sein.

(4) [1]Die Breite der Rettungswege ist nach der größtmöglichen Personenzahl zu bemessen. [2]Die lichte Breite eines jeden Teiles von Rettungswegen muss mindestens 1,20 m betragen. [3]Die lichte Breite eines jeden Teiles von Rettungswegen muss für die darauf angewiesenen Personen mindestens betragen bei

1. Versammlungsstätten im Freien sowie Sportstadien   1,20 m je 600 Personen,

2. anderen Versammlungsstätten   1,20 m je 200 Personen.

[4]Staffelungen sind nur in Schritten von 0,60 m zulässig. [5]Bei Rettungswegen von Versammlungsräumen mit nicht mehr als 200 Besucherplätzen und bei Rettungswegen im Bühnenhaus genügt eine lichte Breite von 0,90 m. [6]Für Rettungswege von Arbeitsgalerien genügt eine Breite von 0,80 m. [7]§ 50 Abs. 3 MBO bleibt unberührt.

(5) [1]Ausstellungshallen müssen durch Gänge so unterteilt sein, dass die Tiefe der zur Aufstellung von Ausstellungsständen bestimmten Grundflächen (Ausstellungsflächen) nicht mehr als 30 m beträgt. [2]Die Entfernung von jeder Stelle auf einer Ausstellungsfläche bis zu einem Gang darf nicht mehr als 20 m betragen; sie wird auf die nach Absatz 1 bemessene Entfernung nicht angerechnet. [3]Die Gänge müssen auf möglichst geradem Weg zu entgegengesetzt liegenden Ausgängen führen. [4]Die lichte Breite der Gänge und der zugehörigen Ausgänge muss mindestens 3 m betragen.

(6) Die Entfernungen werden in der Lauflinie gemessen.

§ 8
Treppen

(1) Die Führung der jeweils anderen Geschossen zugeordneten notwendigen Treppen in einem gemeinsamen notwendigen Treppenraum (Schachteltreppen) ist zulässig.

(2) [1]Notwendige Treppen müssen feuerbeständig sein. [2]Für notwendige Treppen in notwendigen Treppenräumen oder als Außentreppen genügen nichtbrennbare Baustoffe. [3]Für notwendige Treppen von Tribünen und Podien als veränderbare Einbauten genügen Bauteile aus nichtbrennbaren Baustoffen und Stufen aus Holz. [4]Die Sätze 1 bis 3 gelten nicht für notwendige Treppen von Ausstellungsständen.

(3) Die lichte Breite notwendiger Treppen darf nicht mehr als 2,40 m betragen.

(4) [1]Notwendige Treppen und dem allgemeinen Besucherverkehr dienende Treppen müssen auf beiden Seiten feste und griffsichere Handläufe ohne freie Enden haben. [2]Die Handläufe sind über Treppenabsätze fortzuführen.

(5) Notwendige Treppen und dem allgemeinen Besucherverkehr dienende Treppen müssen geschlossene Trittstufen haben; dies gilt nicht für Außentreppen.

(6) Wendeltreppen sind als notwendige Treppen für Besucher unzulässig.

§ 9
Türen und Tore

(1) Türen und Tore in raumabschließenden Innenwänden, die feuerbeständig sein müssen, sowie in inneren Brandwänden, müssen mindestens feuerhemmend, rauchdicht und selbstschließend sein.

(2) Türen und Tore in raumabschließenden Innenwänden, die feuerhemmend sein müssen, müssen mindestens rauchdicht und selbstschließend sein.

(3) [1]Türen in Rettungswegen müssen in Fluchtrichtung aufschlagen und dürfen keine Schwellen haben. [2]Während des Aufenthaltes von Personen in der Versammlungsstätte, müssen die Türen der jeweiligen Rettungswege jederzeit von innen leicht und in voller Breite geöffnet werden können.

(4) [1]Schiebetüren sind im Zuge von Rettungswegen unzulässig, dies gilt nicht für automatische Schiebetüren, die die Rettungswege nicht beeinträchtigen. [2]Pendeltüren müssen in Rettungswegen Vorrichtungen haben, die ein Durchpendeln der Türen verhindern.

(5) Türen, die selbstschließend sein müssen, dürfen offengehalten werden, wenn sie Einrichtungen haben, die bei Raucheinwirkung ein selbsttätiges Schließen der Türen bewirken; sie müssen auch von Hand geschlossen werden können.

(6) Mechanische Vorrichtungen zur Vereinzelung oder Zählung von Besuchern, wie Drehtüren oder -kreuze, sind in Rettungswegen unzulässig; dies gilt nicht für mechanische Vorrichtungen, die im Gefahrenfall von innen leicht und in voller Breite geöffnet werden können.

Abschnitt 3
Besucherplätze und Einrichtungen für Besucher

§ 10
Bestuhlung, Gänge und Stufengänge

(1) [1]In Reihen angeordnete Sitzplätze müssen unverrückbar befestigt sein; werden nur vorübergehend Stühle aufgestellt, so sind sie in den einzelnen Reihen fest miteinander zu verbinden. [2]Satz 1 gilt nicht für Gaststätten und Kantinen sowie für abgegrenzte Bereiche von Versammlungsräumen mit nicht mehr als 20 Sitzplätzen und ohne Stufen, wie Logen.

(2) Die Sitzplatzbereiche der Tribünen von Versammlungsstätten mit mehr als 5 000 Besucherplätzen müssen unverrückbar befestigte Einzelsitze haben.

(3) [1]Sitzplätze müssen mindestens 0,50 m breit sein. [2]Zwischen den Sitzplatzreihen muss eine lichte Durchgangsbreite von mindestens 0,40 m vorhanden sein.

(4) [1]Sitzplätze müssen in Blöcken von höchstens 30 Sitzplatzreihen angeordnet sein. [2]Hinter und zwischen den Blöcken müssen Gänge mit einer Mindestbreite von 1,20 m vorhanden sein. [3]Die Gänge müssen auf möglichst kurzem Weg zum Ausgang führen.

(5) [1]Seitlich eines Ganges dürfen höchstens zehn Sitzplätze, bei Versammlungsstätten im Freien und Sportstadien höchstens 20 Sitzplätze angeordnet sein. [2]Zwischen zwei Seitengängen dürfen 20 Sitzplätze, bei Versammlungsstätten im Freien und Sportstadien höchstens 40 Sitzplätze angeordnet sein. [3]In Versammlungsräumen dürfen zwischen zwei Seitengängen höchstens 50 Sitzplätze ange-

ordnet sein, wenn auf jeder Seite des Versammlungsraumes für jeweils vier Sitzreihen eine Tür mit einer lichten Breite von 1,20 m angeordnet ist.

(6) [1]Von jedem Tischplatz darf der Weg zu einem Gang nicht länger als 10 m sein. [2]Der Abstand von Tisch zu Tisch soll 1,50 m nicht unterschreiten.

(7) [1]In Versammlungsräumen müssen für Rollstuhlbenutzer mindestens 1 Prozent der Besucherplätze, mindestens jedoch zwei Plätze auf ebenen Standflächen vorhanden sein. [2]Den Plätzen für Rollstuhlbenutzer sind Besucherplätze für Begleitpersonen zuzuordnen. [3]Die Plätze für Rollstuhlbenutzer und die Wege zu ihnen sind durch Hinweisschilder gut sichtbar zu kennzeichnen.

(8) [1]Stufen in Gängen (Stufengänge) müssen eine Steigung von mindestens 0,10 m und höchstens 0,19 m und einen Auftritt von mindestens 0,26 m haben. [2]Der Fußboden des Durchganges zwischen Sitzplatzreihen und der Fußboden von Stehplatzreihen muss mit dem anschließenden Auftritt des Stufenganges auf einer Höhe liegen. [3]Stufengänge in Mehrzweckhallen mit mehr als 5 000 Besucherplätzen und in Sportstadien müssen sich durch farbliche Kennzeichnung von den umgebenden Flächen deutlich abheben.

§ 11
Abschrankungen und Schutzvorrichtungen

(1) [1]Flächen, die im Allgemeinen zum Begehen bestimmt sind und unmittelbar an tiefer liegende Flächen angrenzen, sind mit Abschrankungen zu umwehren, soweit sie nicht durch Stufengänge oder Rampen mit der tiefer liegenden Fläche verbunden sind. [2]Satz 1 ist nicht anzuwenden:

1. für die den Besuchern zugewandten Seiten von Bühnen und Szenenflächen,

2. vor Stufenreihen, wenn die Stufenreihe nicht mehr als 0,50 m über dem Fußboden der davor liegenden Stufenreihe oder des Versammlungsraumes liegt oder

3. vor Stufenreihen, wenn die Rückenlehnen der Sitzplätze der davor liegenden Stufenreihe den Fußboden der hinteren Stufenreihe um mindestens 0,65 m überragen.

(2) [1]Abschrankungen, wie Umwehrungen, Geländer, Wellenbrecher, Zäune, Absperrgitter oder Glaswände, müssen mindestens 1,10 m hoch sein. [2]Umwehrungen und Geländer von Flächen, auf denen mit der Anwesenheit von Kleinkindern zu rechnen ist, sind so zu gestalten, dass ein Überklettern erschwert wird; der Abstand von Umwehrungs- und Geländerteilen darf in einer Richtung nicht mehr als 0,12 m betragen.

(3) [1]Vor Sitzplatzreihen genügen Umwehrungen von 0,90 m Höhe; bei mindestens 0,20 m Brüstungsbreite der Umwehrung genügen 0,80 m; bei mindestens 0,50 m Brüstungsbreite genügen 0,70 m. [2]Liegt die Stufenreihe nicht mehr als 1 m über dem Fußboden der davor liegenden Stufenreihe oder des Versammlungsraumes, genügen vor Sitzplatzreihen 0,65 m.

(4) Abschrankungen in den für Besucher zugänglichen Bereichen müssen so bemessen sein, dass sie dem Druck einer Personengruppe standhalten.

(5) Die Fußböden und Stufen von Tribünen, Podien, Bühnen oder Szenenflächen dürfen keine Öffnungen haben, durch die Personen abstürzen können.

(6) [1]Spielfelder, Manegen, Fahrbahnen für den Rennsport und Reitbahnen müssen durch Abschrankungen, Netze oder andere Vorrichtungen so gesichert sein, dass Besucher durch die Darbietung oder den Betrieb des Spielfeldes, der Manege oder der Bahn nicht gefährdet werden. [2]Für Darbietungen und für den Betrieb technischer Einrichtungen im Luftraum über den Besucherplätzen gilt Satz 1 entsprechend.

(7) Werden Besucherplätze im Innenbereich von Fahrbahnen angeordnet, so muss der Innenbereich ohne Betreten der Fahrbahnen erreicht werden können.

§ 12
Toilettenräume

(1) ¹Versammlungsstätten müssen getrennte Toilettenräume für Damen und Herren haben. ²Toiletten sollen in jedem Geschoss angeordnet werden. ³Es sollen mindestens vorhanden sein:

Besucherplätze	Damentoiletten Toilettenbecken	Herrentoiletten Toilettenbecken	Urinalbecken
bis 1 000 je 100	1,2	0,8	1,2
über 1 000 je weitere 100	0,8	0,4	0,6
über 20 000 je weitere 100	0,4	0,3	0,6

⁴Die ermittelten Zahlen sind auf ganze Zahlen aufzurunden. ⁵Soweit die Aufteilung der Toilettenräume nach Satz 2 nach der Art der Veranstaltung nicht zweckmäßig ist, kann für die Dauer der Veranstaltung eine andere Aufteilung erfolgen, wenn die Toilettenräume entsprechend gekennzeichnet werden. ⁶Auf dem Gelände der Versammlungsstätte oder in der Nähe vorhandene Toiletten können angerechnet werden, wenn sie für die Besucher der Versammlungsstätte zugänglich sind.

(2) Für Rollstuhlbenutzer muss eine ausreichende Zahl geeigneter, stufenlos erreichbarer Toiletten, mindestens jedoch je zehn Plätzen für Rollstuhlbenutzer eine Toilette, vorhanden sein.

(3) Jeder Toilettenraum muss einen Vorraum mit Waschbecken haben.

§ 13
Stellplätze für Behinderte

¹Die Zahl der notwendigen Stellplätze für die Kraftfahrzeuge behinderter Personen muss mindestens der Hälfte der Zahl der nach § 10 Abs. 7 erforderlichen Besucherplätze entsprechen. ²Auf diese Stellplätze ist dauerhaft und leicht erkennbar hinzuweisen.

Abschnitt 4
Technische Anlagen und Einrichtungen, besondere Räume

§ 14
Sicherheitsstromversorgungsanlagen, elektrische Anlagen und Blitzschutzanlagen

(1) Versammlungsstätten müssen eine Sicherheitsstromversorgungsanlage haben, die bei Ausfall der Stromversorgung den Betrieb der sicherheitstechnischen Anlagen und Einrichtungen übernimmt, insbesondere der

1. Sicherheitsbeleuchtung,
2. automatischen Feuerlöschanlagen und Druckerhöhungsanlagen für die Löschwasserversorgung,
3. Rauchabzugsanlagen,
4. Brandmeldeanlagen,
5. Alarmierungsanlagen.

(2) In Versammlungsstätten für verschiedene Veranstaltungsarten, wie Mehrzweckhallen, Theater und Studios, sind für die vorübergehende Verlegung beweglicher Kabel und Leitungen bauliche Vorkehrungen, wie Installationsschächte und -kanäle oder Abschottungen, zu treffen, die die Ausbreitung von Feuer und Rauch verhindern und die sichere Begehbarkeit, insbesondere der Rettungswege, gewährleisten.

(3) Elektrische Schaltanlagen dürfen für Besucher nicht zugänglich sein.

(4) Versammlungsstätten müssen Blitzschutzanlagen haben, die auch die sicherheitstechnischen Einrichtungen schützen (äußerer und innerer Blitzschutz).

§ 15
Sicherheitsbeleuchtung

(1) In Versammlungsstätten muss eine Sicherheitsbeleuchtung vorhanden sein, die so beschaffen ist, dass Arbeitsvorgänge auf Bühnen und Szenenflächen sicher abgeschlossen werden können und sich Besucher, Mitwirkende und Betriebsangehörige auch bei vollständigem Versagen der allgemeinen Beleuchtung bis zu öffentlichen Verkehrsflächen hin gut zurechtfinden können.

(2) Eine Sicherheitsbeleuchtung muss vorhanden sein

1. in notwendigen Treppenräumen, in Räumen zwischen notwendigen Treppenräumen und Ausgängen ins Freie und in notwendigen Fluren,

2. in Versammlungsräumen sowie in allen übrigen Räumen für Besucher (z. B. Foyers, Garderoben, Toiletten),

3. für Bühnen und Szenenflächen,

4. in den Räumen für Mitwirkende und Beschäftigte mit mehr als 20 m² Grundfläche, ausgenommen Büroräume,

5. in elektrischen Betriebsräumen, in Räumen für haustechnische Anlagen sowie in Scheinwerfer- und Bildwerferräumen,

6. in Versammlungsstätten im Freien und Sportstadien, die während der Dunkelheit benutzt werden,

7. für Sicherheitszeichen von Ausgängen und Rettungswegen,

8. für Stufenbeleuchtungen.

(3) [1]In betriebsmäßig verdunkelten Versammlungsräumen, auf Bühnen und Szenenflächen muss eine Sicherheitsbeleuchtung in Bereitschaftsschaltung vorhanden sein. [2]Die Ausgänge, Gänge und Stufen im Versammlungsraum müssen auch bei Verdunklung unabhängig von der übrigen Sicherheitsbeleuchtung erkennbar sein. [3]Bei Gängen in Versammlungsräumen mit auswechselbarer Bestuhlung sowie bei Sportstadien mit Sicherheitsbeleuchtung ist eine Stufenbeleuchtung nicht erforderlich.

§ 16
Rauchableitung

(1) Versammlungsräume und sonstige Aufenthaltsräume mit mehr als 200 m² Grundfläche , Versammlungsräume in Kellergeschossen, Bühnen sowie notwendige Treppenräume müssen entraucht werden können.

(2) Für die Entrauchung von Versammlungsräumen und sonstigen Aufenthaltsräumen mit nicht mehr als 1 000 m² Grundfläche genügen Rauchableitungsöffnungen mit einer freien Öffnungsfläche von insgesamt 1 Prozent der Grundfläche, Fenster oder Türen mit einer freien Öffnungsfläche von insgesamt 2 Prozent der Grundfläche oder maschinelle Rauchabzugsanlagen mit einem Luftvolumenstrom von 36 m³/h je Quadratmeter Grundfläche.

(3) Für die Entrauchung von Versammlungsräumen und sonstigen Aufenthaltsräumen mit mehr als 1 000 m² Grundfläche sowie von Bühnen müssen Rauchabzugsanlagen vorhanden sein, die so bemessen sind, dass sie eine raucharme Schicht von mindestens 2,50 m auf allen zu entrauchenden Ebenen, bei Bühnen jedoch mindestens eine raucharme Schicht von der Höhe der Bühnenöffnung, ermöglichen.

(4) Notwendige Treppenräume müssen Rauchableitungsöffnungen mit einer freien Öffnungsfläche von mindestens 1 m² haben.

(5) ¹Rauchableitungsöffnungen sollen an der höchsten Stelle des Raumes liegen und müssen unmittelbar ins Freie führen. ²Die Rauchableitung über Schächte mit strömungstechnisch äquivalenten Querschnitten ist zulässig, wenn die Wände der Schächte die Anforderungen nach § 3 Abs. 3 erfüllen. ³Die Austrittsöffnungen müssen mindestens 0,25 m über der Dachfläche liegen. ⁴Fenster und Türen, die auch der Rauchableitung dienen, müssen im oberen Drittel der Außenwand der zu entrauchenden Ebene angeordnet werden.

(6) Die Abschlüsse der Rauchableitungsöffnungen von Bühnen mit Schutzvorhang müssen bei einem Überdruck von 350 Pa selbsttätig öffnen; eine automatische Auslösung durch geeignete Temperaturmelder ist zulässig.

(7) ¹Maschinelle Rauchabzugsanlagen sind für eine Betriebszeit von 30 Minuten bei einer Rauchgastemperatur von 300 °C auszulegen. ²Maschinelle Lüftungsanlagen können als maschinelle Rauchabzugsanlagen betrieben werden, wenn sie die an diese gestellten Anforderungen erfüllen.

(8) ¹Die Vorrichtungen zum Öffnen oder Einschalten der Rauchabzugsanlagen, der Abschlüsse der Rauchableitungsöffnungen und zum Öffnen der nach Absatz 5 angerechneten Fenster müssen von einer jederzeit zugänglichen Stelle im Raum aus leicht bedient werden können. ²Bei notwendigen Treppenräumen muss die Vorrichtung zum Öffnen von jedem Geschoss aus leicht bedient werden können.

(9) ¹Jede Bedienungsstelle muss mit einem Hinweisschild mit der Bezeichnung „RAUCHABZUG" und der Bezeichnung des jeweiligen Raumes gekennzeichnet sein. ²An der Bedienungsvorrichtung muss die Betriebsstellung der Anlage oder Öffnung erkennbar sein.

§ 17
Heizungsanlagen und Lüftungsanlagen

(1) ¹Heizungsanlagen in Versammlungsstätten müssen dauerhaft fest eingebaut sein. ²Sie müssen so angeordnet sein, dass ausreichende Abstände zu Personen, brennbaren Bauprodukten und brennbarem Material eingehalten werden und keine Beeinträchtigung durch Abgase entstehen.

(2) Versammlungsräume und sonstige Aufenthaltsräume mit mehr als 200 m² Grundfläche müssen Lüftungsanlagen haben.

§ 18
Stände und Arbeitsgalerien für Licht-, Ton-, Bild- und Regieanlagen

(1) ¹Stände und Arbeitsgalerien für den Betrieb von Licht-, Ton-, Bild- und Regieanlagen, wie Schnürböden, Beleuchtungstürme oder Arbeitsbrücken, müssen aus nichtbrennbaren Baustoffen bestehen. ²Der Abstand zwischen Arbeitsgalerien und Raumdecken muss mindestens 2 m betragen.

(2) ¹Von Arbeitsgalerien müssen mindestens zwei Rettungswege erreichbar sein. ²Jede Arbeitsgalerie einer Hauptbühne muss auf beiden Seiten der Hauptbühne einen Ausgang zu Rettungswegen außerhalb des Bühnenraumes haben.

(3) Öffnungen in Arbeitsgalerien müssen so gesichert sein, dass Personen oder Gegenstände nicht herabfallen können.

§ 19
Feuerlöscheinrichtungen und -anlagen

(1) ¹Versammlungsräume, Bühnen, Foyers, Werkstätten, Magazine, Lagerräume und notwendige Flure sind mit geeigneten Feuerlöschern in ausreichender Zahl auszustatten. ²Die Feuerlöscher sind gut sichtbar und leicht zugänglich anzubringen.

(2) In Versammlungsstätten mit Versammlungsräumen von insgesamt mehr als 1 000 m² Grundfläche müssen Wandhydranten in ausreichender Zahl gut sichtbar und leicht zugänglich an geeigneten Stellen angebracht sein.

(3) Versammlungsstätten mit Versammlungsräumen von insgesamt mehr als 3 600 m² Grundfläche müssen eine automatische Feuerlöschanlage haben; dies gilt nicht für Versammlungsstätten, deren Versammlungsräume jeweils nicht mehr als 400 m² Grundfläche haben.

(4) Foyers oder Hallen, durch die Rettungswege aus anderen Versammlungsräumen führen, müssen eine automatische Feuerlöschanlage haben.

(5) Versammlungsräume, bei denen eine Fußbodenebene höher als 22 m über der Geländeoberfläche liegt, sind nur in Gebäuden mit automatischer Feuerlöschanlage zulässig.

(6) [1]Versammlungsräume in Kellergeschossen müssen eine automatische Feuerlöschanlage haben. [2]Dies gilt nicht für Versammlungsräume mit nicht mehr als 200 m², deren Fußboden an keiner Stelle mehr als 5 m unter der Geländeoberfläche liegt.

(7) In Versammlungsräumen müssen offene Küchen oder ähnliche Einrichtungen mit einer Grundfläche von mehr als 30 m² eine dafür geeignete automatische Feuerlöschanlage haben.

(8) Die Wirkung automatischer Feuerlöschanlagen darf durch überdeckte oder mehrgeschossige Ausstellungs- oder Dienstleistungsstände nicht beeinträchtigt werden.

(9) Automatische Feuerlöschanlagen müssen an eine Brandmelderzentrale angeschlossen sein.

§ 20
Brandmelde- und Alarmierungsanlagen, Brandmelder- und Alarmzentrale, Brandfallsteuerung der Aufzüge

(1) Versammlungsstätten mit Versammlungsräumen von insgesamt mehr als 1 000 m² Grundfläche müssen Brandmeldeanlagen mit automatischen und nichtautomatischen Brandmeldern haben.

(2) Versammlungsstätten mit Versammlungsräumen von insgesamt mehr als 1 000 m² Grundfläche müssen Alarmierungs- und Lautsprecheranlagen haben, mit denen im Gefahrenfall Besucher, Mitwirkende und Betriebsangehörige alarmiert und Anweisungen erteilt werden können.

(3) In Versammlungsstätten mit Versammlungsräumen von insgesamt mehr als 1 000 m² Grundfläche müssen zusätzlich zu den örtlichen Bedienungsvorrichtungen zentrale Bedienungsvorrichtungen für Rauchabzugs-, Feuerlösch-, Brandmelde-, Alarmierungs- und Lautsprecheranlagen in einem für die Feuerwehr leicht zugänglichen Raum (Brandmelder- und Alarmzentrale) zusammengefasst werden.

(4) [1]In Versammlungsstätten mit Versammlungsräumen von insgesamt mehr als 1 000 m² Grundfläche müssen die Aufzüge mit einer Brandfallsteuerung ausgestattet sein, die durch die automatische Brandmeldeanlage ausgelöst wird. [2]Die Brandfallsteuerung muss sicherstellen, dass die Aufzüge ein Geschoss mit Ausgang ins Freie oder das diesem nächstgelegene, nicht von der Brandmeldung betroffene Geschoss unmittelbar anfahren und dort mit geöffneten Türen außer Betrieb gehen.

(5) [1]Automatische Brandmeldeanlagen müssen durch technische Maßnahmen gegen Falschalarme gesichert sein. [2]Brandmeldungen müssen von der Brandmelderzentrale unmittelbar und automatisch zur Leitstelle der Feuerwehr weitergeleitet werden.

§ 21
Werkstätten, Magazine und Lagerräume

(1) Für feuergefährliche Arbeiten, wie Schweiß-, Löt- oder Klebearbeiten, müssen dafür geeignete Werkstätten vorhanden sein.

(2) Für das Aufbewahren von Dekorationen, Requisiten und anderem brennbaren Material müssen eigene Lagerräume (Magazine) vorhanden sein.

(3) Für die Sammlung von Abfällen und Wertstoffen müssen dafür geeignete Behälter im Freien oder besondere Lagerräume vorhanden sein.

(4) Werkstätten, Magazine und Lagerräume dürfen mit notwendigen Treppenräumen nicht in unmittelbarer Verbindung stehen.

Teil 3
Besondere Bauvorschriften

Abschnitt 1
Großbühnen

§ 22
Bühnenhaus

(1) In Versammlungsstätten mit Großbühnen sind alle für den Bühnenbetrieb notwendigen Räume und Einrichtungen in einem eigenen, von dem Zuschauerhaus getrennten Bühnenhaus unterzubringen.

(2) [1]Die Trennwand zwischen Bühnen- und Zuschauerhaus muss feuerbeständig und in der Bauart einer Brandwand hergestellt sein. [2]Türen in dieser Trennwand müssen feuerbeständig und selbstschließend sein.

§ 23
Schutzvorhang

(1) [1]Die Bühnenöffnung von Großbühnen muss gegen den Versammlungsraum durch einen Vorhang aus nichtbrennbarem Material dicht geschlossen werden können (Schutzvorhang). [2]Der Schutzvorhang muss durch sein Eigengewicht schließen können. [3]Die Schließzeit darf 30 Sekunden nicht überschreiten. [4]Der Schutzvorhang muss einem Druck von 450 Pa nach beiden Richtungen standhalten. [5]Eine höchstens 1 m breite, zur Hauptbühne sich öffnende, selbsttätig schließende Tür im Schutzvorhang ist zulässig.

(2) [1]Der Schutzvorhang muss so angeordnet sein, dass er im geschlossenen Zustand an allen Seiten an feuerbeständige Bauteile anschließt. [2]Der Bühnenboden darf unter dem Schutzvorhang durchgeführt werden. [3]Das untere Profil dieses Schutzvorhangs muss ausreichend steif sein oder mit Stahldornen in entsprechende stahlbewehrte Aussparungen im Bühnenboden eingreifen.

(3) [1]Die Vorrichtung zum Schließen des Schutzvorhangs muss mindestens an zwei Stellen von Hand ausgelöst werden können. [2]Beim Schließen muss auf der Bühne ein Warnsignal zu hören sein.

§ 24
Feuerlösch- und Brandmeldeanlagen

(1) Großbühnen müssen eine automatische Sprühwasserlöschanlage haben, die auch den Schutzvorhang beaufschlagt.

(2) Die Sprühwasserlöschanlage muss zusätzlich mindestens von zwei Stellen aus von Hand in Betrieb gesetzt werden können.

(3) In Großbühnen müssen neben den Ausgängen zu den Rettungswegen in Höhe der Arbeitsgalerien und des Schnürbodens Wandhydranten vorhanden sein.

(4) Großbühnen und Räume mit besonderen Brandgefahren müssen eine Brandmeldeanlage mit automatischen und nichtautomatischen Brandmeldern haben.

(5) Die Auslösung eines Alarmes muss optisch und akustisch am Platz der Brandsicherheitswache erkennbar sein.

§ 25
Platz für die Brandsicherheitswache

(1) ¹Auf jeder Seite der Bühnenöffnung muss für die Brandsicherheitswache ein besonderer Platz mit einer Grundfläche von mindestens 1 m mal 1 m und einer Höhe von mindestens 2,20 m vorhanden sein. ²Die Brandsicherheitswache muss die Fläche, die bespielt wird, überblicken und betreten können.

(2) ¹Am Platz der Brandsicherheitswache müssen die Vorrichtung zum Schließen des Schutzvorhangs und die Auslösevorrichtungen der Rauchabzugs- und Sprühwasserlöschanlagen der Bühne sowie ein nichtautomatischer Brandmelder leicht erreichbar angebracht und durch Hinweisschilder gekennzeichnet sein. ²Die Auslösevorrichtungen müssen beleuchtet sein. ³Diese Beleuchtung muss an die Sicherheitsstromversorgung angeschlossen sein. ⁴Die Vorrichtungen sind gegen unbeabsichtigtes Auslösen zu sichern.

Abschnitt 2
Versammlungsstätten mit mehr als 5 000 Besucherplätzen

§ 26
Räume für Lautsprecherzentrale, Polizei, Feuerwehr, Sanitäts- und Rettungsdienst

(1) ¹Mehrzweckhallen und Sportstadien müssen einen Raum für eine Lautsprecherzentrale haben, von dem aus die Besucherbereiche und der Innenbereich überblickt und Polizei, Feuerwehr und Rettungsdienste benachrichtigt werden können. ²Die Lautsprecheranlage muss eine Vorrangschaltung für die Einsatzleitung der Polizei haben.

(2) ¹In Mehrzweckhallen und Sportstadien sind ausreichend große Räume für die Polizei und die Feuerwehr anzuordnen. ²Der Raum für die Einsatzleitung der Polizei muss eine räumliche Verbindung mit der Lautsprecherzentrale haben und mit Anschlüssen für eine Videoanlage zur Überwachung der Besucherbereiche ausgestattet sein.

(3) Wird die Funkkommunikation der Einsatzkräfte von Polizei und Feuerwehr innerhalb der Versammlungsstätte durch die bauliche Anlage gestört, ist die Versammlungsstätte mit technischen Anlagen zur Unterstützung des Funkverkehrs auszustatten.

(4) In Mehrzweckhallen und Sportstadien muss mindestens ein ausreichend großer Raum für den Sanitäts- und Rettungsdienst vorhanden sein.

§ 27
Abschrankung und Blockbildung in Sportstadien mit mehr als 10 000 Besucherplätzen

(1) ¹Die Besucherplätze müssen vom Innenbereich durch mindestens 2,20 m hohe Abschrankungen abgetrennt sein. ²In diesen Abschrankungen sind den Stufengängen zugeordnete, mindestens 1,80 m breite Tore anzuordnen, die sich im Gefahrenfall leicht zum Innenbereich hin öffnen lassen. ³Die Tore dürfen nur vom Innenbereich oder von zentralen Stellen aus zu öffnen sein und müssen in geöffnetem Zustand durch selbsteinrastende Feststeller gesichert werden. ⁴Der Übergang in den Innenbereich muss niveaugleich sein.

(2) Stehplätze müssen in Blöcken für höchstens 2 500 Besucher angeordnet werden, die durch mindestens 2,20 m hohe Abschrankungen mit eigenen Zugängen abgetrennt sind.

(3) Die Anforderungen nach den Absätzen 1 oder 2 gelten nicht, soweit in dem mit den für öffentliche Sicherheit oder Ordnung zuständigen Behörden, insbesondere der Polizei, der Feuerwehr und der Rettungsdienste, abgestimmten Sicherheitskonzept nachgewiesen wird, dass abweichende Abschrankungen oder Blockbildungen unbedenklich sind.

§ 28
Wellenbrecher

[1]Werden mehr als fünf Stufen von Stehplatzreihen hintereinander angeordnet, so ist vor der vordersten Stufe eine durchgehende Schranke von 1,10 m Höhe anzuordnen. [2]Nach jeweils fünf weiteren Stufen sind Schranken gleicher Höhe (Wellenbrecher) anzubringen, die einzeln mindestens 3 m und höchstens 5,50 m lang sind. [3]Die seitlichen Abstände zwischen den Wellenbrechern dürfen nicht mehr als 5 m betragen. [4]Die Abstände sind nach höchstens fünf Stehplatzreihen durch versetzt angeordnete Wellenbrecher zu überdecken, die auf beiden Seiten mindestens 0,25 m länger sein müssen als die seitlichen Abstände zwischen den Wellenbrechern. [5]Die Wellenbrecher sind im Bereich der Stufenvorderkante anzuordnen.

§ 29
Abschrankung von Stehplätzen vor Szenenflächen

(1) Werden vor Szenenflächen Stehplätze für Besucher angeordnet, so sind die Besucherplätze von der Szenenfläche durch eine Abschrankung so abzutrennen, dass zwischen der Szenenfläche und der Abschrankung ein Gang von mindestens 2 m Breite für den Ordnungsdienst und Rettungskräfte vorhanden ist.

(2) [1]Werden vor Szenenflächen mehr als 5 000 Stehplätze für Besucher angeordnet, so sind durch mindestens zwei weitere Abschrankungen vor der Szenenfläche nur von den Seiten zugängliche Stehplatzbereiche zu bilden. [2]Die Abschrankungen müssen voneinander an den Seiten einen Abstand von jeweils mindestens 5 m und über die Breite der Szenenfläche einen Abstand von mindestens 10 m haben.

§ 30
Einfriedungen und Eingänge

(1) Stadionanlagen müssen eine mindestens 2,20 m hohe Einfriedung haben, die das Überklettern erschwert.

(2) [1]Vor den Eingängen sind Geländer so anzuordnen, dass Besucher nur einzeln und hintereinander Einlass finden. [2]Es sind Einrichtungen für Zugangskontrollen sowie für die Durchsuchung von Personen und Sachen vorzusehen. [3]Für die Einsatzkräfte von Polizei, Feuerwehr und Rettungsdiensten sind von den Besuchereingängen getrennte Eingänge vorzusehen.

(3) [1]Für Einsatz- und Rettungsfahrzeuge müssen besondere Zufahrten, Aufstell- und Bewegungsflächen vorhanden sein. [2]Von den Zufahrten und Aufstellflächen aus müssen die Eingänge der Versammlungsstätten unmittelbar erreichbar sein. [3]Für Einsatz- und Rettungsfahrzeuge muss eine Zufahrt zum Innenbereich vorhanden sein. [4]Die Zufahrten, Aufstell- und Bewegungsflächen müssen gekennzeichnet sein.

Teil 4
Betriebsvorschriften

Abschnitt 1
Rettungswege, Besucherplätze

§ 31
Rettungswege, Flächen für die Feuerwehr

(1) [1]Rettungswege auf dem Grundstück sowie Zufahrten, Aufstell- und Bewegungsflächen für Einsatzfahrzeuge von Polizei, Feuerwehr und Rettungsdiensten müssen ständig frei gehalten werden. [2]Darauf ist dauerhaft und gut sichtbar hinzuweisen.

(2) Rettungswege in der Versammlungsstätte müssen ständig frei gehalten werden.

(3) Während des Betriebes müssen alle Türen von Rettungswegen unverschlossen sein.

§ 32
Besucherplätze nach dem Bestuhlungs- und Rettungswegeplan

(1) Die Zahl der im Bestuhlungs- und Rettungswegeplan genehmigten Besucherplätze darf nicht überschritten und die genehmigte Anordnung der Besucherplätze darf nicht geändert werden.

(2) Eine Ausfertigung des für die jeweilige Nutzung genehmigten Planes ist in der Nähe des Haupteinganges eines jeden Versammlungsraumes gut sichtbar anzubringen.

(3) Ist nach der Art der Veranstaltung die Abschrankung der Stehflächen vor Szenenflächen erforderlich, sind Abschrankungen nach § 29 auch in Versammlungsstätten mit nicht mehr als 5 000 Stehplätzen einzurichten.

Abschnitt 2
Brandverhütung

§ 33
Vorhänge, Sitze, Ausstattungen, Requisiten und Ausschmückungen

(1) Vorhänge von Bühnen und Szenenflächen müssen aus mindestens schwerentflammbarem Material bestehen.

(2) [1]Sitze von Versammlungsstätten mit mehr als 5 000 Besucherplätzen müssen aus mindestens schwerentflammbarem Material bestehen. [2]Die Unterkonstruktion muss aus nichtbrennbarem Material bestehen.

(3) [1]Ausstattungen müssen aus mindestens schwerentflammbarem Material bestehen. [2]Bei Bühnen oder Szenenflächen mit automatischen Feuerlöschanlagen genügen Ausstattungen aus normalentflammbarem Material.

(4) Requisiten müssen aus mindestens normalentflammbarem Material bestehen.

(5) [1]Ausschmückungen müssen aus mindestens schwerentflammbarem Material bestehen. [2]Ausschmückungen in notwendigen Fluren und notwendigen Treppenräumen müssen aus nichtbrennbarem Material bestehen.

(6) [1]Ausschmückungen müssen unmittelbar an Wänden, Decken oder Ausstattungen angebracht werden. [2]Frei im Raum hängende Ausschmückungen sind zulässig, wenn sie einen Abstand von mindestens 2,50 m zum Fußboden haben. [3]Ausschmückungen aus natürlichem Pflanzenschmuck dürfen sich nur so lange sie frisch sind in den Räumen befinden.

(7) Der Raum unter dem Schutzvorhang ist von Ausstattungen, Requisiten oder Ausschmückungen so freizuhalten, dass die Funktion des Schutzvorhangs nicht beeinträchtigt wird.

(8) Brennbares Material muss von Zündquellen, wie Scheinwerfern oder Heizstrahlern, so weit entfernt sein, dass das Material durch diese nicht entzündet werden kann.

§ 34
Aufbewahrung von Ausstattungen, Requisiten, Ausschmückungen und brennbarem Material

(1) Ausstattungen, Requisiten und Ausschmückungen dürfen nur außerhalb der Bühnen und der Szenenflächen aufbewahrt werden; dies gilt nicht für den Tagesbedarf.

(2) Auf den Bühnenerweiterungen dürfen Szenenaufbauten der laufenden Spielzeit bereitgestellt werden, wenn die Bühnenerweiterungen durch dichtschließende Abschlüsse aus nichtbrennbaren Baustoffen gegen die Hauptbühne abgetrennt sind.

(3) An den Zügen von Bühnen oder Szenenflächen dürfen nur Ausstattungsteile für einen Tagesbedarf hängen.

(4) Pyrotechnische Gegenstände, brennbare Flüssigkeiten und anderes brennbares Material, insbesondere Packmaterial, dürfen nur in den dafür vorgesehenen Magazinen aufbewahrt werden.

§ 35
Rauchen, Verwendung von offenem Feuer und pyrotechnischen Gegenständen

(1) [1]Auf Bühnen und Szenenflächen, in Werkstätten und Magazinen ist das Rauchen verboten. [2]Das Rauchverbot gilt nicht für Darsteller und Mitwirkende auf Bühnen- und Szenenflächen während der Proben und Veranstaltungen, soweit das Rauchen in der Art der Veranstaltungen begründet ist.

(2) [1]In Versammlungsräumen, auf Bühnen- und Szenenflächen und in Sportstadien ist das Verwenden von offenem Feuer, brennbaren Flüssigkeiten und Gasen, pyrotechnischen Gegenständen und anderen explosionsgefährlichen Stoffen verboten. [2]§ 17 Abs. 1 bleibt unberührt. [3]Das Verwendungsverbot gilt nicht, soweit das Verwenden von offenem Feuer, brennbaren Flüssigkeiten und Gasen sowie pyrotechnischen Gegenständen in der Art der Veranstaltung begründet ist und der Veranstalter die erforderlichen Brandschutzmaßnahmen im Einzelfall mit der Feuerwehr abgestimmt hat. [4]Die Verwendung pyrotechnischer Gegenstände muss durch eine nach Sprengstoffrecht geeignete Person überwacht werden.

(3) Die Verwendung von Kerzen und ähnlichen Lichtquellen als Tischdekoration sowie die Verwendung von offenem Feuer in dafür vorgesehenen Kücheneinrichtungen zur Zubereitung von Speisen ist zulässig.

(4) Auf die Verbote der Absätze 1 und 2 ist dauerhaft und gut sichtbar hinzuweisen.

**Abschnitt 3
Betrieb technischer Einrichtungen**

§ 36
Bedienung und Wartung der technischen Einrichtungen

(1) [1]Der Schutzvorhang muss täglich vor der ersten Vorstellung oder Probe durch Aufziehen und Herablassen auf seine Betriebsbereitschaft geprüft werden. [2]Der Schutzvorhang ist nach jeder Vorstellung herabzulassen und zu allen arbeitsfreien Zeiten geschlossen zu halten.

(2) Die Automatik der Sprühwasserlöschanlage kann während der Dauer der Anwesenheit der Verantwortlichen für Veranstaltungstechnik abgeschaltet werden.

(3) Die automatische Brandmeldeanlage kann abgeschaltet werden, soweit dies in der Art der Veranstaltung begründet ist und der Veranstalter die erforderlichen Brandschutzmaßnahmen im Einzelfall mit der Feuerwehr abgestimmt hat.

(4) Während des Aufenthaltes von Personen in Räumen, für die eine Sicherheitsbeleuchtung vorgeschrieben ist, muss diese in Betrieb sein, soweit die Räume nicht ausreichend durch Tageslicht erhellt sind.

§ 37
Laseranlagen

Auf den Betrieb von Laseranlagen in den für Besucher zugänglichen Bereichen sind die arbeitsschutzrechtlichen Vorschriften entsprechend anzuwenden.

Abschnitt 4
Verantwortliche Personen, besondere Betriebsvorschriften

§ 38
Pflichten der Betreiber, Veranstalter und Beauftragten

(1) Der Betreiber ist für die Sicherheit der Veranstaltung und die Einhaltung der Vorschriften verantwortlich.

(2) Während des Betriebes von Versammlungsstätten muss der Betreiber oder ein von ihm beauftragter Veranstaltungsleiter ständig anwesend sein.

(3) Der Betreiber muss die Zusammenarbeit von Ordnungsdienst, Brandsicherheitswache und Sanitätswache mit der Polizei, der Feuerwehr und dem Rettungsdienst gewährleisten.

(4) Der Betreiber ist zur Einstellung des Betriebes verpflichtet, wenn für die Sicherheit der Versammlungsstätte notwendige Anlagen, Einrichtungen oder Vorrichtungen nicht betriebsfähig sind oder wenn Betriebsvorschriften nicht eingehalten werden können.

(5) ^{1}Der Betreiber kann die Verpflichtungen nach den Absätzen 1 bis 4 durch schriftliche Vereinbarung auf den Veranstalter übertragen, wenn dieser oder dessen beauftragter Veranstaltungsleiter mit der Versammlungsstätte und deren Einrichtungen vertraut ist. ^{2}Die Verantwortung des Betreibers bleibt unberührt.

§ 39
Verantwortliche für Veranstaltungstechnik

(1) ^{1}Verantwortliche für Veranstaltungstechnik sind

1. die Geprüften Meister für Veranstaltungstechnik,

2. technische Fachkräfte mit bestandenem fachrichtungsspezifischen Teil der Prüfung nach § 3 Abs. 1 Nr. 2 in Verbindung mit den §§ 5, 6 oder 7 der Verordnung über die Prüfung zum anerkannten Abschluss „Geprüfter Meister für Veranstaltungstechnik/Geprüfte Meisterin für Veranstaltungstechnik" in den Fachrichtungen Bühne/Studio, Beleuchtung, Halle in der jeweiligen Fachrichtung,

3. Hochschulabsolventen mit berufsqualifizierendem Hochschulabschluss der Fachrichtung Theater- oder Veranstaltungstechnik mit mindestens einem Jahr Berufserfahrung im technischen Betrieb von Bühnen, Studios oder Mehrzweckhallen in der jeweiligen Fachrichtung, denen die oberste Bauaufsichtsbehörde oder die von ihr bestimmte Stelle ein Befähigungszeugnis nach Anlage 1 ausgestellt hat,

4. technische Bühnen- und Studiofachkräfte, die das Befähigungszeugnis nach den bis zum In-Kraft-Treten dieser Verordnung geltenden Vorschriften[*] erworben haben oder die Tätigkeit als technische Bühnen- und Studiofachkraft ohne Befähigungszeugnis ausüben durften und in den letzten drei Jahren ausgeübt haben.

^{2}Auf Antrag stellt die oberste Bauaufsichtsbehörde oder die von ihr bestimmte Stelle[*] auch den Personen nach Satz 1 Nr. 1 bis 4 ein Befähigungszeugnis nach Anlage 1 aus. ^{3}Die in einem anderen Land der Bundesrepublik Deutschland ausgestellten Befähigungszeugnisse werden anerkannt.

(2) Gleichwertige Ausbildungen, die in einem anderen Mitgliedstaat der Europäischen Union oder einem Vertragsstaat des Abkommens über den Europäischen Wirtschaftsraum erworben und durch einen Ausbildungsnachweis belegt werden, sind entsprechend den europäischen Richtlinien zur Anerkennung von Berufsqualifikationen den in Absatz 1 genannten Ausbildungen gleichgestellt.

---

[*] nach Landesrecht
[*] nach Landesrecht

§ 40
Aufgaben und Pflichten der Verantwortlichen für Veranstaltungstechnik, technische Probe

(1) Die Verantwortlichen für Veranstaltungstechnik müssen mit den bühnen-, studio- und beleuchtungstechnischen und sonstigen technischen Einrichtungen der Versammlungsstätte vertraut sein und deren Sicherheit und Funktionsfähigkeit, insbesondere hinsichtlich des Brandschutzes, während des Betriebs gewährleisten.

(2) Auf- oder Abbau bühnen-, studio- und beleuchtungstechnischer Einrichtungen von Großbühnen oder Szenenflächen mit mehr als 200 m² Grundfläche oder in Mehrzweckhallen mit mehr als 5 000 Besucherplätzen, wesentliche Wartungs- und Instandsetzungsarbeiten an diesen Einrichtungen und technische Proben müssen von einem Verantwortlichen für Veranstaltungstechnik geleitet und beaufsichtigt werden.

(3) Bei Generalproben, Veranstaltungen, Sendungen oder Aufzeichnungen von Veranstaltungen auf Großbühnen oder Szenenflächen mit mehr als 200 m² Grundfläche oder in Mehrzweckhallen mit mehr als 5 000 Besucherplätzen müssen mindestens ein für die bühnen- oder studiotechnischen Einrichtungen sowie ein für die beleuchtungstechnischen Einrichtungen Verantwortlicher für Veranstaltungstechnik anwesend sein.

(4) ¹Bei Szenenflächen mit mehr als 50 m² und nicht mehr als 200 m² Grundfläche oder in Mehrzweckhallen mit nicht mehr als 5 000 Besucherplätzen müssen die Aufgaben nach den Absätzen 1 bis 3 zumindest von einer Fachkraft für Veranstaltungstechnik mit mindestens drei Jahren Berufserfahrung wahrgenommen werden. ²Die Aufgaben können auch von erfahrenen Bühnenhandwerkern oder Beleuchtern wahrgenommen werden, die diese Aufgaben nach den bis zum In-Kraft-Treten dieser Verordnung geltenden Vorschriften*⁾ wahrnehmen durften und in den letzten drei Jahren ausgeübt haben.

(5) ¹Die Anwesenheit nach den Absatz 3 ist nicht erforderlich, wenn

1. die Sicherheit und Funktionsfähigkeit der bühnen-, studio- und beleuchtungstechnischen sowie der sonstigen technischen Einrichtungen der Versammlungsstätte vom Verantwortlichen für Veranstaltungstechnik überprüft wurden,

2. diese Einrichtungen während der Veranstaltung nicht bewegt oder sonst verändert werden,

3. von Art oder Ablauf der Veranstaltung keine Gefahren ausgehen können und

4. die Aufsicht durch eine Fachkraft für Veranstaltungstechnik geführt wird, die mit den technischen Einrichtungen vertraut ist.

²Im Fall des Absatzes 4 können die Aufgaben nach den Absätzen 1 bis 3 von einer aufsichtführenden Person wahrgenommen werden, wenn

1. von Auf- und Abbau sowie dem Betrieb der bühnen-, studio- und beleuchtungstechnischer Einrichtungen keine Gefahren ausgehen können,

2. von Art oder Ablauf der Veranstaltung keine Gefahren ausgehen können und

3. die Aufsicht führende Person mit den technischen Einrichtungen vertraut ist.

(6) ¹Bei Großbühnen sowie bei Szenenflächen mit mehr als 200 m² Grundfläche und bei Gastspielveranstaltungen mit eigenem Szenenaufbau in Versammlungsräumen muss vor der ersten Veranstaltung eine nichtöffentliche technische Probe mit vollem Szenenaufbau und voller Beleuchtung stattfinden. ²Diese technische Probe ist der Bauaufsichtsbehörde mindestens 24 Stunden vorher anzuzeigen. ³Beabsichtigte wesentliche Änderungen des Szenenaufbaues nach der technischen Probe sind der zuständigen Bauaufsichtsbehörde rechtzeitig anzuzeigen. ⁴Die Bauaufsichtsbehörde kann auf die

---

*⁾ nach Landesrecht

technische Probe verzichten, wenn dies nach der Art der Veranstaltung oder nach dem Umfang des Szenenaufbaues unbedenklich ist.

§ 41
Brandsicherheitswache, Sanitäts- und Rettungsdienst

(1) Bei Veranstaltungen mit erhöhten Brandgefahren hat der Betreiber eine Brandsicherheitswache einzurichten.

(2) [1]Bei jeder Veranstaltung auf Großbühnen sowie Szenenflächen mit mehr als 200 m² Grundfläche muss eine Brandsicherheitswache der Feuerwehr anwesend sein. [2]Den Anweisungen der Brandsicherheitswache ist zu folgen. [3]Eine Brandsicherheitswache der Feuerwehr ist nicht erforderlich, wenn die Brandschutzdienststelle dem Betreiber bestätigt, dass er über eine ausreichende Zahl ausgebildeter Kräfte verfügt, die die Aufgaben der Brandsicherheitswache wahrnehmen.

(3) Veranstaltungen mit voraussichtlich mehr als 5 000 Besuchern sind der für den Sanitäts- und Rettungsdienst zuständigen Behörde rechtzeitig anzuzeigen.

§ 42
Brandschutzordnung, Feuerwehrpläne

(1) [1]Der Betreiber oder ein von ihm Beauftragter hat im Einvernehmen mit der Brandschutzdienststelle eine Brandschutzordnung aufzustellen und durch Aushang bekannt zu machen. [2]In der Brandschutzordnung sind insbesondere die Erforderlichkeit und die Aufgaben eines Brandschutzbeauftragten und der Kräfte für den Brandschutz sowie die Maßnahmen festzulegen, die zur Rettung Behinderter, insbesondere Rollstuhlbenutzer, erforderlich sind.

(2) [1]Das Betriebspersonal ist bei Beginn des Arbeitsverhältnisses und danach mindestens einmal jährlich zu unterweisen über

1. die Lage und die Bedienung der Feuerlöscheinrichtungen und -anlagen, Rauchabzugsanlagen, Brandmelde- und Alarmierungsanlagen und der Brandmelder- und Alarmzentrale,

2. die Brandschutzordnung, insbesondere über das Verhalten bei einem Brand oder bei einer Panik, und

3. die Betriebsvorschriften.

[2]Den Brandschutzdienststellen ist Gelegenheit zu geben, an der Unterweisung teilzunehmen. [3]Über die Unterweisung ist eine Niederschrift zu fertigen, die der Bauaufsichtsbehörde auf Verlangen vorzulegen ist.

(3) Im Einvernehmen mit der Brandschutzdienststelle sind Feuerwehrpläne anzufertigen und der örtlichen Feuerwehr zur Verfügung zu stellen.

§ 43
Sicherheitskonzept, Ordnungsdienst

(1) Erfordert es die Art der Veranstaltung, hat der Betreiber ein Sicherheitskonzept aufzustellen und einen Ordnungsdienst einzurichten.

(2) [1]Für Versammlungsstätten mit mehr als 5 000 Besucherplätzen hat der Betreiber im Einvernehmen mit den für Sicherheit oder Ordnung zuständigen Behörden, insbesondere der Polizei, der Feuerwehr und der Rettungsdienste, ein Sicherheitskonzept aufzustellen. [2]Im Sicherheitskonzept sind die Mindestzahl der Kräfte des Ordnungsdienstes gestaffelt nach Besucherzahlen und Gefährdungsgraden sowie die betrieblichen Sicherheitsmaßnahmen und die allgemeinen und besonderen Sicherheitsdurchsagen festzulegen.

(3) Der nach dem Sicherheitskonzept erforderliche Ordnungsdienst muss unter der Leitung eines vom Betreiber oder Veranstalter bestellten Ordnungsdienstleiters stehen.

(4) [1]Der Ordnungsdienstleiter und die Ordnungsdienstkräfte sind für die betrieblichen Sicherheitsmaßnahmen verantwortlich. [2]Sie sind insbesondere für die Kontrolle an den Ein- und Ausgängen und den Zugängen zu den Besucherblöcken, die Beachtung der maximal zulässigen Besucherzahl und der Anordnung der Besucherplätze, die Beachtung der Verbote des § 35, die Sicherheitsdurchsagen sowie für die geordnete Evakuierung im Gefahrenfall verantwortlich.

Teil 5
Zusätzliche Bauvorlagen

§ 44
Zusätzliche Bauvorlagen, Bestuhlungs- und Rettungswegeplan

(1) Mit den Bauvorlagen ist ein Brandschutzkonzept vorzulegen, in dem insbesondere die maximal zulässige Zahl der Besucher, die Anordnung und Bemessung der Rettungswege und die zur Erfüllung der brandschutztechnischen Anforderungen erforderlichen baulichen, technischen und betrieblichen Maßnahmen dargestellt sind.

(2) Für die nach dieser Verordnung erforderlichen technischen Einrichtungen sind besondere Pläne, Beschreibungen und Nachweise vorzulegen.

(3) Mit den bautechnischen Nachweisen sind Standsicherheitsnachweise für dynamische Belastungen vorzulegen.

(4) Der Verlauf der Rettungswege im Freien, die Zufahrten und die Aufstell- und Bewegungsflächen für die Einsatz- und Rettungsfahrzeuge sind in einem besonderen Außenanlagenplan darzustellen.

(5) [1]Die Anordnung der Sitz- und Stehplätze, einschließlich der Plätze für Rollstuhlbenutzer, der Bühnen-, Szenen- oder Spielflächen sowie der Verlauf der Rettungswege sind in einem Bestuhlungs- und Rettungswegeplan im Maßstab von mindestens 1 : 200 darzustellen. [2]Sind verschiedene Anordnungen vorgesehen, so ist für jede ein besonderer Plan vorzulegen.

§ 45
Gastspielprüfbuch

(1) Für den eigenen, gleichbleibenden Szenenaufbau von wiederkehrenden Gastspielveranstaltungen kann auf schriftlichen Antrag ein Gastspielprüfbuch erteilt werden.

(2) [1]Das Gastspielprüfbuch muss dem Muster der Anlage 2 entsprechen. [2]Der Veranstalter ist durch das Gastspielprüfbuch von der Verpflichtung entbunden, an jedem Gastspielort die Sicherheit des Szenenaufbaues und der dazu gehörenden technischen Einrichtungen erneut nachzuweisen.

(3) [1]Das Gastspielprüfbuch wird von der obersten Bauaufsichtsbehörde oder der von ihr bestimmten Stelle[*)] erteilt. [2]Die Geltungsdauer ist auf die Dauer der Tournee zu befristen und kann auf schriftlichen Antrag verlängert werden. [3]Vor der Erteilung ist eine technische Probe durchzuführen. [4]Die in einem anderen Land der Bundesrepublik Deutschland ausgestellten Gastspielprüfbücher werden anerkannt.

(4) [1]Das Gastspielprüfbuch ist der für den Gastspielort zuständigen Bauaufsichtsbehörde rechtzeitig vor der ersten Veranstaltung am Gastspielort vorzulegen. [2]Werden für die Gastspielveranstaltung Fliegende Bauten genutzt, ist das Gastspielprüfbuch mit der Anzeige der Aufstellung der Fliegenden Bauten vorzulegen. [3]Die Befugnisse nach § 58 MBO[*)] bleiben unberührt.

[*)] nach Landesrecht
[*)] nach Landesrecht

Teil 6
Bestehende Versammlungsstätten

§ 46
Anwendung der Vorschriften auf bestehende Versammlungsstätten

(1) Die zum Zeitpunkt des In-Kraft-Tretens der Verordnung bestehenden Versammlungsstätten mit mehr als 5 000 Besucherplätzen sind innerhalb von zwei Jahren folgenden Vorschriften anzupassen:

1. Kennzeichnung der Ausgänge und Rettungswege (§ 6 Abs. 6),

2. Sitzplätze (§ 10 Abs. 2 und § 33 Abs. 2),

3. Lautsprecheranlage (§ 20 Abs. 2 und § 26 Abs. 1),

4. Einsatzzentrale für die Polizei (§ 26 Abs. 2),

5. Abschrankung von Besucherbereichen (§ 27 Abs. 1 und 3),

6. Wellenbrecher (§ 28),

7. Abschrankung von Stehplätzen vor Szenenflächen (§ 29).

(2) Auf die zum Zeitpunkt des In-Kraft-Tretens der Verordnung bestehenden Versammlungsstätten sind die Betriebsvorschriften des Teils 4 sowie § 10 Abs. 1, § 14 Abs. 3 und § 19 Abs. 8 entsprechend anzuwenden.

(3) [1]Die Bauaufsichtsbehörde hat Versammlungsstätten in Zeitabständen von höchstens drei Jahren zu prüfen. [2]Dabei ist auch die Einhaltung der Betriebsvorschriften zu überwachen und festzustellen, ob die vorgeschriebenen wiederkehrenden Prüfungen fristgerecht durchgeführt und etwaige Mängel beseitigt worden sind. [3]Den Ordnungsbehörden, der Gewerbeaufsicht und der Brandschutzdienststelle ist Gelegenheit zur Teilnahme an den Prüfungen zu geben.

Teil 7
Schlussvorschriften

§ 47
Ordnungswidrigkeiten

Ordnungswidrig nach § 84 Abs. 1 Nr. 1 MBO[*)] handelt, wer vorsätzlich oder fahrlässig

1. entgegen § 31 Abs. 1 die Rettungswege auf dem Grundstück, die Zufahrten, Aufstell- und Bewegungsflächen nicht frei hält,

2. entgegen § 31 Abs. 2 die Rettungswege in der Versammlungsstätte nicht frei hält,

3. entgegen § 31 Abs. 3 Türen in Rettungswegen verschließt oder fest stellt,

4. entgegen § 32 Abs. 1 die Zahl der genehmigten Besucherplätze überschreitet oder die genehmigte Anordnung der Besucherplätze ändert,

5. entgegen § 32 Abs. 3 erforderliche Abschrankungen nicht einrichtet,

6. entgegen § 33 Abs. 1 bis 5 andere als die dort genannten Materialien verwendet oder entgegen § 33 Abs. 6 bis 8 anbringt,

7. entgegen § 34 Abs. 1 bis 3 Ausstattungen auf der Bühne aufbewahrt oder nicht von der Bühne entfernt,

---

[*)] nach Landesrecht

8. entgegen § 34 Abs. 4 pyrotechnische Gegenstände, brennbare Flüssigkeiten oder anderes brennbares Material außerhalb der dafür vorgesehenen Magazine aufbewahrt,

9. entgegen § 35 Abs. 1 und 2 raucht oder offenes Feuer, brennbare Flüssigkeiten oder Gase, explosionsgefährliche Stoffe oder pyrotechnische Gegenstände verwendet,

10. entgegen § 36 Abs. 4 die Sicherheitsbeleuchtung nicht in Betrieb nimmt,

11. entgegen § 37 Laseranlagen in Betrieb nimmt,

12. als Betreiber, Veranstalter oder beauftragter Veranstaltungsleiter entgegen § 38 Abs. 2 während des Betriebes nicht anwesend ist,

13. als Betreiber, Veranstalter oder beauftragter Veranstaltungsleiter entgegen § 38 Abs. 4 den Betrieb der Versammlungsstätte nicht einstellt,

14. entgegen § 40 Abs. 2 bis 5 in Verbindung mit § 38 Abs. 1 als Betreiber, Veranstalter oder beauftragter Veranstaltungsleiter den Betrieb von Bühnen oder Szenenflächen zulässt, ohne dass die erforderlichen Verantwortlichen oder Fachkräfte für Veranstaltungstechnik, die erfahrenen Bühnenhandwerker oder Beleuchter oder die aufsichtführenden Personen anwesend sind,

15. entgegen § 40 Abs. 2 bis 5 als Verantwortlicher oder Fachkraft für Veranstaltungstechnik, als erfahrener Bühnenhandwerker oder Beleuchter oder als aufsichtführende Person die Versammlungsstätte während des Betriebes verlässt,

16. als Betreiber entgegen § 41 Abs. 1 und 2 nicht für die Durchführung der Brandsicherheitswache sorgt oder entgegen § 41 Abs. 3 die Veranstaltung nicht anzeigt,

17. als Betreiber oder Veranstalter die nach § 42 Abs. 2 vorgeschriebenen Unterweisungen unterlässt,

18. als Betreiber oder Veranstalter entgegen § 43 Abs. 1 bis 3 keinen Ordnungsdienst oder keinen Ordnungsdienstleiter bestellt,

19. als Ordnungsdienstleiter oder Ordnungsdienstkraft entgegen § 43 Abs. 3 oder 4 seinen Aufgaben nicht nachkommt,

20. als Betreiber einer der Anpassungspflichten nach § 46 Abs. 1 nicht oder nicht fristgerecht nachkommt.

§ 48
In-Kraft-Treten, Außer-Kraft-Treten

Diese Verordnung tritt am ... in Kraft. Gleichzeitig treten außer Kraft:

1. die Versammlungsstättenverordnung vom ...[*],

2. die Technische Fachkräfteverordnung vom ...[*].

---

[*] nach Landesrecht
[*] nach Landesrecht

Anlage 1 zur MVStättV [*)]

Zutreffendes bitte ankreuzen bzw. ausfüllen!

Herr/Frau

geboren am

in

gegenwärtige Anschrift

hat die Eignung als

Verantwortliche/r für Veranstaltungstechnik

nach § 39 der Muster-Versammlungsstättenverordnung [*] nachgewiesen.

Befähigungszeugnis-Nummer.:

Ausstellende Behörde:

Ort, Datum

Siegel

Unterschrift

Foto

Unterschrift des Inhabers:

Befähigungszeugnis als

Verantwortliche/r für Veranstaltungstechnik

Als Befähigungszeugnis kann auch ein Ausweis im Format 5,4 cm × 8,6 cm mit den erforderlichen Daten ausgestellt werden.

ANHANG

Anlage 2 zur MVStättV[*)]

GASTSPIELPRÜFBUCH
nach § 45 MVStättV [*)]
- Fassung Juni 2005 -

Zutreffendes bitte ankreuzen bzw. ausfüllen!

Art der Veranstaltung

Veranstalter

Straße, Hausnummer

PLZ, Ort

Telefon

Fax

E-Mail

das Gastspielprüfbuch gilt bis zum

Auf der Grundlage der Angaben in diesem Gastspielprüfbuch, evtl. Auflagen und einer nichtöffentlichen Probe am

in der Veranstaltungsstätte

ist der Nachweis der Sicherheit der Gastspielveranstaltung erbracht.

Dieses Gastspielprüfbuch ist in drei Ausfertigungen ausgestellt worden, davon verbleibt eine Ausfertigung bei der ausstellenden Behörde

ausgestellt am

Durch

Stand 06-2005

[*)] nach Landesrecht

267

LEXIKON EVENTMANAGEMENT

Anlage 2 zur MVStättV *)

- Seite 2 -

Name des Geschäftsführers /
Vertreters des Veranstalters:

(Anschrift, falls diese nicht mit der des Veranstalters identisch ist.)

Straße, Hausnummer

PLZ, Ort

Telefon

Fax

E-Mail

Dieses Gastspielprüfbuch hat fünf Seiten und folgende Anhänge:

☐ ☐ Seiten statische Berechnungen (Anhang 1)
☐ ☐ Seiten Angaben über das Brandverhalten der Materialien (Anhang 2)
☐ ☐ Seiten Angaben über die feuergefährlichen Handlungen (Anhang 3)
☐ ☐ Seiten Angaben über pyrotechnische Effekte (Anhang 4)
☐ ☐ Seiten Sonstige Angaben z.B. über Prüfzeugnisse, Baumuster (Anhang 5)
☐ ☐ Seiten
☐ ☐ Seiten

Veranstaltungsleiter gemäß § 38 Abs. 2 und 5 der MVStättV *) für die geplanten Gastspiele ist
Herr / Frau:

Verantwortliche für Veranstaltungstechnik der Fachrichtung nach § 40 der MVStättV *) sind:

1. **Bühne/Studio:**
   Herr/Frau:
   Befähigungszeugnis-Nr.:
   Ausstellungsdatum:
   ausstellende Behörde:

2. **Halle:**
   Herr/Frau:
   Befähigungszeugnis-Nr.:
   Ausstellungsdatum:
   ausstellende Behörde:

3. **Beleuchtung:**
   Herr/Frau:
   Befähigungszeugnis-Nr.:
   Ausstellungsdatum:
   ausstellende Behörde:

4. **Fachkraft für Veranstaltungstechnik (§ 40 Abs. 4 MVStättV) *)**
   Bei Szenenflächen mit nicht mehr als 200 m² Grundfläche
   Herr/Frau:

Stand 06-2005

*) nach Landesrecht

Zutreffendes bitte ankreuzen bzw. ausfüllen!

… ANHANG

Anlage 2 zur MVStättV*)

- Seite 3 -

Zutreffendes bitte ankreuzen bzw. ausfüllen!

1. **Ausführliche Beschreibung der Veranstaltung**

   (Angaben zur Veranstaltungsart zu den vorgesehenen Gastspielen, zur Anzahl der Mitwirkenden, zu feuergefährlichen Handlungen, pyrotechnischen Effekten, anderen technischen Einrichtungen, z.B. Laser, zur Ausstattung, zum Ablauf der Veranstaltung und zu sonstigen Vorgängen, die Maßnahmen zur Gefahrenabwehr erforderlich machen.)

2. **Darstellung der Aufbauten, Ausstattungen, technischen Einrichtungen**

   (Die Aufbauten und Ausstattungen sind zu beschreiben, zeichnerisch ist der Bühnenaufbau mindestens durch einen Grundriss und möglichst durch einen Schnitt darzustellen. Werden Ausrüstungen in größerem Umfang gehangen, ist ein Hängeplan erforderlich, auf bewegliche Teile der Dekoration und zum Aufbau gehörende maschinen- und elektrotechnische Einrichtungen und die damit verbundenen Gefahren ist hinzuweisen. Es sind Angaben zu mitgeführten Bühnen/Szenenflächen, Zuschauertribünen und Bestuhlungen zu machen, sonstige Angaben.)

Stand 06-2005

LEXIKON EVENTMANAGEMENT

Anlage 2 zur MVStättV[*)]

- Seite 4 -

1. Gefährdungsanalyse

a) Bei gefährlichen szenischen Vorgängen ist eine Gefährdungsanalyse durchzuführen. Gefährliche szenische Vorgänge sind z. B. offene Verwandlungen, maschinentechnische Bewegungen, künstlerische Tätigkeiten im oder über dem Zuschauerbereich

Beschreibung der gefährlichen szenischen Handlung:	
Unterwiesene Personen:	
Schutzmaßnahmen:	
Einweisung vor jeder Probe und Vorstellung erforderlich:	☐ ja ☐ nein

b) Vor dem Einsatz gefährlicher szenischer Einrichtungen ist eine Gefährdungsanalyse durchzuführen. Gefährliche szenische Einrichtungen sind Geräte, Einrichtungen und Einbauten in kritischen Bereichen von Bühnen, Szenenflächen und Zuschauerbereichen, z. B. Unterbauen des Schutzvorhangs, Anordnung von Regieeinrichtungen, Vorführgeräten, Scheinwerfern, Kameras, Laseranlagen usw. im Zuschauerraum, Leitungsverbindungen zwischen Brandabschnitten.

Geräte, Einrichtungen und Einbauten:	
Unterbauen des Schutzvorhangs:	
Ortsveränderliche technische Einrichtungen im Zuschauerraum:	
Laseranlagen/Standort:	
Leitungsverbindungen:	
Sonstiges:	

Stand 06-2005

Zutreffendes bitte ankreuzen bzw. ausfüllen!

ANHANG

Anlage 2 zur MVStättV[*)]

Zutreffendes bitte ankreuzen bzw. ausfüllen!

- Seite 5 -

4. Auflagen

5. Rechtsbehelfsbelehrung

Gegen diesen Bescheid kann innerhalb eines Monats nach Bekanntgabe Widerspruch erhoben werden. Der Widerspruch ist schriftlich oder zur Niederschrift

bei

in

einzulegen.

Ort, Datum

Behörde

Unterschrift

Dienstsiegel

Stand 06-2005

LEXIKON EVENTMANAGEMENT

Anlage 2 zur MVStättV*⁾

Zutreffendes bitte ankreuzen bzw. ausfüllen!

- Seite 6 -

Anhang 1
zum Gastspielprüfbuch | Titel der Gastspielveranstaltung

Standsicherheitsnachweis*⁾

(ggf. Hinweis auf beigefügte statische Berechnungen)

Stand 06-2005

*⁾ ggf. weitere Seiten anfügen

ANHANG

Anlage 2 zur MVStättV[*]

- Seite 7 -

Anhang 2
zum Gastspielprüfbuch

Titel der Gastspielveranstaltung

Baustoff- und Materialliste

In der MVStättV[*] werden an die zur Verwendung kommenden Baustoffe und Materialien brandschutztechnische Anforderungen gestellt. Folgende Mindestanforderungen sind zu erfüllen:

Ort: Gegenstand	Szenenfläche ohne automatische	Szenenfläche mit automatischer Feuerlöschanlage	Großbühne	Zuschauerraum und Nebenräume	Foyers
Szenenpodien: Fußboden/Bodenbeläge	B 2	B 2	B 2	B 2	B 2
Szenenpodien: Unterkonstruktion	A 1	A 1	A 1	A 1	A 1
Vorhänge	B 1	B 1	B 1	-	-
Ausstattungen	B 1	B 2	B 2	-	-
Requisiten	B 2	B 2	B 2	-	-
Ausschmückungen	B 1	B 1	B 1	B 1	B 1

Erläuterungen:

Nach DIN 4102 Teil 1 gelten für Baustoffe folgende Bezeichnungen:

nichtbrennbare Baustoffe:	**A 1**
nichtbrennbare Baustoffe mit brennbaren Bestandteilen:	**A 2**
schwerentflammbare Baustoffe:	**B 1**
normalentflammbare Baustoffe:	**B 2**

Soweit die eingesetzten Materialien keine Baustoffe sind, werden die Bezeichnungen entsprechend den für Baustoffe geltenden Klassifizierungen verwendet.

Ort bezeichnet den Einsatzort des Baustoffes oder Materials:

B = Bühne
S = Szenenfläche
SmF = Szenenfläche mit automatischer Feuerlöschanlage
SoL = Szenenfläche ohne automatischer Feuerlöschanlage
Z = Zuschauerraum (bei Versammlungsstätten mit Bühnenhaus)
V = Versammlungsraum
F = Foyer

Für Baustoffe und Materialien sind die Verwendungsnachweise nach den §§ 20 ff. MBO[*] zu führen. Für Textilien und Möbel können gleichwertige Klassifizierungen nach den dafür geltenden DIN-Normen nachgewiesen werden.

Ist das Material nach DIN 4102-1 geprüft und klassifiziert, so wird das Brandverhalten mit dem (allgemeinen) bauaufsichtlichen) Prüfzeugnis nachgewiesen. Ansonsten ist das Material mit einem dafür durch allgemeines bauaufsichtliches Prüfzeugnis zugelassenem Feuerschutzmittel behandeln, durch die die Zuordnung zu einer angestrebten Baustoffklasse erreicht wird.

Stand 06-2005

---

[*] nach Landesrecht

Lexikon Eventmanagement

Anlage 2 zur MVStättV [*]

Zutreffendes bitte ankreuzen bzw. ausfüllen!

- Seite 8 -

(noch Anhang 2)
zum Gastspielprüfbuch

Titel der Gastspielveranstaltung

Zur Verwendung kommen folgende Baustoffe und Materialien [*]:

Baustoff oder Material			Feuerschutz			
lfd. Nr.	Beschreibung	Baustoffklasse A 1, A 2, B 1, B 2 - Klassifizierung nachgewiesen	Ort	Feuerschutzmittel - Nr. des allgemeinen bauaufsichtlichen Prüfzeugnisses	damit erreichte Baustoff- klasse	aufgebracht am

Stand 06-2005

[*] ggf. weitere Seiten anfügen

ANHANG

Anlage 2 zur MVStättV[*]

- Seite 9 -

Anhang 3
zum Gastspielprüfbuch | Titel der Gastspielveranstaltung

Zutreffendes bitte ankreuzen bzw. ausfüllen!

Angaben über feuergefährliche Handlungen

Dieser Anhang ist erforderlich, wenn auf der Bühne/Szenenfläche oder im Versammlungsraum szenisch bedingt geraucht oder offenes Feuer verwendet wird. Feuergefährliche Handlungen sind der zuständigen Behörde am Gastspielort anzuzeigen. Für feuergefährliche Handlungen, von denen eine besondere Gefahr wegen ihrer Art oder der Nähe des Abbrennortes zu Ausstattungen oder Personen ausgeht, ist eine Gefährdungsanalyse durchzuführen. Für die Einhaltung der sich daraus ergebenden Auflagen ist der Veranstalter verantwortlich.

Handlungen mit offenem Feuer[*]

Zeitpunkt im Ablauf	Anzahl	Art (Zigarette, Kerze o. Ä.)	Szenischer Ablauf (Ablauf der Aktion)	Ort auf der Bühne/ Szenenfläche	Löschen/ Aschenablage	Nummer der Gefährdungsanalyse

Erläuterungen:

Der Zeitpunkt im Ablauf kann, je nach Veranstaltungstyp, in Akten, Szenen, Bildern, Programmpunkten oder Musikstücken oder in Minuten von einer Nullzeit ausgehend, angegeben werden. Unter Anzahl ist die Stückzahl der zu diesem Zeitpunkt entzündeten Effekte einzutragen. Art bezeichnet den Typ des Effektes, z. B. Zigarette, Kerze, Fackel, Brennpaste, Gas usw. Ort auf der Bühne/Szenenfläche bezeichnet, in welchem Teilraum oder auf welcher Teilfläche die Aktion hauptsächlich stattfindet. Unter Löschen/Aschenablage sind die Vorrichtungen einzutragen, die für das sichere Löschen der feuergefährlichen Gegenstände oder für die Ablage der Asche vorgesehen sind.

Stand 06-2005

---

[*] ggf. weitere Seiten anfügen

Lexikon Eventmanagement

Anlage 2 zur MVStättV[*]

Zutreffendes bitte ankreuzen bzw. ausfüllen!

- Seite 10 -

(noch Anhang 3)
zum Gastspielprüfbuch | Titel der Gastspielveranstaltung

Brandschutztechnische Gefährdungsanalyse[*]

(Für feuergefährliche Handlungen, von denen eine besondere Gefahr wegen ihrer Art oder der Nähe des Abbrennortes zu Ausstattungen oder Personen ausgeht, ist eine Gefährdungsanalyse durchzuführen).

Feuergefährliche Handlungen

Gefahren durch:
- ☐ Flammbildung
- ☐ Funkenflug
- ☐ Blendung
- ☐ Wärmestrahlung
- ☐ Abtropfen heißer Schlacke
- ☐ Druckwirkung
- ☐ Splittereinwirkung
- ☐ Staubablagerung
- ☐ Schallwirkung
- ☐ Gegenseitige Beeinflussung verschiedener Effekte
- ☐ Gesundheitsgefährdende Gase, Staube, Dämpfe, Rauch

Schutzmaßnahmen:
- Abstände zu Personen:
- Abstände zu Dekorationen:
- Unterwiesene Personen:
- Lösch- u. Feuerbekämpfungsmittel:

Sonstige Maßnahmen:

Stand 06-2005

---

[*] ggf. weitere Seiten anfügen

ANHANG

Anlage 2 zur MVStättV[*)]

- Seite 11 -

Anhang 4
zum Gastspielprüfbuch | Titel der Gastspielveranstaltung

Zutreffendes bitte ankreuzen bzw. ausfüllen!

Angaben über die pyrotechnischen Effekte

Diese Anlage ist erforderlich, wenn auf der Bühne/Szenenfläche oder im Versammlungsraum szenisch bedingte pyrotechnische Effekte durchgeführt werden. Pyrotechnische Effekte sind der zuständigen Behörde anzuzeigen und bedürfen der Genehmigung. Für pyrotechnische Effekte, von denen eine besondere Gefahr wegen ihrer Art oder der Nähe des Abbrennortes zu Ausstattungen oder Personen ausgeht, ist eine Gefährdungsanalyse durchzuführen. Für die Einhaltung der sich daraus ergebenden Auflagen ist der Veranstalter verantwortlich.

Pyrotechnische Effekte der Klassen III, IV und T2 dürfen nur von verantwortlichen Personen im Sinne der §§ 19 und 21 SprengG durchgeführt werden. Pyrotechnische Gegenstände der Klassen I, II und T1 dürfen auch von Personen ohne Befähigungsschein verwendet werden, wenn sie vom Veranstalter hierzu beauftragt sind.

Nach Sprengstoffrecht verantwortliche Personen:

Erlaubnisscheininhaber:
Name, Vorname:
Erlaubnisschein-Nr.:
Ausstellungsdatum:
ausstellende Behörde:

Befähigungsscheininhaber:
Name, Vorname:
Befähigungsschein Nr.:
Ausstellungsdatum:
ausstellende Behörde:

Beauftragte Person: (nur Klasse I, II T1)
Herr/Frau:

Stand 06-2005

LEXIKON EVENTMANAGEMENT

Anlage 2 zur MVStättV[*]

Zutreffendes bitte ankreuzen bzw. ausfüllen!

- Seite 12 -

(noch Anhang 4)
zum Gastspielprüfbuch | Titel der Gastspielveranstaltung

Pyrotechnische Effekte[*]

laufende Nummer	Zeitpunkt im Ablauf	Anzahl	Art des Effektes	BAM-Nummer	Ort auf der Bühne/ Szenenfläche	Dauer des Effektes	Nummer der Gefährdungs-analyse

Erläuterungen:

Unter lfd. Nr. sind die vorgesehenen Effekte fortlaufend in der Reihenfolge des Abbrennens zu nummerieren. Der Zeitpunkt im Ablauf kann, je nach Veranstaltungstyp, in Akten, Szenen, Bildern, Programmpunkten oder Musikstücken oder in Minuten von einer Nullzeit ausgehend, angegeben werden. Unter Anzahl ist die Stückzahl der zu diesem Zeitpunkt gezündeten, identischen Effekte einzutragen. Art bezeichnet den Typ des Effektes (Bühnenblitz, Fontäne o. a.). BAM-Nummer meint das Zulassungszeichen der Bundesanstalt für Materialprüfung. Bei Ort auf der Bühne/Szenenfläche ist anzugeben, wo die Effekte gezündet werden. Dauer des Effektes bezeichnet die Zeitspanne vom Zünden des Effektes bis zum endgültigen Verlöschen in Sekunden. Bei extrem kurzzeitigen Effekten, wie Blitzen oder Knallkörpern, ist eine „0" einzutragen.

Stand 06-2005

[*] ggf. weitere Seiten anfügen

ANHANG

Anlage 2 zur MVStättV[*)]

- Seite 13 -

(noch Anhang 4)
zum Gastspielprüfbuch | Titel der Gastspielveranstaltung

Zutreffendes bitte ankreuzen bzw. ausfüllen!

pyrotechnische Gefährdungsanalyse[*)]

(Vor dem Einsatz pyrotechnischer Effekte ist eine Gefährdungsanalyse durchzuführen.)

Pyrotechnische Effekte

Gefahren durch:
- ☐ Flammbildung
- ☐ Funkenflug
- ☐ Blendung
- ☐ Wärmestrahlung
- ☐ Abtropfen heißer Schlacke
- ☐ Druckwirkung
- ☐ Splittereinwirkung
- ☐ Staubablagerung
- ☐ Schallwirkung
- ☐ Gegenseitige Beeinflussung verschiedener Effekte
- ☐ Gesundheitsgefährdende Gase, Staube, Dämpfe, Rauch

Schutzmaßnahmen:
- Abstände zu Personen:
- Abstände zu Dekorationen:
- Unterwiesene Personen:
- Lösch- u. Feuerbekämpfungsmittel:

Sonstige Maßnahmen:

Stand 06-2005

[*)] ggf. weitere Seiten anfügen

LEXIKON EVENTMANAGEMENT

Anlage 2 zur MVStättV*⁾

Zutreffendes bitte ankreuzen bzw. ausfüllen!

- Seite 14 -

(Anhang 5)
zum Gastspielprüfbuch | Titel der Gastspielveranstaltung

Sonstige Angaben

Für folgende Bauprodukte liegen Prüfzeugnisse vor:

Für folgende Fliegende Bauten liegen Ausführungsgenehmigungen vor:

Stand 06-2005

Checkliste zur Organisation von Veranstaltungen

1. **Kunde** _____

2. **Veranstaltungsart**
   - ☐ Konzert
   - ☐ Messe
   - ☐ Kongress
   - ☐ Seminar
   - ☐ Marketing-Event
   - ☐ Sonstiges _____

3. **Teilnehmer**
   - ☐ Kunden
   - ☐ Mitarbeiter
   - ☐ Öffentlichkeit
   - ☐ Presse
   - ☐ Sonstiges _____
   - ▪ Personenzahl _____
   - ▪ Nationalitäten/Sprache _____
   - ▪ Altersgruppe von/bis _____

4. **Veranstaltungszeit/Location**
   - ▪ Datum _____
   - ▪ Ausweichtermin _____
   - ▪ Uhrzeit Beginn _____
   - ▪ Uhrzeit Ende _____
   - ▪ Land/Region/Ort _____

5. **Budget**
   - ☐ gesamt _____
   - ☐ pro Person _____

6. Maßnahmen vor der Veranstaltung

6.1 Location

Aufgabe	Verantwortlicher	Zu erledigen bis	Erledigt ja nein
Locationrecherche			☐ ☐
Locationkapazität			☐ ☐
Freizeitmöglichkeiten in der Umgebung abfragen			☐ ☐
Mietkosten abfragen			☐ ☐
vollständige Nebenkosten abfragen			☐ ☐
Stornofristen/Zahlungsbedingungen klären			☐ ☐
Beeinträchtigungen des Events ausschließen			☐ ☐
Vorschriften und Bestimmungen abfragen			☐ ☐
Grundvoraussetzungen recherchieren – Verkehrsanbindungen – Raumgrößen – Parkplätze – Verdunkelung/Tageslicht – ausreichende Raumhöhen – Laderampe – Mindest-Türbreiten – Lastenaufzüge – Toilettenanlagen – Bestuhlung/Möbel – Heizung/Lüftung/Klimaanlage – Bühne/Podium/Rednerpult – Raumakustik – Strom- und Wasseranschlüsse – Gästegarderoben – Künstlergarderoben – Produktionsbüro – Pressraum – Empfang – Telefon-/Faxanschlüsse			☐ ☐

Aufgabe	Verant- wortlicher	Zu erledigen bis	Erledigt ja nein
− Personal			☐ ☐
− Zugangskontrolle			☐ ☐
− Lagerräume			☐ ☐
− Dekorationen			☐ ☐
− Moderationsmaterial			☐ ☐

6.2 Catering

Aufgabe	Verant- wortlicher	Zu erledigen bis	Erledigt ja nein
Cateringangebote einholen			☐ ☐
das Catering dem Motto des Events anpassen			☐ ☐
Nebenkosten z. B. für Tischwäsche abfragen			☐ ☐
Personalkosten abfragen			☐ ☐
Logistikkosten			☐ ☐
ggf. Mobiliar mit anfragen			☐ ☐
Flexibilität für Personenänderungen abfragen			☐ ☐
Infrastruktur für das Catering schaffen			☐ ☐

6.3 Medien

Aufgabe	Verant- wortlicher	Zu erledigen bis	Erledigt ja nein
zu erstellende Medien definieren			☐ ☐
Medieneinsatz im Event selbst festlegen			☐ ☐
vorhandene Medien ermitteln			☐ ☐
technische Voraussetzungen für den Medieneinsatz schaffen			☐ ☐
Art der Veranstaltungsdokumentation festlegen			☐ ☐
Verwertungsrechte mit den Akteuren, die in der Dokumentation festgehalten werden, vereinbaren			☐ ☐

6.4 Menschen

Aufgabe	Verant-wortlicher	Zu erledigen bis	Erledigt ja nein
Akteure verpflichten			☐ ☐
Mitarbeiter verpflichten – Dolmetscher – Stagehands – Hostessen – Techniker – Garderoben-/Toilettenpersonal – Animateure – Wachpersonal/Sicherheitsdienste – Sanitäter			☐ ☐ ☐ ☐ ☐ ☐ ☐ ☐ ☐ ☐ ☐ ☐ ☐ ☐ ☐ ☐
Nebenkosten, wie z. B. Anreisen, Probengagen, Spesensätze berücksichtigen			☐ ☐
Künstlersozialabgabe und GEMA-Gebühren kalkulieren			☐ ☐
für Garderoben/Umkleideräume sorgen			☐ ☐
benötigte Dinge für den Einsatz der Akteure beschaffen			☐ ☐
Kleidung festlegen			☐ ☐
Kostüme beschaffen			☐ ☐
Personalcatering vorsehen			☐ ☐
Ausfallregelungen vereinbaren			☐ ☐

6.5 Technik

Aufgabe	Verant-wortlicher	Zu erledigen bis	Erledigt ja nein
benötigte Technik ermitteln – Licht- und Tontechnik – Simultananlage – Effekttechnik – Overheadprojektor – Diaprojektor			☐ ☐ ☐ ☐ ☐ ☐ ☐ ☐ ☐ ☐

Aufgabe	Verantwortlicher	Zu erledigen bis	Erledigt ja	nein
– Videogeräte/Monitore			☐	☐
– Großbildprojektor mit Zuspielung			☐	☐
– Filmprojektor			☐	☐
– Leinwände			☐	☐
– Stromaggregat			☐	☐
– Aufzeichnungstechnik Bild/Ton			☐	☐
in der Location vorhandene Technik ermitteln			☐	☐
Kompatibilität von vorhandener Technik mit Fremdtechnik			☐	☐
Kosten für Miete/Bedienung/Transporte			☐	☐
Anschlüsse (Strom/Wasser)			☐	☐
Platz für Steuer- und Regieeinheiten			☐	☐
Sicherheitsbestimmungen			☐	☐
Aufbau- und Vorbereitungszeiten			☐	☐
Haftpflichtversicherungen			☐	☐
Bühnen- und Raumpläne			☐	☐
technische Ablaufpläne			☐	☐

6.6 Logistik

Aufgabe	Verantwortlicher	Zu erledigen bis	Erledigt ja	nein
Ortstermine mit allen Lieferanten im Vorfeld vereinbaren			☐	☐
Namensschilder und Gästelisten anfertigen			☐	☐
Recherchieren, wo in der Nähe der Location im Bedarfsfall zusätzlich Technik und Material beschafft werden können			☐	☐
Lieferanten so auswählen, dass unnötig hohe Transportkosten vermieden werden			☐	☐
Zeitpläne für Ablauf und Proben erstellen			☐	☐
Bus-Shuttles zum Flughafen/Bahnhof planen			☐	☐

LEXIKON EVENTMANAGEMENT

Aufgabe	Verant-wortlicher	Zu erledigen bis	Erledigt ja nein
VIP-Service planen			☐ ☐
Give-aways beschaffen			☐ ☐
Art der Anreise festlegen			☐ ☐
Ausschilderung planen			☐ ☐
Parkplätze und Parkplatzpersonal buchen			☐ ☐
Zoll- und Visa-Bestimmungen recherchieren			☐ ☐

7. Maßnahmen während der Veranstaltung

7.1 Location

Aufgabe	Verant-wortlicher	Erledigt ja nein
Ausschilderung vornehmen		☐ ☐
alle Räume auf vollständige Ausstattung überprüfen		☐ ☐
Reinigung nach Aufbau/Ende veranlassen		☐ ☐
Toiletten kontrollieren		☐ ☐
Notausgänge kontrollieren		☐ ☐

7.2 Catering

Aufgabe	Verant-wortlicher	Erledigt ja nein
dem Caterer alle Zeitplanänderungen rechtzeitig mitteilen		☐ ☐
Tische, Besteck, Geschirr, Gläser kontrollieren		☐ ☐
überprüfen, ob alle Speisen und Getränke lt. Angebot vorhanden sind		☐ ☐
überprüfen, ob Speisen und Getränke richtig temperiert sind		☐ ☐
sicherstellen, dass von allen Speisen und Getränken ausreichende Mengen zur Verfügung stehen		☐ ☐
überprüfen, ob die Dekoration nach Absprache erfolgt ist		☐ ☐
überprüfen, ob das gebuchte Personal anwesend ist		☐ ☐
Infrastruktur für das Catering schaffen		☐ ☐

7.3 Medien

Aufgabe	Verantwortlicher	Erledigt ja	nein
Ersatzkopien aller Medien bereitlegen		☐	☐
Vorführkopien überprüfen		☐	☐
Lichtverhältnisse zur Tageszeit des Medieneinsatzes überprüfen		☐	☐

7.4 Menschen

Aufgabe	Verantwortlicher	Erledigt ja	nein
alle Ablauf- und Regiepläne mit allen Akteuren und dem Staff durchsprechen		☐	☐
genaue Einsatzzeiten und Aufgaben absprechen		☐	☐
Aufgabengebiete klar abgrenzen		☐	☐
Utensilien ausprobieren und bereitlegen		☐	☐
Namensschilder verteilen		☐	☐
Akteure und Staff rechzeitig in Stand-by bringen		☐	☐

7.5 Technik

Aufgabe	Verantwortlicher	Erledigt ja	nein
technische Einrichtungen nach der Installation auf Funktionssicherheit überprüfen		☐	☐
Zusammenspiel aller technischen Einrichtungen testen		☐	☐
Erfüllung aller Sicherheitsvorschriften prüfen		☐	☐
gegenseitige Störungen von technischen Einrichtungen ausschließen		☐	☐
technische Probe durchführen		☐	☐
Techniker für den Notfall bereitstellen		☐	☐
benötigtes Material auf Vollständigkeit prüfen		☐	☐

7.6 Logistik

Aufgabe	Verant-wortlicher	Erledigt ja nein
Ausschilderung zur Location vornehmen		☐ ☐
relevante Punkte in der Location ausschildern		☐ ☐
Mietgegenstände bei der Anlieferung auf Vollständigkeit und einwandfreien Zustand überprüfen		☐ ☐
Transferfahrzeuge bereitstellen		☐ ☐
Give-aways und/oder Infomaterial bereitstellen		☐ ☐
Parkplätze kontrollieren		☐ ☐

8. Maßnahmen nach der Veranstaltung

8.1 Location

Aufgabe	Verant-wortlicher	Zu erledigen bis	Erledigt ja nein
überprüfen, ob die Location in einwandfreiem Zustand verlassen worden ist oder ob Instandsetzungen vorgenommen werden müssen		sofort	☐ ☐
alle nach Verbrauch abgerechneten Positionen, wie z. B. Wasser- und Stromverbrauch kontrollieren			☐ ☐

8.2 Catering

Aufgabe	Verant-wortlicher	Zu erledigen bis	Erledigt ja nein
kontrollieren, ob die Abrechnung dem tatsächlichen Verbrauch entspricht			☐ ☐

8.3 Medien

Aufgabe	Verant-wortlicher	Zu erledigen bis	Erledigt ja nein
Vorführkopien zurückfordern			☐ ☐
bei der Veranstaltung erstellte Medien nachbearbeiten			☐ ☐

ANHANG

Aufgabe	Verantwortlicher	Zu erledigen bis	Erledigt ja nein
Fotos/Mitschnitte an die Presse, Mitarbeiter usw. Ausliefern			☐ ☐
Feedback/Meinungsabfrage bei den Gästen veranlassen			☐ ☐
Dokumentation erstellen			☐ ☐

8.4 Menschen

Aufgabe	Verantwortlicher	Zu erledigen bis	Erledigt ja nein
überprüfen, ob alle Einsatzzeiten korrekt abgerechnet wurden			☐ ☐
evtl. Veranstaltungsmitschnitte als Demo an die Akteure verschicken			☐ ☐

8.5 Technik

Aufgabe	Verantwortlicher	Zu erledigen bis	Erledigt ja nein
überprüfen, ob alle technischen Einrichtungen wieder rückstandslos aus der Location entfernt wurden		sofort	☐ ☐
Schadensregulierungen veranlassen, falls Mietgegenstände von Gästen oder Personal beschädigt wurden			☐ ☐

8.6 Logistik

Aufgabe	Verantwortlicher	Zu erledigen bis	Erledigt ja nein
Ausschilderungen wieder entfernen		sofort	☐ ☐
Mietgegenstände wieder an Lieferanten übergeben, nachdem Vollständigkeit und einwandfreier Zustand überprüft sind			☐ ☐
liegen gebliebene Gegenstände an ihre Eigentümer verschicken			☐ ☐

Beratungsvertrag (Muster)

Zwischen

.... (Auftraggeber)

und

.... (Auftragnehmer)

wird folgender Beratungsvertrag geschlossen:

§ 1 Vertragsgegenstand

1. Der Auftraggeber erteilt hiermit dem Auftragnehmer den Auftrag, ihn bei folgenden Entscheidungen/Vorhaben zu beraten:

   ....

   ....

   ....

   (eindeutige und detaillierte Aufgabenbeschreibung)

2. Bestandteile dieses Vertrages sind:

   ....

   ....

   ....

   (z. B. Allg. Beratungsbedingungen des Auftragnehmers, weitere Bestandteile)

§ 2 Leistungen des Auftragnehmers

Zur Erfüllung der in § 1 genannten Aufgaben wird der Auftragnehmer insbesondere folgende Leistungen erbringen:

....

....

....

(z. B. Vorgehensweise und Zeitplan, Zusammensetzung und Funktion der einzelnen Projektgruppen)

§ 3 Vergütung

1. Der Auftragnehmer erhält für seine Tätigkeit pro Tag/Stunde/Monat [nicht Zutreffendes streichen] eine Vergütung in Höhe von ……… Euro zzgl. Umsatzsteuer in gesetzlicher Höhe. Die Vergütung ist jeweils zum …………………………… fällig.
2. Außergewöhnliche Beratungsleistungen werden nach vorheriger Vereinbarung zwischen den Parteien gesondert vergütet.

§ 4 Vertragsdauer

Dieses Vertragsverhältnis beginnt am …………………… und endet am ……………………, ohne dass es des ausdrücklichen Ausspruchs einer Kündigung bedarf. Das beiderseitige Recht zur vorzeitigen außerordentlichen – auch fristlosen – Kündigung bleibt unberührt.

§ 5 Dienstzeit und Dienstort

1. Zeit und Ort der Leistungserbringung vereinbaren die Vertragsparteien im Einzelnen einvernehmlich.
2. Der Auftraggeber stellt für die Zeit der Leistungserbringung in seinem Hause dem Auftragnehmer einen Arbeitsplatz zur Verfügung. Dieser enthält folgende Arbeitsmaterialien:

………

§ 6 Aufwendungsersatz

1. Der Auftraggeber erstattet dem Auftragnehmer folgende im Zusammenhang mit seiner Tätigkeit anfallenden erforderlichen Aufwendungen:

………

………

2. Weitere Auslagen werden bis zu einem Betrag von …………… Euro durch den Auftraggeber ersetzt:

………

………

3. Der Ersatz aller sonstigen Aufwendungen des Auftragnehmers bedarf der (schriftlichen) Zustimmung des Auftraggebers.

§ 7 Wettbewerbsverbot

Während der Laufzeit des Vertrages verpflichtet sich der Auftragnehmer, sein Wissen und Können nicht in die Dienste eines mit dem Auftraggeber in Konkurrenz stehenden Unternehmens zu stellen oder ein solches zu gründen.

§ 8 Mitwirkungspflicht des Auftraggebers

1. Der Auftraggeber hat dafür Sorge zu tragen, dass dem Auftragnehmer alle für die Ausführung seiner Tätigkeit notwendigen Unterlagen rechtzeitig vorgelegt werden, ihm alle Informationen erteilt werden und er von allen Vorgängen und Umständen in Kenntnis gesetzt wird. Dies gilt auch für Unterlagen, Vorgänge und Umstände, die erst während der Tätigkeit des Auftragnehmers bekannt werden.

2. Auf Verlangen des Auftragnehmers hat der Auftraggeber die Richtigkeit und Vollständigkeit der von ihm vorgelegten Unterlagen sowie seiner Auskünfte und mündlichen Erklärungen schriftlich zu bestätigen

§ 9 Schweigepflicht, Datenschutz

1. Der Auftragnehmer ist verpflichtet, über alle Informationen, die ihm im Zusammenhang mit seiner Tätigkeit für den Auftraggeber bekannt werden, Stillschweigen zu bewahren, gleich viel, ob es dabei um den Auftraggeber selbst oder dessen Geschäftsverbindungen handelt, es sei denn, dass der Auftraggeber ihn von dieser Schweigepflicht entbindet.

2. Der Auftragnehmer ist/ist nicht/ist nur mit vorheriger ausdrücklicher schriftlicher Zustimmung [nicht Zutreffendes streichen] befugt, ihm anvertraute personenbezogene Daten im Rahmen seiner Tätigkeit zu verarbeiten oder verarbeiten zu lassen. Bei Einschaltung Dritter hat der Auftragnehmer deren Verpflichtung zur Verschwiegenheit sicherzustellen.

§ 10 Aufbewahrung und Rückgabe von Unterlagen

Der Auftragnehmer verpflichtet sich, alle ihm zur Verfügung gestellten Geschäfts- und Betriebsunterlagen ordnungsgemäß aufzubewahren, insbesondere dafür zu sorgen, dass Dritte nicht Einsicht nehmen können. Die zur Verfügung gestellten Unterlagen sind während der Dauer des Vertrages auf Anforderung, nach Beendigung des Vertrages unaufgefordert dem Vertragspartner zurückzugeben.

§ 11 Sonstige Ansprüche/Rentenversicherung

1. Mit der Zahlung der in diesem Vertrag vereinbarten Vergütung sind alle Ansprüche des Auftragnehmers gegen den Auftraggeber aus diesem Vertrag erfüllt.

2. Für die Versteuerung der Vergütung hat der Auftragnehmer selbst zu sorgen.

3. Der Auftragnehmer wird darauf hingewiesen, dass er nach § 2 Nr. 9 SGB VI rentenversicherungspflichtig sein kann, wenn er auf Dauer und im Wesentlichen nur für einen Auftraggeber tätig ist und keine versicherungspflichtigen Arbeitnehmer beschäftigt, deren Arbeitsentgelt aus diesem Beschäftigungsverhältnis regelmäßig 400,– Euro im Monat übersteigt.

§ 12 Schlussbestimmungen

1. Änderungen und Ergänzungen dieses Vertrages bedürfen zu ihrer Wirksamkeit der Schriftform.
2. Mündliche Nebenabreden bestehen nicht.
3. Sind oder werden einzelne Bestimmungen dieses Vertrages unwirksam, so wird dadurch die Gültigkeit der übrigen Bestimmungen nicht berührt. Die Vertragspartner werden in diesem Fall die ungültige Bestimmung durch eine andere ersetzen, die dem wirtschaftlichen Zweck der weggefallenen Regelung in zulässiger Weise am nächsten kommt.
4. Gerichtsstand ist ....

Ort, Datum: ....

....
(Unterschrift Auftraggeber) (Unterschrift Auftragnehmer)

Gastspielvertrag (Muster)

Zwischen:

....

....

....

nachfolgend Musikgruppe genannt

vertreten durch:

....

....

....

und

....

....

....

nachfolgend Veranstalter genannt

vertreten durch:

....

....

....

§ 1 Vertragsgegenstand

Gegenstand dieses Vertrages ist eine musikalische Darbietung der Musikgruppe am
.................., ... (Datum, Uhrzeit)
in
....

....

.... (Location, Ort)

§ 2 Leistungen der Musikgruppe

Die Musikgruppe gestaltet mit musikalischen Beiträgen den Abend. Dazu stellt sie folgende Sachleistungen bereit:

- eigene Instrumente
- technisches Personal
- vollständige Beschallungsanlage
- vollständige Bühnenbeleuchtung

Die Musikgruppe transportiert und installiert (Auf-, Abbau) selbstständig ihre gesamte Ausrüstung. Sie stellt die Beschallungs- und Lichtanlage sowie die dazugehörige technische Betreuung für andere Darbietungen (z. B. Vorgruppen, Durchsagen des Veranstalters, Vorträge) am gleichen Ort während der Veranstaltung zur Verfügung.

Besondere Ausrüstungsteile, die nicht zur Durchführung des Auftrittes der Musikgruppe nötig sind, können gegen Absprache und eine eventuelle Aufwandsentschädigung gestellt werden (CD-Player, Aufzeichnungsgeräte). Die Benutzung von Musikinstrumenten der Musikgruppe ist nur gegen Absprache möglich.

§ 3 Leistungen des Veranstalters

§ 3.1 Ausrüstung

Der Veranstalter stellt folgende Ausrüstung unentgeltlich zur Verfügung:

- eine ausreichende Bühnenfläche nach geltenden Sicherheitsvorschriften
- elektrischen Strom vor Ort (1 × 230 V Wechselstrom 16 A Schuko-Anschluss, 1 × 400 V Wechsel-Drehstrom 16 A CEE-Anschluss) gemäß geltenden Sicherheitsvorschriften
- Getränke im angemessenen Rahmen während der gesamten Veranstaltung (insbesondere alkoholfreie) im unmittelbaren Bühnenbereich

Falls der Veranstalter eine Ton- und/oder Lichtanlage für die Veranstaltung anmietet, ist der Kontakt zum Verleiher (Name, Anschrift, Telefonnummer) mitzuteilen.

§ 3.2 Zugänglichkeit/Räumlichkeiten/Parkplätze

Der Veranstalter übersendet mindestens eine Woche vor der Veranstaltung der Musikgruppe einen Anfahrtsplan.

Der Veranstalter stellt 3 Parkplätze für die Kfz der Musikgruppe in unmittelbarer Nähe des Bühnenzugangs zur Verfügung. Diese sind auf dem Anfahrtsplan zu kennzeichnen.

Der Veranstalter hat dafür zu sorgen, dass mindestens 2 Stunden vor Beginn der Darbietung und 1 Stunde nach Abschluss der Darbietung der Zugang zu allen für die Darbietung benötigten Räumlichkeiten und Orte möglich ist.

Dies sind im Besonderen:

- Veranstaltungsräume (Bühne/Zuschauerraum/Technikerplatz im Zuschauerraum)
- Backstage-Bereich (Ruheräume/Garderobe/Abstellräume für Transportkoffer)
- Technikräume

Während dieser Zeit ist ein Ansprechpartner des Veranstalters ständig verfügbar, der insbesondere Zugang zu den elektrischen Versorgungseinrichtungen (Anschlusskästen, Sicherungskästen) hat und diese bedienen kann und darf.

Der Veranstalter hat dafür zu sorgen, dass während der Veranstaltung eine Raumtemperatur von mindestens 18 °C in den Veranstaltungsräumlichkeiten (Bühne/Zuschauerraum) und in der Garderobe gegeben ist.

§ 3.3 Sicherheit/Genehmigungen

Der Veranstalter ist für die Sicherheit der Veranstaltung verantwortlich. Dies betrifft im Besonderen:

- Betreuung durch Sanitäter und Feuerwehr (sofern vorgeschrieben oder vereinbart)
- Sicherheitspersonal (sofern vorgeschrieben oder vereinbart)
- Absperrungen (sofern vorgeschrieben oder vereinbart)
- Sicherheit der zur Verfügung gestellten technischen Ausrüstung (elektrischer Strom, Beleuchtung, mechanische Elemente, Bühnenaufbauten)

Die Musiker und das technische Personal der Musikgruppe üben für die Sicherheit der Durchführung der Darbietung, ihrer persönlichen und technischen Ausrüstung, ihrer persönlichen Unversehrtheit und zum Schutz der Zuhörer im Auftrittsbereich (Bühne, Backstage-Bereich, FOH-Platz, Zuschauerraum) in Abwesenheit eines Beauftragten des Veranstalters Hausrecht aus.

Es ist Aufgabe und alleinige Verantwortung des Veranstalters alle erforderlichen behördlichen Genehmigungen einzuholen sowie eine GEMA-Anmeldung der Veranstaltung vorzunehmen.

§ 3.4 Urheber- und Persönlichkeitsrechtsschutz/GEMA

Die Musikgruppe wird von der Veranstaltung eine Titelliste bei der GEMA erstellen. Die Unterlagen dazu werden von der Musikgruppe gestellt. Wird eine Titelliste für diesen Zweck vom Veranstalter erstellt, so wird diese von der Musikgruppe auf Richtigkeit und Vollständigkeit kontrolliert.

Die Musikgruppe behält sich vor, Ton- und Bildaufzeichnungen des Auftritts zu verbieten. Dokumentarische Fotografien durch eine vom Veranstalter autorisierte Person sind jedoch gestattet und werden der Musikgruppe zur Verfügung gestellt.

Der Veranstalter wird gebeten, die Musikgruppe in Pressemitteilungen zu erwähnen und diese öffentlichkeitswirksam zu verbreiten.

§ 3.5 Künstlerische Freiheit der Darbietung

Die Musikgruppe trägt die alleinige künstlerische Verantwortung für ihre Darbietung. Dies betrifft auch die Mitwirkung des technischen Personals der Musikgruppe!

§ 3.6 Fremde Ausrüstung

Instrumente oder Ausrüstung anderer Darbietender dürfen nur nach Absprache während der Darbietung der Musikgruppe auf der Bühne verbleiben. Dies betrifft im Besonderen Instrumente, Bühnendekorationen und Ausrüstungsgegenstände mit Namen anderer Darbietender sowie Objekte mit großem Platzbedarf oder Objekte, die die freie Sicht auf die Musikgruppe behindern.

Hiervon ausgenommen sind Werbemittel von Sponsoren der Veranstaltung. Es wird darum gebeten, dass diese sich in das Bühnenbild integrieren und die freie Sicht von Zuschauern auf die Musikgruppe nicht behindern.

Instrumente, Ausrüstung anderer Darbietender, Werbemittel von Sponsoren sowie Bühnendekorationen oder andere Geräte dürfen die Musikgruppe nicht behindern.

§ 3.7 Werbung/Presse

Der Veranstalter hat die Werbung für die Veranstaltung selbstständig durchzuführen sowie die Kosten dafür zu tragen. Er erhält dazu Vorlagen für die Gestaltung von Plakaten sowie Presseunterlagen von der Musikgruppe gestellt.

Der Veranstalter kann wichtige regionale Pressevertreter zu der Veranstaltung einladen. Er darf nach Absprache einen Pressetermin (Interview) vereinbaren. Der Veranstalter hat das Recht, in angemessenem Rahmen Pressevertreter kostenfrei zur Veranstaltung einzuladen. Kosten, die für Werbung oder im Rahmen der Pressearbeit entstehen, trägt der Veranstalter.

§ 3.8 Gage

Für die unter 2. aufgeführten Leistungen der Musikgruppe erhält diese eine einmalige Vergütung von .... Euro. Diese ist spätestens nach der Darbietung an das folgende Mitglied der Musikgruppe auszuhändigen:

Name/Instrument: ....

Mit der Gage sind Kosten für Transport, Übernachtung, Verpflegung außerhalb der Veranstaltungsräumlichkeiten, Gerätemiete für die Ausrüstung der Musikgruppe und Nebenkosten (Verwaltung, Kommunikation, Zusatzpersonal, Mittel zur Eigenwerbung) pauschal abgegolten.

Nebenkosten, die im Rahmen der Veranstaltung anfallen, sind vom Veranstalter zu tragen. Dies sind im Besonderen:

- GEMA-Gebühren
- Vergnügungssteuer
- Gebühren für behördliche Genehmigungen

Die Musikgruppe ist von allen diesbezüglichen Nebenkosten befreit und für Versäumnisse des Veranstalters nicht haftbar.

Über die Höhe der Gage haben die Vertragspartner Vertraulichkeit zu wahren.

§ 4 Vertragsänderungen/Unerfüllbarkeit/Vertragsbruch/Gerichtsstand

Vertragsänderungen können nur im gegenseitigen Einverständnis vorgenommen werden. Änderungen an Terminen, Örtlichkeiten sowie am Charakter der Veranstaltung sind mindestens eine Woche vor der Veranstaltung der Musikgruppe mitzuteilen. Diese hat dadurch das Recht, vom Vertrag zurückzutreten.

Mündliche Nebenabreden bedürfen zur Rechtsgültigkeit der schriftlichen Bestätigung.

Die Musikgruppe kann die Erfüllung des Vertrages ablehnen oder abbrechen, wenn gravierende Mängel an den Leistungen des Veranstalters auftreten. Dies sind im Besonderen:

- Sicherheitsmängel an technischen Einrichtungen des Veranstalters
- mangelhafte Sicherheit der Veranstaltung (fehlende Betreuung durch Sanitäter, Feuerwehr und Sicherheitspersonal, insofern vorgeschrieben oder vereinbart)
- fehlende behördliche Genehmigungen, fehlende vereinbarte Versicherungen
- Verletzungen geltenden Rechts durch den Veranstalter oder Duldung von Rechtsverletzungen durch den Veranstalter

Bei Vertragsbruch hat die vertragsbrüchige Partei eine Konventionalstrafe in Höhe von 70 % der Gage an die Gegenpartei zu zahlen.

Gerichtsstand ist .... (Sitz der Musikgruppe/Proberaum).

§ 5 Salvatorische Klausel

Sollte einer der Punkte dieses Vertrages ungültig sein, so wird die Gültigkeit des restlichen Vertrages hiervon nicht berührt. Es gilt dann ein Punkt vergleichbaren Inhalts oder es gelten branchenübliche Regelungen.

§ 6 Unterschriften

Mit der Unterschrift bestätigen die Vertragspartner, dass sie diesen Vertrag, gelesen, verstanden und genehmigt haben, sowie dass die Vertreter zur Unterschrift berechtigt sind.

Für die Musikgruppe　　　　　　　　　Für den Veranstalter

....　　　　　　　..............................
(Unterschrift) (Ort, Datum)　　　　　(Unterschrift) (Ort, Datum)

Sponsoringvertrag (Muster)

Firma ....

....

....

nachfolgend Sponsor genannt

und

Firma/Agentur/Veranstalter ....

....

....

nachfolgend Gesponserter genannt

schließen folgenden Vertrag:

Präambel

Der Sponsor möchte mit seiner Unterstützung das Ansehen seines Unternehmens erhöhen und für dieses und die hergestellten Produkte werben. Hierfür wird der Gesponserte die Nutzung seines Namens/Logos zu Werbezwecken gestatten und in geeigneter Weise unter der Verwendung des Namens, Emblemes oder Logos des Sponsors, jedoch ohne besondere Hervorhebung, auf die Unterstützung des Sponsors hinweisen.

§ 1 Vertragsgegenstand

1. Gegenstand dieses Vertrages ist das Zur-Verfügung-Stellen folgender Werbemöglichkeiten (Werbeflächen etc.) sowie die Erbringung folgender Leistungen durch den Gesponserten anlässlich der Veranstaltung:

    a) Bandenwerbung
    - Anzahl: ....
    - Maße: ....
    - Verteilung: ....
    - Dauer: ....

    b) Benutzung des Logos
    Vom .... bis .... hat der Sponsor das Recht, das Logo (jedes Maskottchen und jedwedes Marken- und Warenzeichen, unter denen die Veranstaltung öffentlich bekannt gemacht und vermarktet wird) zu Zwecken der Unternehmenskommunikation abzubilden und zu benutzen und sich unter dessen Benutzung als offizieller Sponsor der Veranstaltung zu bezeichnen.

c) VIP-Karten

10 VIP-Karten, die den Zugang zum Veranstaltungsgelände und zur Bewirtung im VIP-Zelt ermöglichen.

d) Sonstiges

Eine Anzeige der Größe .... × .... mm im Programmheft.

2. Die Parteien bewerten die vorgenannten Vertragsgegenstände mit den folgenden Prozentsätzen, der für die Veranstaltung zu bezahlenden Vergütung:

a) Bandenwerbung: .... %
b) Benutzung des Logos: .... %
c) VIP-Karten: .... %
d) Drucksorten: .... %

3. Sollte vom Gesponserten eine Teilleistung nicht erbracht werden, so kann der Sponsor Rechte nur hinsichtlich dieser Teilleistung geltend machen, während der Vertrag im Übrigen unberührt bleibt.

§ 2 Vergütung

Für die in § 1 des Vertrages genannten Leistungen bezahlt der Sponsor eine Vergütung in Höhe von .... €. Die Erreichung der vom Sponsor mit der Eingehung dieses Vertrages verfolgten kommunikativen Ziele hat keinen Einfluss auf den Vergütungsanspruch des Gesponserten, es sei denn, dass er deren Erreichung durch grob fahrlässiges Verhalten oder die Verletzung wesentlicher vertraglicher Pflichten schuldhaft erschwert oder vereitelt hat.

§ 3 Fernsehklausel

Vergütung und Fernsehsendezeit

1. Die Vergütung ist abhängig von der Fernsehsendezeit. Abzustellen ist auf die Übertragungszeiten im Fernsehsender ....

2. Die Vergütung wird nur dann in vollem Umfang bezahlt, wenn für die Veranstaltung in der vorgenannten TV-Anstalt eine Übertragungszeit von .... Minuten (vereinbarte Sendezeit) erreicht wird. Die Übertragung muss Live erfolgen. Der Live-Übertragung steht eine um .... Minuten zeitversetzte Übertragung von .... Minuten gleich.

3. Wird diese Übertragungszeit nicht erreicht, so ist die Vergütung um den Kürzungsbetrag zu mindern, der nach der folgenden Berechnungsformel ermittelt wird:

$$\text{Kürzungsbetrag} = \frac{\text{Vergütung} - \text{Vergütung} \times \text{tatsächliche Sendezeit}}{\text{vereinbarte Sendezeit}}$$

4. Fehlende Übertragungszeit im Fernsehsender .... kann durch die Übertragung der Veranstaltung im Fernsehsender .... im Kompensationsverhältnis 2 Minuten (Fernsehsender ....) zu 1 Minute (Fernsehsender ....) ausgeglichen werden.

§ 4 Vergütung bei Ausfall oder Einschränkung

1. Findet die Veranstaltung aufgrund von höherer Gewalt nicht statt, so sind von keiner Partei Leistungen zu erbringen. Teilleistungen sind entsprechend der von den Parteien vorgenommenen Bewertung zu vergüten, Vorauszahlungen sind zu erstatten.

2. Dies gilt entsprechend, wenn die Veranstaltung wegen ....
....
abgesagt wird, ohne dass höhere Gewalt vorliegt. In diesem Fall ist der Veranstalter verpflichtet, den Sponsor unverzüglich über die Absage zu informieren und eventuelle Vorauszahlungen des Sponsors unverzüglich zu erstatten, soweit diese nicht mit dem Anspruch für erbrachte Teilleistungen verrechnet werden können.

§ 5 Kündigung aus wichtigem Grund

Jede Partei ist berechtigt, den Vertrag aus wichtigem Grund ohne Einhaltung einer Frist zu kündigen. Ein wichtiger Grund ist insbesondere dann gegeben, wenn

a) eine der Vertragsparteien schuldhaft gegen ihr obliegende, wesentliche vertragliche Verpflichtungen verstößt und der Verstoß trotz Abmahnung mit angemessener Fristsetzung nicht innerhalb der gesetzten Frist abgestellt wird;

b) der Sportler aufgrund eines Verstoßes gegen die Regelwerke der nationalen oder internationalen Sportverbände zeitweise oder dauerhaft vom Wettkampfbetrieb dieser Verbände ausgeschlossen wird;

c) der Sportler gegen die Anti-Doping-Bestimmungen der nationalen und internationalen Sportverbände verstößt.

§ 6 Vergütung bei Kündigung

1. Endet der Vertrag vor seinem Ablauf, ohne dass dies vom Sponsor zu vertreten ist, so vermindert sich der Anspruch des Gesponserten auf die Grundvergütung. Der Gesponserte erhält dann eine prorata tempores zu ermittelnde Grundvergütung. Zu deren Ermittlung wird die vereinbarte Grundvergütung durch 365 geteilt und mit der Anzahl der Tage multipliziert, die zwischen dem Vertragsbeginn und dem Tag der Beendigung des Vertrages liegen.

2. Ergibt sich danach eine Überzahlung, so ist diese vom Gesponserten innerhalb einer Woche nach Zugang einer entsprechenden schriftlichen Zahlungsaufforderung dem Sponsor zu erstatten.

§ 7 Haftungsfreizeichnung

Dem Sponsor ist bekannt, dass die in diesem Vertrag vereinbarten Werbemöglichkeiten durch öffentlich-rechtliche Vorgaben oder die Regelwerke nationaler oder internationaler Sportverbände eingeschränkt sein können. Der Gesponserte haftet nicht auf Schadenersatz bei Einschränkungen, die aufgrund solcher Vorgaben entstehen. Das Recht zur Minderung der Vergütung bleibt unberührt.

§ 8 Haftungsklausel

Der Gesponserte haftet für die Erbringung der von ihm geschuldeten Leistungen hinaus nicht für die Erreichung der vom Sponsor mit der Eingehung dieses Vertrages verfolgten weiterreichenden kommunikativen Ziele, es sei denn, dass er deren Erreichung durch grob fahrlässiges Verhalten oder der Verletzung wesentlicher vertraglicher Pflichten schuldhaft erschwert oder vereitelt hat.

§ 9 Schlussbestimmungen

1. Änderungen und/oder Ergänzungen zu diesem Vertrag bedürfen der Schriftform.

2. Sollte eine Bestimmung dieses Vertrages und/oder seiner Änderungen bzw. Ergänzungen unwirksam sein, so wird dadurch die Wirksamkeit des Vertrages im Übrigen nicht berührt. Die unwirksame Bestimmung wird durch eine wirksame ersetzt, die dem wirtschaftlich Gewollten am nächsten kommt.

Für den Gesponsorten   Für den Sponsor

....
(Unterschrift) (Ort, Datum)   (Unterschrift) (Ort, Datum)

Inserentenverzeichnis

Die inserierenden Firmen und die Aussagen in Inseraten stehen nicht notwendigerweise in einem Zusammenhang mit den in diesem Buch abgedruckten Normen. Aus dem Nebeneinander von Inseraten und redaktionellem Teil kann weder auf die Normgerechtheit der beworbenen Produkte oder Verfahren geschlossen werden noch stehen die Inserenten notwendigerweise in einem besonderen Zusammenhang mit den wiedergegebenen Normen. Die Inserenten dieses Buches müssen auch nicht Mitarbeiter eines Normenausschusses oder Mitglied des DIN sein. Inhalt und Gestaltung der Inserate liegen außerhalb der Verantwortung des DIN.

BTA Verlags- & Medienservice 85598 Baldham	vorderer Vorsatz
Friedrich Berlin Verlag 10719 Berlin	Seite VIII
MM-Musik-Media-Verlag GmbH & Co. KG 50996 Köln	hinterer Vorsatz
TÜV Rheinland Industrie Service GmbH 51101 Köln	Seite 16

Zuschriften bezüglich des Anzeigenteils werden erbeten an:

Beuth Verlag GmbH
Anzeigenverwaltung
Burggrafenstraße 6
10787 Berlin

fach.info

Beuth Newsletter

Beuth fach.info

Der kostenfreie Newsletter des Beuth Verlags informiert Sie einmal im Monat über neue Normen, Fachpublikationen und Veranstaltungstermine rund um Ihr Fachgebiet:

» NORMUNG/KONSTRUKTION/MESSWESEN
» MASCHINENBAU
» WERKSTOFFE
» QUALITÄT/DIENSTLEISTUNGEN/MANAGEMENT
» UMWELTSCHUTZ/GESUNDHEITSSCHUTZ/SICHERHEIT
» INFORMATIONS-/KOMMUNIKATIONSTECHNIK
» MEDIZINTECHNIK/LEBENSMITTEL
» ELEKTROTECHNIK/ELEKTRONIK/ENERGIETECHNIK
» CHEMIE
» SPORT/VERANSTALTUNGEN/KONSUMGÜTER

DIN.bauportal Info

Dieser spezielle Newsletter informiert Sie monatlich über Aktuelles und Neues im DIN.bauportal sowie über neue Bau-Normen.

» BAUWESEN

Bitte melden Sie sich an unter:
www.beuth.de/newsletter

Lexikon Eventmanagement

— auch als E-Book erhältlich —

Sehr geehrte Kundin, sehr geehrter Kunde,

wir möchten Sie an dieser Stelle noch auf unser besonderes Kombi-Angebot hinweisen: Sie haben die Möglichkeit, diesen Titel zusätzlich als E-Book (PDF-Download) zum Preis von 20 % der gedruckten Ausgabe zu beziehen.

Ein Vorteil dieser Variante: Die integrierte Volltextsuche. Damit finden Sie in Sekundenschnelle die für Sie wichtigen Textpassagen.

Um Ihr persönliches E-Book zu erhalten, folgen Sie einfach den Hinweisen auf dieser Internet-Seite:

    www.beuth.de/e-book

Ihr persönlicher, nur einmal verwendbarer E-Book-Code lautet:

    167186F9F421CD3

Vielen Dank für Ihr Interesse!

Ihr Beuth Verlag

Hinweis: Der E-Book-Code wurde individuell für Sie als Erwerber des Buches erzeugt und darf nicht an Dritte weitergegeben werden. Mit Zurückziehung dieses Buches wird auch der damit verbundene E-Book-Code für den Download ungültig.